寒区路基改良土力学特性分析

王天亮　编著

中国铁道出版社

2014年·北京

内容简介

本书立足于中国青藏高原及东北等冻土地区铁路路基工程的特点，分析了国内外路基填料改良及其冻融特性的研究进展，应用现场监测、室内试验和理论分析等方法系统地研究了冻融循环、改良方法、含水率等指标对路基填料冻胀特性和力学特性的影响规律，构建了包括冻融试验系统设计、改良剂比选方法、改良剂掺入比设计的成套设计理论体系，给出了适用于寒区路基填料的改良剂及掺入比、强度设计值等技术指标，并对今后的研究与发展提出了建议。本书内容包括寒区路基冻害调查、路基改良土冻胀特性、动静力力学特性分析、改良土掺入比设计等。

本书是一部寒区路基工程领域的专著，可供岩土工程、道路与铁道工程教学与科研人员，以及铁路、公路路基设计与建造工程师们参考使用。

图书在版编目(CIP)数据

寒区路基改良土力学特性分析/王天亮编著. —北京：中国铁道出版社，2014.10

ISBN 978-7-113-18901-3

Ⅰ.①寒… Ⅱ.①王… Ⅲ.①寒冷地区—铁路路基—土力学—研究 Ⅳ.①U213.1

中国版本图书馆 CIP 数据核字(2014)第 146745 号

书　　名：寒区路基改良土力学特性分析
作　　者：王天亮　编著

策　　划：傅希刚　**编辑部电话**：市(010)51873142　**电子信箱**：fxg711@163.com
责任编辑：刘　霞　傅希刚
封面设计：郑春鹏
责任校对：龚长江
责任印制：陆　宁　高春晓

出版发行：中国铁道出版社(100054，北京市西城区右安门西街8号)
网　　址：http://www.tdpress.com
印　　刷：中煤涿州制图印刷厂北京分厂
版　　次：2014年10月第1版　2014年10月第1次印刷
开　　本：850 mm×1 168 mm　1/32　印张：6.375　字数：167千
书　　号：ISBN 978-7-113-18901-3
定　　价：25.00元

序

冻土，作为工程中的一种特殊土，其分布面积约占全球陆地面积的50%，其中我国冻土分布面积位居世界第三。

随着我国经济的快速发展，冻土地区的铁路、道路、水利、管道等工程建设蓬勃推进，而冻土区季节性的冻融作用所引起的地基或路基土的冻胀及融化软化，以及由此引起的岩土材料内部结构和力学性质的变化，一直都是困扰冻土区铁路、道路等工程建设的难题，亦是国内外冻土学者研究的焦点问题。在这个过程中，国内外进行了大量的工程实践和相关研究，采取了诸如填筑非冻胀敏感性填料、设置隔热保温层、疏堵外界水等一系列措施，取得了较好的工程效果，也为解决我国冻土区铁路、道路等工程建设中出现的冻害问题提供了思路。

本书以我国冻土区铁路、道路等工程建设为背景，紧抓工程问题，从路基冻害和填料缺乏两个方面入手，结合寒区既有线铁路路基冻害调查及机理分析，通过建立完善的冻融性能评价方法，系统地研究了改良方法、冻融次数、围压、冷却温度等因素影响下路基填料的冻胀性能和力学性能，建立了路基改良土力学性质与冻融、应力条件等指标间的数学模型，构建了包括冻融试验系统设计、改良剂比选方法、改良剂掺入比设计的成套设计理论体系，给出了适用于寒区路基填料的改良剂及掺入比、强度设计值等技术指标。书中诸多成果和思路很好地契合了我国冻土区高速铁路路基建设中出现的问题，对解决寒区铁路路基尤其是高速铁路路基冻害问题具有十分重要的工程实际意义。

科研之路不仅有辛劳坎坷、枯燥乏味，更有辛勤耕耘后收获的喜悦，作者十年磨一剑，终成硕果。作为年轻一代，作者勤勤恳恳，不浮不躁，踏石有印，吾辈深感欣慰，希望作者更加努力，更上一层楼，谱写更好的篇章。

岳祖润

2014年9月15日

前　言

我国冻土分布面积位居世界第三，其中季节冻土分布面积达 $5.14\times10^6\ km^2$，而对工程有重要影响的冻结深度超过 1.5 m 的深季节冻土分布面积达 $3.67\times10^6\ km^2$。据统计，我国现有三分之二以上干线铁路、支线铁路位于季节冻土区。在冻土区，路基土体的冻胀、融沉以及由此引起的土体强度弱化现象一直都是困扰寒区路基工程建设的难题，亦是国内外冻土学者研究的焦点问题；同时，高速铁路路基变形控制标准的严格，优质抗冻胀路基填料的缺乏，以及优质抗冻胀填料远运导致工程造价的提高使得该问题更加凸显。由此可见，遵循路基填料的"就地取材"原则，寻求具有良好抗冻融性能的填料改良方法，完善冻融性能评价体系对解决寒区铁路路基尤其是高速铁路路基冻害问题具有十分重要的工程实际意义。

目前，国内外在改良土、冻融特性等方面开展了较为广泛的研究，取得了许多重要的研究成果。改良方法较单一，缺少多种改良方法的对比，限制了改良土的使用范围；同时，对冻融作用下改良土力学特性的研究较少，且缺乏较系统的试验方法，不利于改良土在寒区的推广和应用。本书遵循路基填料的"就地取材"原则，以寻求具有良好抗冻融性能的改良方法为主线，结合寒区既有线铁路路基冻害调查及机理分析，通过建立完善的冻融性能评价体系，系统地研究改良方法、冻融次数、围压、冷却温度等因素影响下路基填料的冻胀性能和动静力力学性能。建立路基改良土力学性质与冻融、应力条件等指标间的数学模型，构建包括冻融试验系统设计、改良剂比选方法、改良剂掺入比设计的成套设计理论体系，给出适用于寒区路基填料的改良剂及掺入比、强度设计值等技术指标，并对今后的研究与发展提出合理化建议。

全书共分6章，第1章简要介绍改良土和冻土冻融特性的研究概况；第2章对寒区既有线路基冻害进行调查及成因分析；第3章研究路基填料的冻胀性能，并对比分析不同改良方法下路基填料的抗冻胀性能；第4章和第5章分别通过室内动静三轴试验和冻融试验，研究改良方法、掺入比、冻融次数等因素对土体动静力特性的影响规律，提出完善的冻融试验方法，构建了改良剂掺入比设计理论体系等；第6章对本书在试验方法、理论分析和实际应用方面的成果进行总结，并对今后的研究提出合理化建议。

本书的研究工作得到了铁道部科技研究开发计划项目(2006G011-B-2)的资助；本书的出版得到了国家重点基础研究发展计划973(2012CB026104)、国家自然科学基金青年项目(51208320)和石家庄铁道大学发展基金的资助。导师刘建坤三年多来的辛勤培养使我得以顺利地完成了本课题的研究，在此，表示衷心的感谢。值得注意的是，书中部分研究结论目前尚无定论，仅代表个人观点，有待进一步的研究进行验证，望读者谨慎参考。书中若有差错和不足之处，敬请读者批评指正。

作　者

2014年5月

目　　录

第1章 绪 论

1.1 寒区路基工程概况

1.1.1 冻土的定名及分类

在南北半球的中、高纬度以及低纬度的高海拔地区，岩石圈的表层长时期处于负温状态，土壤孔隙和岩石裂隙中的液态水被冻结，转变为固态的冰，胶结松散的土颗粒和岩石，因此，处于0 ℃或0 ℃以下，并被冰胶结的土壤或岩石，称为冻土或冻结岩石[1]。仅有负温而没有冰的土壤和岩石，只能称为寒土。自然界的情况往往比定义论述的要复杂得多，从冻土层或冻土区的整体来说，既包含冻土，也包含寒土。按土壤和岩石冻结状态保持的时间，通常可分为下列几类。

多年冻土——保持冻结状态时间可不间断地持续三年(实际可算为两年)以上，若干世纪，甚至是几千年。在北极、亚北极、南极的陆地广泛分布，在陆地的高山部分地带，如青藏高原、天山、帕米尔高原等都存在多年冻土。

季节冻土——冻结状态可保持数月，起始于冬初，融化于春季和夏季，在南北半球的中、高纬度地区普遍存在。

短时冻土——保持几个小时至数天，多出现与中、高纬度地区的寒夜，在更南地区的高山亦会出现。

其中，季节性冻土在我国的东北、华北、西北以及内蒙古地区均有分布，其冻结深度由南至北、由低海拔向高海拔区增厚，最大达到3 m左右。我国季节冻土分布面积达5.14×10^6 km^2，而对工程有重要影响冻深超过0.5 m的季节冻土面积4.46×10^6 km^2、冻深超过1.5 m的季节冻土面积3.67×10^6 km^2，加之因气候变暖引起2.15×10^6 km^{2}多年冻土退融而使深季节冻土区继续扩大，东北属于典型深季节冻土大面积分布地区。因此,要发展铁路交通就不可避免地会涉及到冻土尤其是季节性冻土[2-4],深季节冻土大面积分布已成为严重制约我国铁路建设发展总体目标实现的重要瓶颈。

在季节性冻土地区,土体每年至少经历一次冻融循环作用。如图1.1(a)所示,在冬季冻结时期,当气温下降至使路基土层、路堤或土工构筑物中的温度低于土壤水冰点时,一方面,地表土层中的原位孔隙水冻结成冰,体积膨胀,土颗粒被冰胶结,土体强度增加;另一方面,在温度梯度的作用下,周围未冻结区土中的水分向着冻结区迁移集聚,使冻结区土层中的水分增加,结晶,并产生冻胀现象,从而造成土内部的孔隙体积逐渐增加,破坏了土体原有的结构形态。同时,路基土土质、水分及冻结条件的不均一性,会产生不均匀冻胀,不均匀冻胀力导致地面开裂。如图1.1(b)所示,在春季融化期,当气温再度回升至0 ℃以上时,土体从冻结层的上部和下部同时开始融化,导致冻结层上部土体的含水率增加,形成饱水层,另外冻结层下部土体含水率也高于冬季冻结期[5,6]。中间冻结层的存在,形成不透水层,使冻结层上部和下部土体中的水不能及时排出,土体处于饱和状态,土粒间摩擦阻力降低以至消失,此时将产生一系列不容忽视的由于融化产生的冻害现象。例如,道路工程春季的翻浆冒泥现象、大幅的沉降变形或边坡滑塌现象;民用建筑物地基化冻时不均匀沉降和失稳现象;水利工程中渠道的防渗能力降低等。

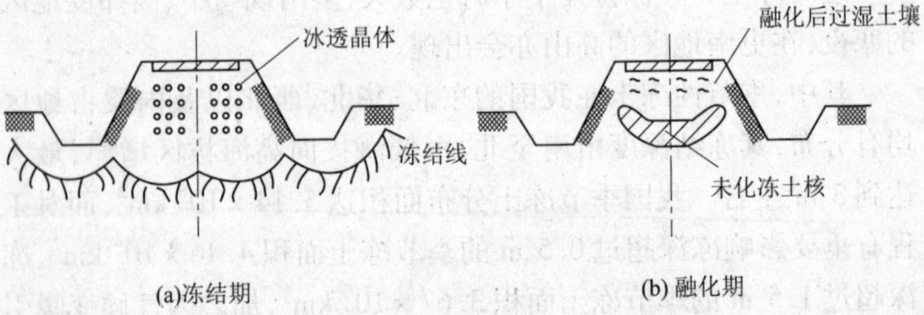

图1.1　路基土体冻结融化期水分迁移示意图

1.1.2 寒区路基工程特点

铁路作为交通运输的主要方式之一,具有高速、安全、平稳等诸多优点。在铁路建设过程中,路基基床及基床以下路堤填土是由散体材料填筑而成的,由于散体材料抗变形能力差、抵抗动荷载能力弱,基床及路堤填土是线路结构中最薄弱、最容易产生问题的地方。据统计,我国现有三分之二以上干线铁路、支线铁路位于季节冻土区,而在东北、华北、西北深季节冻土地区各种铁路线广泛分布。目前,我国正在加快发展高速铁路、快速客运专线等建设。根据国家《中长期铁路网规划》,到 2020 年,将全面建立各省级城市、大中城市之间高速铁路与快速客运专线,以及"四纵四横"铁路快速客运通道与六大城际快速客运系统,完成时速目标值不低于 350 km 的高速铁路 5×10^4 km 以上、时速目标值不低于200 km的快速客运专线 1.2×10^4 km 以上建设任务[7]。已建、在建、拟建的高速铁路与快速客运专线三分之一以上均位于深季节冻土地区,以东北典型深季节性冻土区为例,已建成的有哈尔滨—大连高速铁路、长春—吉林快速客运专线,在建的有哈尔滨—大庆—齐齐哈尔高速铁路、哈尔滨—佳木斯高速铁路,拟建的有哈尔滨—策克高速铁路、哈尔滨—牡丹江—绥芬河高速铁路、长春—图们高速铁路、沈阳—丹东高速铁路、沈阳—朝阳高速铁路等。因此,高速铁路的快速发展和深季节性冻土区冻害问题之间的矛盾已成为制约我国高速铁路建设发展总体目标实现的一个重要瓶颈。

国内外已有的大量工程实践和研究结果表明[2,8-10],土体的冻融作用是造成季节性冻土区各种工程损伤破坏的主要原因,特别是对铁路、公路等线性工程的影响更为剧烈,严重影响铁路、公路的安全运营,带来巨大的经济损失和社会不良影响。在冻土地区修筑铁路,由于冻土土质、温度、水及荷载等作用所引起的应力场的变化和重分布,导致修筑铁路路基出现冻胀、融沉和翻浆等冻害，使铁路工程面临重重困难[8-12]。在既有铁路线路中，铁路工务部门针对管段范围内所发生的病害，多数采取限速行车、填料改良、抬高路基、换填、道砟清筛、加垫板、注盐、设置防水层等整治措施[13-19]，并没有从根本上解决病害问题，病害整治需要年年进行，耗费大量的人力和物力。秦沈客运专线是我国第一条快速客运专线，全线位于季节性冻土区，在其铁路工程设计中也采取了一些防冻胀措施，如路基采用非冻胀填料填筑、设置保温层和人工盐化路基土等。通过秦沈客运转线几年运营来看，虽然有效地预防了寒冷地区路基的冻胀问题，但冻胀病害地段依然存在，冻胀现象在运营期间也是路基的主要病害。又如，北京至哈尔滨铁路线部分地段（如王岗—双城）于2008年至2009年发生了26 mm的冻胀量，严重影响了列车的正常运营。因此，寒冷地区修建铁路时如何预防冻胀病害的出现就显得很迫切，同时，对已经出现冻胀病害的既有铁路如何治理也是急需研究的课题。

近年来，我国铁路发展迅速，路网规模不断扩大，运量持续增加，且列车时速大幅提高。与以往铁路等级低，行车速度慢，对路基的平顺性要求不高，发生冻害时可以利用行车间隔进行维修养护以维持正常运营的特点相比，高速铁路的发展以及行车密度的增加，对铁路路基变形和稳定性方面的要求提高，冻害引起的危害也越来越大，使得冻土区路基变形控制问题变得更加困难。铁路规范《新建时速200～250公里客运专线铁路设计暂行规定（上、下）》和《新建时速300～350公里客运专线铁路设计暂行规定（上、下）》对路基变形的限值要求较为严格，如无砟轨道要求工后沉降不超过15 mm、路桥过渡段差异沉降不超过5 mm等，由于采用现行工法不能严格控制深季节冻土区路基变形，多条高速铁路被迫采用高架桥通过，增加了建设投资。数据显示，截至2013年底，我国累计开通高速铁路线路已超过12 000 km，而路基工程累计长度仅3 500 km。

此外，高速铁路建设中要求基床表层必须使用具有严格级配要求的级配砂砾石和级配碎石，基床底层优先使用A、B组填料或改良土。但是，优质填料缺乏现象在国内外铁路路基建设中普遍存在，若不采用特殊的方法，则大量优质填料需要外运，造价较高。虽然整条线路中路基的比重已尽量压缩，但路基长度仍不容忽视，这就需要大量的土石方。为解决这一难题，需扩大可用填料的范围，也就是要将部分C、D组填料经过改良后使用。在季节性冻土区进行高速铁路路基填料的选择与配置，除满足长期的列车动荷载作用外，还必须掌握路基填料自身的抗冻胀和抗冻融循环特性。只有将上述两方面综合考虑，才能减少路基病害的发生，保持冻土路基的稳定。

1.2 改良土发展历程

1.2.1 改良方法简介

路基填料是决定路基工程性质的关键因素，其工程性质的好坏与路基的质量直接相关。现行客运专线规范将路基填料分为A、B、C、D和E组。为满足高速铁路、客运专线等对路基基床的严格要求，路基填料应满足在列车与路堤自重荷载作用下能够保持长期的稳定性、路堤本体的压密沉降能较快完成以及填料的力学性质不受其他因素(如水、温度、地震等)的影响而发生不利于路堤稳定的变化等三个方面的基本要求。

同时，一些铁路专线的设计和施工规范，如《时速200公里新建铁路线桥隧站设计暂行规定》和《秦沈客运专线铁路路基施工技术细则(试行)》等，一般规定：基床表层可采用级配砂砾石或级配碎石等材料，基床底层采用A、B组填料或改良土，基床以下采用A、B、C组填料或改良土。《京沪高速铁路线桥隧站设计暂行规定》和《京沪高速铁路设计暂行规定》要求基床底层填料必须使用A、B组填料或改良土。从法、德、日三国和我国铁路以前进行的少量强化基床的试验研究来看,高速铁路路基常用的优良填料主要有以下几类:级配砂砾石、碎石、级配矿物颗粒(高炉矿渣)和各种结合料(如水泥、石灰等)的改良土[20]。

我国优质填料缺乏,在既有线路沪杭复线某区段使用了大量的塑性指数大于12的C类土及不能使用的D类土和严禁使用的E类土,导致路基病害丛生,严重影响线路的正常运营,制约了铁路运输效能的发挥[21]。不仅在我国,世界各地都存在优质填料缺乏的问题。由于不良土质及地质条件的大量存在,大量填料不能直接应用于路基填料。目前,世界许多国家都纷纷采用填料改良技术来扩大路基填料的使用范围,在满足填料各方面要求的条件下,进一步降低其工程成本。

路基填料改良主要分为物理改良和化学改良,见表1.1。物理改良主要是掺入粗颗粒,通过改变其级配来改变黄土的物理特性及强度特性。目前,采用最多的是化学改良,填料的化学改良在国内外道路工程和高速公路工程中得到大量应用,积累了较为丰富的经验[23]。化学改良方法中,石灰、粉煤灰、水泥和石灰、水泥粉煤灰称为无机结合料,在国外常称为水硬性结合料。我国公路、水利和建筑等部门也将改良土称为稳定土或固化土,有时将无机结合料或土壤固化剂与土拌和而成的混合物称为固化类混合料,简称混合料[24]。混合料主要作用机理是指向土中掺加水泥、石灰、粉煤灰等掺合料,通过土和掺合料的物理化学反应来改变土的颗粒组成及结构,提高其强度、刚度和水稳性。根据改良土掺入固化剂材料的不同可分为石灰改良土、粉煤灰改良土、水泥改良土、水泥或石灰粉煤灰改良土和固化剂改良土等。

表 1.1　路基填料改良主要方法简介[22]

改良技术	改良材料	适用土类	改良效果
机械方法	碾压，强夯	各类土质	强度和稳定性略有提高
掺加粗颗粒	掺加砂、砾、碎石、炉渣等	高液限或低液限黏性土	强度和稳定性有所提高
物理化学改良方法	氯化盐类	级配改良后的土	减少扬尘与磨耗，提高抗冻性
	各种水泥、石灰等无机结合料	黏土类	有较高的强度和水稳定性、一定程度的抗冻性，不耐磨
	黏稠或液体沥青、煤沥青、乳化沥青等	黏土类	有一定的强度和水稳定性、抗冻性，施工困难
工业废料	炉渣、钢渣、粉煤灰等	黏土类	有较高的强度和水稳定性、抗冻性
综合方法	以石灰、水泥、沥青、粉煤灰的一种为主，掺入其他结合料	各类土	较高的强度和稳定性

我国改良土的综合利用和研究起步较晚，开始于二十世纪五六十年代，其中粉煤灰占主要地位；六十年代改良填料开始应用于柔性路面基层中；七十年代开始，有关部门开始研究和使用水泥改良土，并有山东、北京、天津等许多省市科研和设计单位相继开展改良土材料应用研究工作，并深入研究其基本物理力学性能。在京九铁路建设中，铁四院等单位对南浔复线网状高塑性黏土采用掺入石灰的方法改良土质，并进行各种灰土比的室内试验和试验段现场试验，取得了较为重要的成果[25]。1997 年，中国铁道科学研究院对石灰改良土和石灰粉煤灰改良土进行了静力与动力特性研究，并与素土的力学特性进行对比[26]，试验中主要考虑了改良土的龄期、含水率、压实度、干湿循环和固化剂掺量等因素的影响，试验结果有一定的价值。在 1999 年秦沈客运专线开工之前，铁路部门对改良填料也进行了大量的研究，但大部分都以公路为主，在深度和广度上并不完善。从秦沈客运专线开始，铁路路基填筑开

始大量采用改良土，但应用较多的为石灰改良土。因此，石灰改良土的研究也相对较成熟，特别是沪汉蓉通道、郑西线等用量已非常大，仅合宁线石灰改良土基床底层就有 247 万 m^3，基床以下路堤有 520 万 m^3[27]。近年来，我国陆续制定了一系列有关改良土材料的国家标准和行业标准，其中常用的有《土壤固化剂》(CT/J 3073)、《固化类路面基层和底基层技术规程》(CJJ/T 80)、《粉煤灰石灰类道路基层施工及验收规程》(JTJ/057)等，促进了改良土的研究开发及推广应用。

国外对于改良土的研究和应用开始于 20 世纪初。采用改良土的添加剂主要有水泥、石灰、石灰和粉煤灰、沥青、沥青和焦油、有机阳离子化合物、其他（如磷酸、丙烯酸钙、糠醛本安树脂等）。1906 年美国开始改良土的初次尝试，并开展采用水泥、沥青及一些化学制品对土进行改良的一系列研究。三四十年代，美国将改良土在铺筑道路和机场跑道方面取得一定进展，改良技术得到普遍认可；五十年代初到七十年代中期，改良填料开始大量用做护坡材料；在印度等发展中国家，改良土材料应用也很广泛，不仅用于筑路、防渗、护坡工程，还用于修建民房；非洲一些国家，如赞比亚、安哥拉、肯尼亚等国也大量应用水泥改良土作为基层、底基层修筑了上千公里沥青面层公路；据英国道路研究所调查：水泥掺量为 3%~8%，只有肯尼亚一些道路上水泥改良土基层的使用情况较差，破坏比例达 20%~40%，出现裂缝、剥落和变形现象，其他国家的道路使用情况均良好[25]。德国、法国、日本、英国等国家在道路工程中也广泛应用改良土，日本的《建造物设计标准解说》（土构造物）要求采用加入水泥或石灰改良剂改良遍布于全国的火山灰质黏土[28]；德国的《德国铁路工程设计规范汇编》(DS836)要求在高速铁路路基填料中采用水泥、石灰粉或石灰浆等改良剂[29]。因此，无论是发达国家还是发展中国家，都在广泛应用改良土。不过，现有资料证明，国外虽然把改良填料看作是稳定土的措施，土料经过改良后，具有较高的承载力和抗剪能力，主要用于抗弯作用的道路和机场跑道的基层和底基层以及建筑物的地基处理，但在铁路工程中的应用还很少。

由此可见,各国都十分重视改良土这种价廉质优的地方材料。改良土作为一种稳定固化土的措施,由于相对较好的承载力和抗剪能力,主要用于承受抗弯作用的道路和机场跑道的基层和底基层,以及建筑物的地基处理。相对而言,由于铁路工程对材料的要求较高,改良土的应用不多,尤其是在寒区铁路工程中的应用更为不足。

1.2.2 水泥及石灰改良剂

本书针对水泥及石灰两种化学改良方法进行研究对比,以期得到合理的改良方法和掺入比。水泥和石灰是两种性能较好且比较廉价的土工改良材料,水泥和石灰改良技术广泛应用于路面、土坝斜坡防护、浅基础加固和防止砂土液化[30-38]。针对两种改良土的研究,主要可分为固化机理、物理力学性质、动力特性几个方面。

(1)固化机理

Thompson[39]和 Quhadi[40]认为,在土样中掺入石灰将增加土样中 OH^- 原子的浓度,从而使得土样的 pH 值升高,并在土样中形成可溶解的氧化铝和氧化硅,游离的氧化铝和氧化硅与钙原子相结合产生两种硬化反应的胶凝剂,即 CSH($3CaO \cdot 2SiO_2 \cdot 3H_2O$)和 CAH{$3CaO \cdot Al_2O_3 \cdot Ca(OH)_2 \cdot 12H_2O$},使得黏性土具有加工硬型和弱塑性。Arabi 和 Wild[41]认为,在石灰和由硅酸盐及铝酸盐组成的膨胀土之间发生着四种反应,即絮凝作用、离子交换作用、碳酸化作用和火山灰反应。这些反应在改良土或稳定土中改变矿物形式和微结构的作用,与《公路工程无机结合料稳定材料试验规程》[24]中提到的石灰改性土质机理一致。Sherwood[38]认为,土样中石灰与水发生强烈的水化放热反应。Diamond 和 Kinter[42]认为,石灰和土中的黏土矿物发生反应产生韧性的水不溶性的凝胶体,这种凝胶体由铝酸盐水合物和类似于钙矾石的钙酸盐水合物组成。郭绍影[43]对石灰改良土进行化学分析后发现,改良土与素土相比,黏土矿物总含量减少,尤其是蒙脱石及云母含量降低明显,高岭石含量明显增加,同时,碎屑矿物尤其是以 SiO_2 为主的非晶相(玻璃质)增加最多。黏土中蒙脱石矿物的存在使得石灰的改良效果不明显。基于此,Pedarla 等[44]对三种不同蒙脱石含量的膨胀性黏土进行了石灰改良试验、无侧限抗压强度和三维体积膨胀应变试验,试验结果表明,土中蒙脱石的含量越高,石灰改良土越容易经历早期失效,可见蒙脱石矿物对石灰改良能力影响很明显。

针对水泥土,Croft[35],Chen[45]和 Kezdi[46]的研究表明,水泥和土的胶凝作用与石灰土是相似的,在改良土中水泥可以有效的增加其强度。在黏性土中,水泥和土的化学反应对于土样的改良起着重要的作用,水泥和土的水化反应过程中生成了两种重要的产物,即 CSH($3CaO \cdot 2SiO_2 \cdot 3H_2O$)和石灰。因此可知,水化产物石灰和黏土矿物颗粒之间的相互反应在水泥和土的相互作用过程中起着重要作用,此处的石灰与土相互作用机理与文献[47-50]一致。Prisinski和 Bhattacharja[51]认为,当水泥与土中的水分混合,水化反应开始并在土中形成大量的 Ca^{2+},从而有效的稳固黏土。在水泥和黏土混合 12 h 后 Ca^{2+} 数量迅速降低,并产生 CSH 和$Ca(OH)_2$两种物质。张登良等[52]对水泥土强度增长机理进行分析研究后认为,水泥掺入土中后改变了土的性质,是水泥分布在土中构成坚固的核心,空隙中形成水化水泥的骨架,借以约束土粒的结果。高国瑞等[53]将水泥进入软土后的反应机制归纳为:水泥掺入软土后,遇到土中的自由水,水泥粒子表层立即水化。如果土中水含量很低,土中将赋存大量未水化的水泥粒子,进入水中的 Ca^{2+} 离子很快被软土中的黏土矿物吸附,进行阳离子交换,促使分散的黏土凝聚成团。如果土中的水很充足,水泥粒子将继续水化,直至水化过程全部进行完毕。Kitazume 等[54]将水泥改良土放置在纯水和海水中,研究水泥土的长期强度变化规律,同时,对试样中的钙含量分布进行了测定以解释强度降低的机理。Terashi[55,56]也进行了水泥或石灰改良土在不同养护环境下无侧限抗压强度变化的研究。

随着科学技术的发展,研究者将 X 射线衍射法、扫描电镜和电阻率测试等先进技术设备应用到改良土固化机理的研究中,取得了可喜的成果。Xing 等[57]结合无侧限抗压强度试验、X 射线衍射法和扫描电镜研究水泥改良高含盐量软土的力学特性和强度发展机理,发现水化过程中 Al^{3+} 和 Ca^{2+} 是水泥土强度发展的主要原因,而 Mg^{2+}、Cl^{-} 和 SO_4^{2-} 中,SO_4^{2-} 是影响水泥土长期强度的主要因素。通过 X 射线衍射法,Mohamed[58]解释了泥灰质土恶化的原因,并发现经水泥或石灰改良后混合物中产生大量的坡缕石(链状结构黏土矿物)。Yong 和 Ouhadi[59]应用 X 射线衍射法对水泥和石灰改良泥灰岩进行研究,认为前人的研究中没有考虑到钙矾石的形成,钙矾石的形成可以解释泥灰岩稳定土力学和物理化学变化的复杂过程,钙矾石具有高膨胀性,其形成可能对改良土造成不良影响,但是钙矾石的针状结构在土的岩土工程性质中起着正面的作用。王清等[60]通过采用扫描电镜对水泥改良土微结构特征进行定量分析,结论表明,黏土经水泥改良后土样中的黏粒含量几乎为零,土体表现出较高的“假粉、砂性”。宁宝宽等[61]研究了水泥土在各种环境因素(水、不同化学溶液、不同 pH 值)影响下试件的侵蚀特征照片和荷载位移曲线,探讨了各种侵蚀环境下的侵蚀效应、破裂特征及破裂机理。顾明芬[62]采用电阻率测试技术,通过测试水泥土在强度增长以及压缩过程中竖向、水平向电阻,探讨了水泥土在强度增长和压缩过程中电阻率特性参数的变化规律,分析了这些参数与水泥土物理力学特性(密度)孔隙比塑限、无侧限抗压强度的关系,并对水泥土的结构性进行了定量分析。

(2)物理力学性质

Bell[37]认为,石灰添加剂的最优掺量在 1% ~ 3%,更多的石灰不能改变土样的塑限,但是可以提高其强度。然而,Basma[36]则认为石灰的最佳掺量在 2% ~ 8%。Little[63]采用 Eades 和 Grim 的方法,通过评估 pH 值来确定石灰的用量,发现当 pH 值为 12.4 时,所需要的石灰总量在 4% ~ 8%。Evans[64]发现,当改良土中石灰的含量为 7% 时,pH 值达到最大限度。Parsons 等[65]将不同量的石灰掺入土中进行道路试验,发现 5% 和 2.5% 的石灰土存有潜在的膨胀性，另外，所有土类的试验中 2.5% 石灰土的塑性指数较小，五种土中有四种掺入 5% 的石灰后表现出非塑性行为。徐勇等[66]研究了不同石灰掺入量及养护时间对石灰土的最大干密度、最佳含水率及无侧限抗压强度的影响，根据试验结果将 5% 的灰土比作为最佳掺入比。周卓强[67]采用动三轴试验对裂土原状土及 5%、8% 和 11% 三种掺入比的石灰土动力特性进行研究，提出最佳灰土比为 8%。国内外研究表明，石灰的掺入量存在一个最佳掺入比，然而针对水泥改良土中水泥的最佳掺入比研究很少，研究结果也不尽相同。高亚成[68]认为，水泥土的强度随着水泥掺入量的增加而增大，肖林[69]指出，水泥改良土的抗压强度随灰土比的增加呈现线性增长。韩文斌等[70]采用石灰、水泥和粉煤灰三种方法改良下蜀黏土，认为水泥和石灰的最佳掺量为 5%。杨广庆[71]则通过分析黏粒含量与水泥改良土强度的关系，得到水泥适用于改良不均匀系数 $C_u > 10$，$I_p < 12$ 且 $w_L < 40\%$ 的黏性土的结论。

针对改良土的物理性质研究主要集中在液塑限、击实特性、耐水性和膨胀性等方面。Croft[35]发现，石灰添加剂降低了膨胀土的膨胀性、液限、塑性指数和最大干密度，提高了土样的最佳含水率、缩限和强度。Nelson 等[72]认为，黏性土中加入水泥可以降低土样的液限、塑性指数和膨胀性，提高土样的缩限和剪切强度。王毅敏和杨忠诚等[73,74]的室内击实试验研究表明，水泥改良土的最大干密度随水泥掺量的增加而逐渐减少，对应的最佳含水率则逐渐增大。Khattab 等[75]对干湿循环作用下 4% 石灰改良土的长期稳定性进行研究，分析了石灰改良土的膨胀性、强度、浸析试验和空隙大小体积变化及分布。

Bahar 等[49]研究了水泥改良砂黏土的抗压强度、劈裂拉伸强度和耐水性，并针对不同的击实方式进行研究。试验结果表明，水泥添加剂有效地提高了砂黏土的物理力学性质，同时，动态击实方法优于静态或准静态击实方法，且最佳含水率的试样具有相对较高的强度和耐水性。与 Borderick 等[76]的研究结果一致，均认为化学和力学相结合的改良方法一方面可以有效地将土颗粒粘结在一起，并填充土中的孔隙，另一方面还可以阻止土颗粒的重新定位和絮凝作用，以防止孔隙扩大和裂缝形成。

国内外对水泥和石灰改良土静力特性的研究开展较多，主要集中在无侧限抗压强度、CBR、三轴压缩和室内外模型加载等方面，通过这些力学指标来评价改良土的改良效果。

Kolias 等[77]认为，改良土的改良效果依赖于土的类型、改良剂的种类、含量以及养护时间，黏性土质经改良后的力学特性（抗压强度、抗拉强度、弹性模量和 CBR 值）得到明显的增强。Kezdi[46]发现，将水泥掺入素土中后发生水化反应从而降低了土样的 pH 值、Ca^{2+} 和 $Ca(OH)_2$ 的含量。改良土的塑性指数随水泥掺量和养护时间的增加而降低，水泥土的养护时间是影响无侧限抗压强度发展的主要因素，水泥土样的黏聚力和剪切强度均随水泥添加剂的增加而增加。Li 和 Lin[78]将水泥和污泥灰掺入软土中进行了一系列试验，结果表明，改良土的无侧限抗压强度是素土的 3～7 倍，经改良后的素土，膨胀性降低 10%～60%，改良土的 CBR 值是素土的 30 倍，并在试验中采用 X 射线衍射法对改良土的化学反应工程进行研究。Little[79]的研究表明，石灰改良土经长期养护后的回弹模量是素土的 11 倍，现场试验反分析得到的石灰改良土回弹模量值在 210～3 500 MPa 变化。Qubain 等[80]的研究表明，5% 石灰改良黏土的无侧限抗压强度和回弹模量分别增加至 620 kPa 和 250 MPa。王海俊等[81]从试验的角度，对不同掺合剂（水泥、石灰）改良后粉土的性质进行分析，认为改良后粉土的 CBR 值和无侧限抗压强度具有相关性，并拟合得到了两者的关系。夏琼等[82]研究了不同掺入比和含水率对石灰粉煤灰改良土的无侧限抗压强度的影响。孙立川等[83]通过试验数据分析了水泥土无侧限抗压强度与水泥掺入比、初始含水率、龄期以及土的塑性指数的相互关系，并得到了强度预测公式，且拟合效果良好。黄鹤等[84]研究了龄期与无侧限抗压强度的关系，认为 90d 的龄期可以作为水泥土的最终强度。

Liu 和 Shen[85]通过各向同性固结排水三轴试验和固结不排水

试验,分析研究了不同应力路径下水泥土的力学特性,结果表明固结压力和应力路径在很大程度上影响着应力—应变关系和孔压的发展,该土样的剪切强度包络线为非线性。Sariosseiri 和 Muhunthan[86]将水泥按 2.5%、5%、7.5%、10% 四种干重比掺入到土中,进行了土样干结速率、液塑限、压缩性、无侧限抗压强度和固结不排水三轴等一系列试验,研究认为水泥添加剂有效地改善了素土的物理力学性质,改良效果依据素土的种类而不同。三轴压缩试验结果表明,土样的剪切强度得到明显提高,但是土样的破坏类型不尽相同,素土、5% 和 10% 改良土的破坏形式分别为塑性破坏、平面破坏和拉裂破坏,10% 水泥改良土在破坏时,孔压迅速增大至围压而有效应力接近为零,因此,在工程实践中要慎重使用高掺入比的水泥改良土。Sangrey[87],Pillai 和 Muhunthan[88]也分析了水泥土裂缝的发展过程,认为这是剪切黏结力的破坏导致土中大量自由水的出现,使得孔隙压力迅速增加至围压而有效应力接近为零,因此,较高的水泥含量导致较高的峰值强度,在不排水试验中水泥土样在很低的应变值时发生破坏。王毅敏等[73]对水泥改良黄土进行三轴剪切试验,结果表明,水泥土的内摩擦角和黏聚力随掺入比增加而增大,其应力—应变关系曲线呈应变硬化型,属于脆性破坏。梁爱华等[89]通过剪切波速与固结不排水三轴剪切试验发现,不同龄期和灰土比条件下,水泥改良土的压缩强度与剪切波速之间有良好的对应关系。

Lin 等[90]将石灰和污泥灰掺入软土路基中进行改良,试验结果表明,改良土样的无侧限抗压强度相对于素土提高 3~7 倍,且膨胀性明显降低,三轴压缩试验表明黏聚力随掺加剂含量的提高而增加,从 30 kPa 提高到 50~70 kPa。Bell[37]研究了石灰对黏土及常见矿物成分高岭土、蒙脱石、石英等工程力学性质的改良作用,认为经石灰改良后的强度和弹性模量明显提高。Bozbey 和 Garaisayev[91]通过对不同掺量石灰改良土进行力学性质试验研究,认为石灰稳定剂有效地提高了黏土的塑性、可加工性、压缩强度、弹性模量等力学性质。曹晓娟等[92]研究了粉黏土和黏土在加入不同掺入比石灰时静三轴强度的变化规律,发现改良土的静强度随掺入比的增加而增大,而当掺入比大于6%时,强度增长缓慢。王建华等[93]通过大量试验研究了养护龄期、灰土比和饱和过程对石灰改良土三轴压缩强度与弹性波速的影响,分析了压缩强度与弹性波速的相关性,论证了将弹性波速作为评价路基改良填料标准的可能性。雷胜友和惠会清[94]研究改良土的静三轴试验结果后,发现素土的应力—应变关系呈硬化型,改良土的呈软化型,改良土的静强度和黏聚力值相比素土明显增大。

Bouazza等[95]对水泥改良淤泥质土进行室内无侧限抗压强度试验和小比例模型试验,认为水泥添加剂有效提高了淤泥质土的无侧限抗压强度,并将水泥改良效果分为不活动区、活性区和准惰性区,提出在活性区须采用合理的搅拌以保证水泥的改良效果。与室内试验结果相比,小比例模型试验的效果较低,但是其强度提高的程度满足要求。Hermandez-Martinez 和 Al-Tabbaa[96]的研究认为,水泥的掺量越高,改良土样的无侧限抗压强度越高,而且机械搅拌试样的强度是实验室规模螺旋钻样的两倍,然而,实验室规模螺旋钻得到的试样强度更接近现场情况。Nilo等[97]在由击实水泥胶结层和其下的软弱残余土层组成的双层土层上进行现场平板载荷试验,认为根据改良层厚度与加荷直径的比值不同,拉伸裂缝开始的位置不同;同时,结合Vésic[98]的分析方法,得到了可以分析不同大小和不同水泥胶结层厚度的基础的压力—沉降变形曲线。Aiban等[47]分别将5%、7%、10%三种水泥含量掺入萨勃哈土中,在大比例模具中进行加载试验,测定变形为30 mm时所施加的荷载值。结果表明,水泥添加剂有效地提高了萨勃哈土样的承载能力。王炳龙等[99]对京沪高速铁路的下属黏土路基填料改良进行了土工离心试验研究,试验采用水泥、石灰和固化剂三种改良方法,针对路基边坡坡率和堤身破坏机理进行分析。结果表明,如果经改良后的路基沉降量控制在一定范围内,则路基能保持良好的状态,但是若沉降量过大,路堤堤身将出现开裂。

(3)动力特性

在改良土的动力特性研究方面,国外的 Murthy 等[100]针对水泥土原状样进行了循环三轴试验,研究结果表明,土样的动模量随水泥含量的增加而增加,水泥含量对阻尼比的影响不明显。Baig 等[101]采用扭转共振柱和压电陶瓷弯曲技术相结合的方法研究水泥砂土的低应变剪切模量,结果显示,两种技术得到的剪切模量非常接近,表明试样很好的黏结在末端的压盘。同时,水泥土的最大剪切模量可以忽略围压的影响效应。压电陶瓷弯曲试验表明水泥的黏结程度是土样剪切模量的重要影响参数,砂砾的骨架作用也影响着试样的剪切模量。Chiang[102],Acar[103]和Saxena[104]等也分析了水泥改良砂土的剪切模量,但是并没有考虑共振柱试验中试样与末端压盘的耦合效应。在改良剂掺入比研究方面,Akoto 和 Singh[105]采用循环三轴加载方法研究了石灰改良红土的动力特性,分析动荷载、含水率、养护时间、掺入比对回弹模量的影响。试验结果表明,掺入比越大、养护时间越长,回弹模量越大,而随着含水率和动荷载增加,回弹模量减少。Bhattacharya[106]分别对石灰改良红土和椰子纤维加筋土的动力特性进行了试验研究,发现两者的动强度及动弹模量显著提高。Fahoum 等[107]采用石灰对三种塑性指数不同的黏土进行改良,然后对其动力特性进行试验研究,结果表明,随着动应变水平的提高,石灰土的动剪切模量降低,阻尼比增大,随着掺灰量的增加动剪切模量增大,阻尼比降低。Au 和 Chae[108]通过共振柱试验技术确定了石灰改良膨胀土的动剪切模量,并研究了围压的影响。采用现场监测和数值模拟相结合的方法,Bahrekazemi 和 Bodare[109]对列车荷载作用下石灰—水泥加固铁路软土路基的动态响应进行了研究。分析结果表明,该加固方法有效的降低了软土地基的振动,且存在一个最佳的加固深度。更进一步地,列车的速度对改良土地基的影响不明显,是因为一方面石灰—水泥桩提高了地基的 Rayleigh 波波速,另一方面,在列车低速行驶时,石灰—水泥桩提高了地基的刚度,且降低了振动放大系数。

国内学者也意识到列车动荷载对改良土力学特性影响的重要性。郭大进等[110]对水泥土的动模量进行了试验研究。结果表明，水泥土即使在小幅的动态荷载作用下也会产生一定的塑性变形，这种塑性变形与荷载大小、加载序列等因素有关。杨广庆等[111,112]进行了水泥改良土的动三轴试验，分析了水泥改良土在列车重复荷载作用下的动力特性，研究了水泥改良土的临界动应力、累计塑性变形、弹性变形和回弹模量的变化规律及影响因素，论证了水泥改良土作为高速铁路路基基床底层填料的可行性。但是，改良土受环境因素的影响很大，尤其是在冻土地区路基设计，改良土还要经受温度梯度及冻融循环的考验。段俊彪[113]通过水泥及石灰改良土的振动三轴试验，分析了水泥及石灰改良土的动力特性。研究认为，改良土的动强度低于静强度，石灰土与水泥土的动静比差别较大，且石灰土的动力特性优于水泥土的动力特性。

考虑到干湿循环作用的影响，王建华等[114]认为，改良土的循环疲劳强度随失水率的增加而减小，在一定的失水范围内，失水前后改良土的疲劳强度之比随失水率的变化可近似为线性关系，为路基改良土的设计提供了很好的依据。孙明智[115]也考虑了在失水收缩、遇水膨胀的作用下改良土动力特性变化。试验结果表明，改良土经干湿循环作用后，其临界动应力明显降低，降低幅度与失水率有关，失水率愈大，其临界动应力愈低。干湿循环作用在失水率为 15% 以内时，临界动应力降低不明显，当失水率超过 15% 时，其值损失率迅速增大，可见对改良土采取必要的工程措施，保证路基土的失水率在 15% 以内，对提高承载能力是十分有意义的。

在改良剂掺入比研究方面，贺建清和李继祥等[116-118]对石灰改良土进行了大量的动三轴试验，研究了石灰土弹性模量和阻尼比与弹性应变的关系，还针对掺入比、固结比以及频率等影响因素进行了深入研究。相同应变下，随着围压的增加，弹性模量增加而阻尼比降低；随着掺入比的增加，弹性模量和阻尼比随之升高。当灰土比超过 5% 时，弹性模量增加明显，动弹性模量随围压的增减而增减，阻尼比随围压的增加而减小。随着围压的增加，最大动模量呈指数增加而最大阻尼比呈指数降低。周卓强[67]采用动三轴试验模拟列车荷载下基床土体的受力情况，对裂土原状土及5%、8%和11%三种掺入比的石灰土的动强度和动模量等动力特性参数进行了试验研究，分析了石灰改良土技术治理裂土基床病害的可行性，并提出了最佳灰土掺入比。

1.3 冻土冻融特性

自从1937年Tzytovich出版第一本俄文版《冻土力学原理》以来，冻土力学经历了半个多世纪的发展，主要包括已冻土的蠕变研究和土的冻融研究，而土的冻融作用是冻土力学和工程中首先受到关注的问题。冻融对土工程性质的影响大致可以分为冻融循环对土的物理、水理性质的影响和对土力学性质的影响两个方面。这里仅对土在冻融过程中应力状态的机理进行综合评述。

冻融作用对土的物理、水理性质影响的研究主要集中在土的渗透性、孔隙比、土中水的迁移等几个方面。Chamberlain和Gow[119]对正常固结软黏土土样进行了低应力水平下的一系列单轴、循环开敞系统冻融试验，发现冻融作用改变了土样的渗透性和结构性。Eigenbrod[120]也分析了冻融作用对土渗透性的影响规律。在一定条件下，冻融均降低了土样的孔隙比（冻融固结）和提高了其竖向渗透率。冻融固结过程见图1.2。对于冻融循环作用下土样的总应力曲线和有效应力曲线均从图中的点a开始，结束于点c（此处孔隙压力等于所施加的荷载值）。总应力曲线表明冻结期体积增长（点a至点b）而融化期体积降低（点b至点c），有效应力路径表明冻结期有效应力增长而体积降低（点a至点b'）。

针对这些方面的研究，Kim和Daniel[121]通过对经历五次冻融循环作用的压实黏土进行渗透试验来研究冻融对水力传导率的影响效果。结果表明，经历冻融作用的水力传导率是冻融前的2~6倍，土样的压实方法对冻融作用下水力传导率的影响不明显，认为冻结过程改变了土样的孔隙率、结构性和组构。Eigenbrod等[122]对一维冻融循环作用下超固结土样的孔隙水压力和温度变化

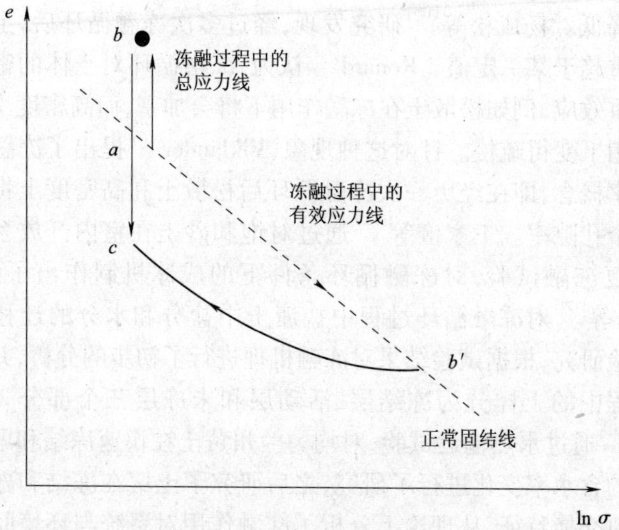

图 1.2　融化固结过程

进行了测定,并采用 X 射线衍射法研究冰晶体的形成对测试结果的影响,发现高孔隙水压力出现在冻结稳定后,孔隙水压力峰值与温度峰值一致。在冻结初期,即使大量冰晶体已经形成,但是并未发生冻胀现象。Benson 等[123]通过现场试验研究冻融循环是否导致土样的水力传导率的增加。现场测试结果表明,冬季前后试验垫绝缘和未绝缘位置的水力传导率很接近,由于冻结深度只有试验垫厚度的 30% ,未绝缘区域的整体水力传导率没有变化;然而,经历冻融循环的取自土层表面的试样的水力传导率提高 50 ~ 300 倍,与室内试验的结果相一致。Qi 等[124]研究了兰州黄土经历一次冻融循环后的干密度、强度特性、前期固结压力和模量等物理力学性质,发现在同一冻结情况下存在一个临界干密度;当土样干密度为临界干密度时,冻融循环后土样的密度、泊松比和前期固结压力保持不变;而当干密度大于临界干密度时,冻融循环后土样的密度、泊松比和前期固结压力降低;当干密度小于临界干密度时,土样的密度、泊松比和前期固结压力增加,回弹模量在经历冻融作用后均降低。杨成松等[125]研究发现,经过多次冻融循环后,土体的干容重趋于某一定值。Konard[126]认为,冻融循环对土体的密度存在双重效应,例如松散土在冻融作用下将会加密,而高密度土在冻融作用下变得疏松。针对这种现象,Viklander[127]提出了冻融残余孔隙率概念,即在经历一次冻融循环后松散土和高密度土将达到同一个孔隙率。王家澄等[128]通过对饱和砂土在室内开放系统下的反复冻融试验,对冻融循环条件下的成冰机制作出了解释。Zhang 等[129]对冻融循环过程中盐渍土中盐分和水分的迁移进行了试验研究,根据试验结果对冻融机理进行了初步的分析,并将冻融过程中的土样分为冻结层、活动层和未冻层三个部分。李述训[130,131]通过水热输运试验,对均匀兰州黄土在快速冻结和融化过程中的含水率变化进行了研究,之后研究了土壤在冻结和融化过程的热交换特征,从理论上分析了冻融作用对系统与环境间能量交换的影响。郑琦宏等[132]研究发现,封闭体系中土壤水分存在明显的"两段式"的水分运移规律,即冻结时水分向表面冻层迁移,融化时由于地表蒸发,水分也向地表迁移。

Chamberlain[133],Cole[134],Johnson[135,136]等进行了大量的现场平板载荷试验和室内动三轴试验,对冻融循环条件下的淤泥土、黏性土及部分粗颗粒土的回弹模量和回弹泊松比进行研究。Berg 和 Bigl[137]对多种细颗粒土和粗颗粒土在冻融循环后的回弹模量进行了研究。Fredlund 等[138]提出了回弹模量与围压、偏压力和基质吸力的函数关系式,发现经历冻融循环后土的基质吸力和回弹模量明显降低。Lee 等[139]研究了黏性土的回弹特性,发现在无侧限抗压强度试验中 1% 的应变的应力水平($S_{u1.0\%}$)可以作为土样的回弹模量,认为当黏土的 $S_{u1.0\%}$ 低于 55 kPa 时可以忽略冻融循环的影响。相反,当黏土的 $S_{u1.0\%}$ 高于 103 kPa 时,冻融作用将导致回弹模量降低约 50% 。Simonsen 等[140]认为,经历一个完整的冻融循环后,视土质类型不同,土体的弹性模量降低 20% ~ 60% ,冻融前后土弹性模量变化的幅值受到土颗粒粗细的影响。当土粒较粗时,弹性模量变化较小,而当土粒较细时,影响则较大。在低于冰点温度时的土的弹性模量呈现滞后现象,冷却温度较低情况下,增温时的弹性模量要高于降温时的弹性模量,而冷却温度较高时,增温时的弹性模量要低于降温时的弹性模量,这是由固结作用导致初始刚度增加以及水分重分布使得随后的刚度降低造成的。

Yong 等[141]研究发现,冻融后土的强度有所增长。Broms[142]则认为,冻融使得土的强度有所降低。Swan[143]研究发现,冻结前后土的强度基本保持不变。Aoyama 等[144]发现,经过冻融后,土的黏聚力降低而内摩擦角变化很小,而齐吉琳[145,146]和 Ogatta[147]等研究后发现,土的黏聚力降低而内摩擦角增大。Wang 等[148]以青藏黏土为研究对象,研究了冻融循环作用对土物理力学性质的影响,研究经多次冻融作用后高度、试样含水率、应力—应变行为、破坏强度、弹性模量、抗剪强度指标等物理力学性质的变化。试验结果表明,冻融过程是使土体从不稳定态向动态稳定态的发展过程,反复的冻融循环改变了土体的性状,使得土体向新的动态稳定平衡状态发展。和礼红[149]对粉质黏土在冻融循环下的力学效应及其结构性进行了详细研究。冯勇等[150]研究了不同状态下细粒土在冻融循环作用下抗剪强度的变化规律,并运用 PPR 分析了各因素对抗剪强度指标的影响。孙红等[151]采用 CT 实时试验对上海黏土三轴应力条件下的特性进行系统的研究,发现三轴应力下土样的细观变形分为微裂纹压密阶段、初期损伤阶段、损伤快速发展阶段和软化破坏阶段。

针对冻融循环后改良土的力学特性研究较少,Sunil 等[152]均对冻融循环后水泥/石灰—粉煤灰土进行无侧限抗压强度、承载比和回弹模量试验,并对改良填料厚度进行研究。结果表明,改良土的强度大小取决于养护时间、压实度、改良剂含量和含水率,相比于水泥—粉煤灰方法,石灰—粉煤灰改良方法不能为高速公路路基设计提供足够的强度。Parsons 等[153]也认为,水泥—粉煤灰改良土冻融耐久性优于石灰—粉煤灰改良土。Shihata 和 Baghdadi[154]通过试验研究了无侧限抗压强度作为水泥土冻融耐久性指标的可能性。Yarbasi 等[6]对石灰、粉煤灰和水泥等 3 种改良土冻融循环后的抗压强度、承载比、超声波和共振试验等参数对比，发现各种改良土具有良好的抗冻融耐久性。Thompson 和 Dempsey[155]研究表明，冻融循环作用导致素土及改良土土样的体积变化以及土样剪切强度的降低，认为与改良黏土相比，这种影响对素土土样的工程性质更不利。Janoo 等[156]对 1996 ~ 1997 年冻融循环作用下水泥改良土路基的力学性质进行了一系列现场试验(路基改良层上依次为自然填料层和沥青混凝土层，现场测试设备为克莱格冲击锤和动力圆锥贯入仪)。测试结果表明，冲击锤测试可以作为评价现场改良土路基的设备，同时，冻融循环作用下改良土路基抗压强度损失率高达 50%。马巍等[157]研究表明，随着冻融循环次数的增加，石灰粉土的剪切强度逐渐衰减。宁宝宽等[158]认为，冻融循环对水泥土力学性能的劣化是非常明显的，且水泥土的抗冻性存在一个最优掺量。徐实等[159]研究表明，石灰改性黄土的抗冻融性能较差。针对冻融作用下改良土的动力特性研究较少。Sauer 和 Weimer[160]对冻融条件下石灰改良土的动变形特性进行了试验研究。魏海斌[22]通过动三轴试验研究了冻融循环对粉煤灰土动力特性的影响，并在此基础上引入冻融损伤度的概念，建立了冻融损伤模型，并用此模型来评估季节性冻土地区路基土的使用寿命。可以说，该研究是冻融循环和动力研究相结合的典型研究范例。

Blanchard 和 Fremond[161,162]提出的连续体力学模型，结合了冻融过程中的基本特征，并保留水热力的相互作用，假定岩石在未冻结状态为线弹性模型，冻结时为 Norton-hoff 蠕变材料，而且模型中未冻水含率是温度的连续函数，并将该模型应用到二维有限元代码中。Neaupane 等[163]给出了岩石热力流体耦合问题的理论方程和数值计算方法，并将其运用到室内冻融试验中，模型中应用冻结指数模拟孔隙水相位变化，未冻水含量是温度的不连续方程。上述模型虽然成功地模拟了冻融过程，但是并未考虑将模型应用到冻融试验的反分析中。Exadaktylos[164]给出的饱和土材料的冻融耦合模型，基于连续体力学的基本规则，假定由可逆过程的热动力学理论模拟冻结或融化现象,这一假定使得能量平衡方程简化为温度的方程,并将该方程应用到一维有限元代码中。结果表明,该模型非常适用于室内或现场冻融循环试验的反分析计算中。Simonsen 和 Janoo 等[165,166]提出了一个由气候影响分析方法和结构反应分析两部分组成的,用来预测经历季节性冻融循环的路基反应特性的程序,并应用这个程序对路基结构进行了数值模拟计算分析。戴文亭等[167]通过冻融循环后的粉质黏土的动三轴试验,得到了动强度和动模量与冻融次数的关系曲线,并建立了动强度和动模量损失模型。

陈湘生等[168]对地基经两个冻融循环进行了离心模拟试验。结果表明,相同条件下有荷和无荷地基在冻融循环下重复试验,适当的荷载可抑制地基冻胀,自由冻胀量与实际相符,地基内温度变化情况和相应的冻胀—融沉特征相近。

1.4 本书内容简介

通过以上对改良土和冻土冻融特性的回顾和评述,本书基于现有的冻土力学理论,结合寒区高速铁路路基建设,针对改良方法单一、冻融性能评价体系单一的现状,采用现场冻害调查、室内试验、理论分析相结合的手法,系统地研究改良方法、冻融次数、围压、冷却温度等因素影响下路基填料的冻胀性能和动静力力学性能。建立路基改良土力学性质与冻融、应力条件等指标间的数学模型,构建包括冻融试验系统设计、寒区路基填料改良剂掺入比设计的成套理论体系,给出适用于寒区路基填料的改良剂及掺入比、强度设计值等技术指标,并对今后的研究与发展提出建议。

本书主要内容如下:

第 1 章简要回顾寒区路基概况,以及改良土和冻土冻融特性的研究进展。

第 2 章针对寒区既有线铁路路基冻害情况,对路基工程中常见的冻害如冻胀、融沉和翻浆冒泥现象进行解释以及成因分析,并从土质、水、环境温度、含盐量和外界附加荷载几个方面入手,分析冻害发生发展的影响因素。

第3章结合寒区冻害调查与成因分析，通过室内试验模拟季节性冻土区路基土体冻胀过程，研究路基土及其改良土的冻胀特性。

第4章通过室内试验，对路基改良填料的应力—应变关系、弹性模量、静强度等进行对比研究，研究静力特性与改良土掺入比、冻融次数等的关系，并对其冻融机理进行初步的探讨。

第5章通过室内试验和理论分析，对比研究素土及改良土的动态特性，深入研究列车循环荷载作用下素土及其改良土的累积塑性变形、临界动应力、回弹模量、动应力应变关系与冻融次数、围压、冷却温度、掺入比的变化规律，提出完善的冻融试验方法，构建改良剂掺入比设计理论体系等。

第6章对本书在试验方法、理论分析和实际应用方面的成果进行总结，并对今后的研究提出建议。

第2章 路基冻害调查与分析

我国大部分地区属于季节性冻土地区，由于其特殊的气候环境，在该地区修筑铁路或其他构筑物时，环境温度成为首先要考虑的要素。随着高速铁路建设的逐渐展开，铁路路基稳定性越来越受到人们的重视，对铁路路基建设标准的要求也越来越高。在季节性冻土地区，铁路路基常年处于开放的大气环境当中，随着季节的变化和更替，路基土每年至少经历一次冻融循环的影响。在冻融过程中，由于环境温度的变化，土中水分的迁移，以及列车荷载的作用，路基土体内应力场、水分场、温度场和位移场的变化和重分布，导致路基承载力降低，产生冻胀融沉、翻浆冒泥、开裂、路基土体松散和局部沉陷等病害现象。尽管国际上在冻土地区修筑铁路已有一百多年的历史，但是铁路运营状况与路基稳定性并不乐观。例如，俄罗斯贝阿铁路1994年统计的线路路基冻融病害率为27.7%，后贝加尔铁路运营100多年后1996年统计的线路路基冻融病害率仍达40.5%，2006年统计的线路路基冻融病害率高达62.4%。又如，2003年我国季节冻土地区铁路发生2~3万次路基冻胀与融沉病害，波及全国19个省、市、自治区。这些冻害的产生和存在严重影响行车质量，甚至威胁行车安全，为此国家每年都要投入大量资金进行养护和维修。早期铁路设计时速较低，行车速度较慢，对路基的平顺要求不高，发生冻害时可以利用行车间隔进行维修养护。但是，随着铁路的逐年提速以及高速铁路的建设与运营，列车运行密度大大提高，再加上多年来冻害的积累，整治冻害的难度及费用也在大幅度提高。

因此，有必要对季节性冻土地区路基病害进行深入调查，了解其成因和影响因素，寻求合理实用的设计方案和整治措施，以控制、减少和治理季节性冻土地区铁路路基工程中的冻害，确保铁路发挥其预期的效能。本章通过分析呼和浩特铁路局、哈尔滨铁路局境内既有铁路和秦沈客运专线路基的冻害资料，总结季节性冻土地区铁路路基的冻害特点及原因，分析冻胀、融沉和翻浆冒泥三种冻害之间的内在联系，并从土质、水分、环境温度和外界附加荷载等方面入手，对冻害的影响因素进行分析，深刻理解冻害产生的原因，为季节性冻土区路基改良填料选择、力学性质研究、冻融过程的实现提供一定的参考。

2.1 既有线路基冻害调查

2.1.1 内蒙古地区

(1)路基冻害调查

呼和浩特铁路局管段内的线路大部分地处乌兰察布高原，海拔在 1 000 m 以上，属温带大陆性气候，四季分明，冬季寒冷，夏季较热，温差较大，雨量稀少(多集中在夏季)。在 2005 年 3 月统计发生冻害有 1 475 处，共计 34 497 m；其中，三条主干道京包线、包兰线和集二线都发生过严重冻害，包白线、包石线等也有一定量的冻害发生。冻害不仅给线路的维修保养工作带来很大困难，同时也对行车安全构成极大的威胁。

据呼和浩特铁路局多年的野外冻害调查及现场观测资料显示，京包、包兰线呼局管段内路基冻害现象严重，已经影响到铁路的安全高速运营。根据调研结果，图 2.1 中给出了 2005 年 3 月份京包、包兰线铁路在呼局管段各区段内的冻害分布。从中可以看出，冻害现象在各区段内的分布存在差异，呼和浩特—包头东区段内冻害现象最严重，该区段内冻胀量小于 20 mm 的路段占全段的 45%，冻胀量大于 20 mm 的路段占全段的 27%；此外，包头东—临河、管界—集宁南区段的冻胀现象也较为明显。尽管工务部门针对管段范围内所发生的季节性冻害，采取了限速行车、换填、道砟清筛、加垫板、注盐等整治措施，但是并没有从根本上解决冻害问题，冻害整治需年年进行，造成人力、物力和财力的极大浪费。

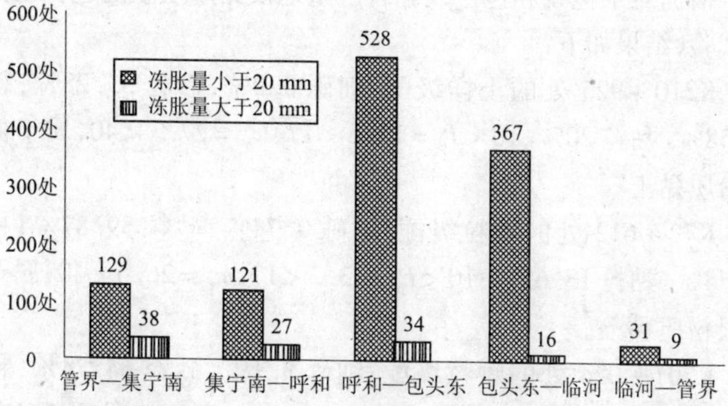

图 2.1　京包线、包兰线冻害调分布图表

通过对京包线和包兰线路基的冻害调研，京包线和包兰线路基冻胀呈现整体性变形，但不同里程处路基冻胀的相对高度相互之间差异较大，路基最大冻胀率约 3%，在路基长度为 100 m 的范围内最大差异可以达到 30 mm；路基的冻胀变形极不规则，严重破坏了路基的整体平顺度；而且基床土在冬季期间冻结过程中，冻结层尤其是其上中部，将聚集明显超过其冻结前的含水率，局部可明显看到冰晶。因而在融化时，基床将被软化，甚至成为流动的泥浆，强度明显降低，在列车动力作用下，往往会翻浆冒泥、挤出等变形。

(2)气候资料

呼和浩特铁路局管段内的京包线和包兰线所处地区冬季漫长而寒冷，其中 1 月份最冷，最低气温可达 −25 ℃ ~ −45 ℃，年冻结深度在天然地表下 1 ~ 1.2 m 范围内。表 2.1 和图 2.2 为呼和浩特铁路局京包线、包兰线部分地区的气象资料，可见该地区的降雨具有明显的季节性特征,且沿线的降雨规律十分相似,主要集中在夏季6月~9月间。

(3)路基土质调查

根据对京包线和包兰线冻害严重地段路基填土的进行土性分析试验,结果如下:

K210+925处的土样级配:细砾0.9%,砂粒33.28%,粉粒47.58%,黏粒20%;$10 < I_p = 12.6 < 17$,$w_L = 27.3 < 40$,属于低液限粉质黏土。

K72+612处的颗粒级配:细砾0.74%,砂粒39.87%,粉粒45.74%,黏粒13.65%;$10 < I_p = 13.2 < 17$,$w_L = 26.6 < 40$,属于低液限粉质黏土。

K701+024处的颗粒级配:细砾3.1%,砂粒64.74%,粉粒26.81%,黏粒5.35%,粒径大于0.075 mm颗粒的质量超过总质量的50%小于80%,属于粉砂土。

根据《铁路路基设计规范》(TB 10001),三种土都属于C类路基填料;K72+612处和K210+925处的土粒组成基本一致,都是细颗粒含量较高,粒径小于0.075 mm的占总重量的60%左右,这两处的土样都级配不良,且对冻胀敏感性较强。K701+024处土样的粗颗粒含量相对较高,粒径大于0.075 mm的占总重量的65%以上。

由上述分析可知,京包、包兰线沿线路基填料多为细颗粒土,且土中粉、黏粒含量较大,因此冻结过程中具有较强的水分迁移能力,在环境温度适宜和地下水源补给充足的情况下,冻结过程中路基体内会聚集大量的水并冻结成冰,因而出现较强的冻胀现象。春季气候变暖情况下,路基表层的土体首先开始融化,融沉变形出现,并且该融沉变形随着融化过程的进行而不断增大;此外,由于路基填土多为细颗粒土,融化的水分不能迅速排出土体,因此在列车荷载作用下,导致出现翻浆冒泥等现象。

表 2.1　呼和浩特铁路局京包、包兰线部分地区气象资料

项　目	察素齐	乌拉特前旗	临河
历年平均气温	7.4 ℃	7.5 ℃	7.7 ℃
2004 年最低气温	−22.8 ℃	−22.8 ℃	−22.5 ℃
历年极端最低气温	−37.4 ℃	−30.8℃	−35.3 ℃
2004 年全年降雨量/mm	392.2	249.7	161.4
历年平均降雨量/mm	354.8	215.9	146.5
历年平均蒸发量/mm	20 334	23 514	22 656
月平均降雨曲线图		图 2.2	
最大积雪深度/cm	2	6	7

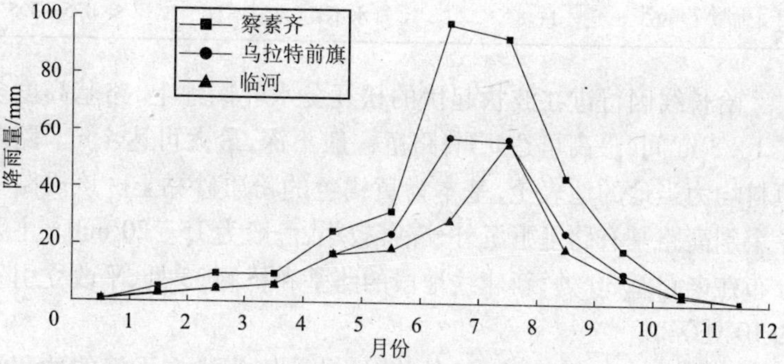

图 2.2　沿线各站多年月平均降雨量曲线图

2.1.2　东北地区

哈尔滨铁路局管辖铁路(超过 9 000 km),1985 年沿线路基冻融病害 9 000 多出处(平均 1 km/处冻害,重者中断行车、轻者限速慢行,整治费数千万元),2009 年沿线路基冻融病害7 000 ~ 8 000 处(以融沉为主),牙林线 K74 处路基年沉陷量超过 860 mm、日最大沉陷量高达 30 mm,1962 年牙林线 K8 处路基 5 h 内融沉 1.4 m(造成机车脱轨)、K197 处路基一次融沉 1.5 m(迫使客车停车 4 h)。

根据哈尔滨、让胡路、牡丹江、佳木斯各工务段近几年路基的冻害调查，见表2.2，普遍存在30 mm以下不同程度的冻害，其中以15～25 mm的居多。冻胀开始时间多在11月中下旬，回落时间多在4月中下旬。冻害地段的延长约占运营线路总长的8%，对于进一步提速运行和安全仍是重大的障碍和危害。

表2.2　2008～2009年冬季各工务段冻害调查统计

工务段	冻害处数	延长公里/km	病害原因	路基高度/m
哈尔滨	2 053	67.1	路基填土含水率大，排水不良	1～4
让胡路	77	3.7	两侧积水 排水不良，含水率不均	0～1.5
牡丹江	449	9.2	两侧农田 排水不良，土质不良	0.5～3.0
佳木斯	663	11.8	排水不良，土质不良	0.5～3.5

哈长线因行进在波状起伏的松辽分水岭岗地上，路基高度多在1～3 m间，最高可达8 m，路堑一般不深，最大可达4 m。路基填料均为当地的地表土，基本为黄褐色的粉质砂黏土。该段路基除个别高路基有路基下沉外，冻害较小，一般为15～20 mm。主要分布在老路基30处、新建线地段的路基和桥涵35处、平改立引发的10处等。

滨洲东部线、滨绥线、哈佳线、图佳线则行进在平坦的冲积洪积漫滩、沼泽湿地及平缓岗地、山前坡地上，路基大多是低矮的路堤，尤其是平原地区很多路段的路堤高度只有0.3～1.0 m。路基填料亦为当地的黑钙土、草甸土或褐色粉质沙黏土。据了解，沼泽地区老路基也有用沙性土填筑内部，但外表仍为当地土。这些地区因地表水丰富、地下水位高、排水条件不良，路基低矮，所以冻害普遍。虽然冻害高度多在15～30 mm，但数量较多，分布具有分散性、连续性的特点。如滨洲东部线有80处、滨绥线有2 000多处、哈佳线有130多处、图佳线有120多处（均含双线）冻害处所。

近年来，哈长线、滨洲东部线也进行了大量的整治，冻害数量有明显的减少。如让胡路工务段管辖的滨洲东部线，2004 年 ~ 2005 年冬季 15 mm 的冻害 419 处，累计延长 12.4 km；50 mm 的冻害 3 处，累计延长 134 m。2005 ~ 2006 年冬季 15 mm 的冻害 413 处，累计 12.6 km；50 mm 的冻害 2 处，累计延长 61 m。2006 ~ 2007 年冬季 15 mm 的冻害 95 处，累计延长 3.8 km。2007 ~ 2008 年冬季 15 mm 的冻害 103 处，累计延长 3.3 km。2008 ~ 2009 年冬季 15 mm 的冻害 77 处，累计延长 3.7 km。另外，牡丹江工务段管辖的滨绥线，2007 ~ 2008 年冬季冻害 1 106 处，2008 ~ 2009 年冬季冻害 449 处。

在 20 世纪末至 21 世纪初六次提速的情况下，京哈线对线路区间无人值守的道口进行改造，基本全部改为涵洞式的下立交道口，即“平改立”。进入冬季后，路基在纵向温度场出现不连续的突变，造成冻胀量的差异而形成新的冻害，此类现象在京哈线有 11 处。

大庆油田在发展的过程中，陆续修建了许多油田管道，在地下穿越既有铁路路基地段，油田管道大部分都带有热量，使得路基基底的温度场在线路纵向上出现异常，造成基底冻胀量的明显落差而形成冻害。

2.1.3 秦沈客运专线

(1)路基冻害现象

根据气象和调查资料，秦沈客运专线沿线土壤最大冻结深度为：秦皇岛 ~ K64 + 250 段，约 0.9 m；K64 + 250 段 ~ K320 + 400 段，约 1.2 m；K320 + 400 段 ~ 沈阳北段，约 1.5 m。可以看出，秦沈客运专线沈阳段由于气温较低，每年季节冻深最大。

根据秦沈客运专线现场冻害调查资料，秦沈线在 2003 年 2 月路基共有 38 处冻害发生，随后各年度冻害情况见表 2.3，并且冻害主要发生在锦州以东。表 2.3 中括号内为本年度与上一年度重合处数，近几年均发生冻胀的处数为 103 处，冻胀平均为 7 mm，冻高平均为 8 mm；最大冻高发生在 K372 + 354 和 K372 + 772 涵洞顶部;2005 年~2006 年度冻害最多为 651 处,最大冻高 20 mm。可以看出,秦沈客运专线在开通运营后线路冻害主要发生在路基和涵洞顶处,而在经过养护维修后路基冻害现象已经很少,线路的冻害目前主要集中在涵洞顶。

表 2.3　2003 年~2007 年各年度冻害统计表

时间段	冻害处数	冻害位置		路基地段冻胀比例/%	最大冻高/mm
		路　堤	涵　顶		
2003~2004	264	145	119	55	20
2004~2005	370	162(15)	208(105)	44	21
2005~2006	651	360(78)(12)	291(208)(105)	55	20
2006~2007	344	6(1)	338(143)(110)(102)	2	18

2007 年 1 月对线路发生冻胀地段进行现场调查时发现,现场调查的共 102 座涵洞中:洞顶填土小于 1.5 m 的共 62 座,其中 54 座有冻害;涵洞洞顶填土大于 1.5 m 的涵洞 40 座,其中 4 座有冻害。58 处有冻胀现象的涵洞中 51 处,上下行线均有,6 处只在下行线发生,1 处仅在上行线发生,发生冻胀段落均采用加减垫片进行处理,冻胀与填土厚度的关系见表 2.4。

表 2.4　冻胀与填土厚度的关系

类型	处数	填土厚度/m			填土≤1.5 m 所占比例/%	填土 >1.5 m 所占比例/%
		<1	1~1.5	>1.5		
涵顶有冻胀	58	48	6	4	93	7
涵顶无冻胀	44	4	4	36	18	82

自秦沈线开通运营(含 250 km/h 提速试验)至目前为止,涵洞主体结构完好,无开裂、破损和不均匀变形等情况发生,表明涵洞在铁路运营过程中,可满足使用要求,本段涵洞总座数 807 座,按照 2006~2007 年沈阳局资料统计,发生冻害涵洞比例为 15.4%。

(2)气候资料

秦沈客运专线铁路位于我国北方的寒冷地区,沿线最高气温发生在每年的七八月份,雨量也集中在七八月份,最冷月份为每年1月份,温度最高一般出现在7月份,一般11月份出现负温,第二年3月份负温期结束。根据观测统计资料,近十年主要气象要素为:历年极端最低气温 -31.5 ℃~18.9 ℃;历年最冷月份平均气温 -10.6 ℃~5.5 ℃;历年平均相对湿度59.0%~66.0%;年平均降水量555.6~692.6 mm;年平均蒸发量1 268.8~1 827.2 mm;最大积雪深度20 cm。2004年~2007年台安和辽中气象站的气温、降水资料见表2.5和表2.6,气候与冻胀处数情况见表2.7。

表2.5 2004~2007年台安气象站气温、降水

年份	10月		11月		12月		年份	1月		2月	
	气温/℃	降水/mm	气温/℃	降水/mm	气温/℃	降水/mm		气温/℃	降水/mm	气温/℃	降水/mm
2004	12.3	5.0	2.5	69.8	-8.0	13.7	2005	-9.5	7.5	-8.8	1.5
2005	11.5	37.3	3.2	6.7	-1.5	5.2	2006	-10.0	3.9	-6.5	15.1
2006	12.3	50.6	1.5	10.5	-5.7	0.2	2007	-7.1	0.0	—	—

表2.6 2004~2007年辽中气象站气温

年份	10月		11月		12月		年份	1月		2月	
	气温/℃	降水/mm	气温/℃	降水/mm	气温/℃	降水/mm		气温/℃	降水/mm	气温/℃	降水/mm
2004	11.7	4.2	2.2	23.4	-9.0	11.3	2005	-10.9	8.3	-10.1	2.2
2005	11.8	7.7	3.1	2.4	-12.0	19.7	2006	-10.4	3.6	-6.8	21.8
2006	12.1	43.7	1.3	8.1	-6.8	0.5	2007	-7.8	0.2	—	—

表 2.7　气候与冻胀处数情况表

时　　间	气温/℃	降水/mm	蒸发量/mm	冻胀处数	上行（阳面）	下行（阴面）
2003～2004 年	−2.6	20.1～65.3	124.2～178.4	264	140	124
2004～2005 年	−5	45.2～92.5	119.9～168.4	370	195	175
2005～2006 年	−5.8	30.9～47.5	142.8～185.8	651	336	315
2006～2007 年	−3.8	8.8～10.7	87.2～112.4	344	184	160

注：上表数据为台安和辽中两气象站统计值，气温为 11 月、12 月、1 月和 2 月平均值，降水和蒸发量为 11 月、12 月、1 月和 2 月总和。

根据现场调查，线路中涵顶冻胀一般发生在 11 月末 12 月初，2 月上旬基本稳定，而路基冻胀多发生在 1 月中旬，2 月上旬基本稳定；线路中的冻胀病害 3 月初开始回落，一般 3 月末结束。因此，气温低是导致冻害的直接因素，各年度冻害情况与气候要素直接相关。根据统计，在气温最低的 2005 年～2006 年，冻害发生次数多达 651 处。

从表 2.5、表 2.6 和表 2.7 可以看出，2004 年～2005 年冬季降水量与统计的几年比较均较大而且多集中在 11 月，但该年度冻胀处的数量并不比 2003 年～2004 年度和 2006 年～2007 年度冻胀处的数量明显多；2005 年～2006 年度冬季降水较少，反而冻胀发生明显增多，从而可以看出，降水与冻胀无必然关系。

(3)路基土质调查

秦沈客运专线处于季节冻土区，路基冻胀主要是由于土体冻结过程中发生水分迁移并析出冰晶造成的，一般多为基床内冻胀，主要发生在砂黏土地段。同时，在路基发生冻胀的地段，级配碎石、A、B 组填料中细颗粒含量较高（表 2.8），具备发生冻胀的物质条件。

经勘探取样试验，级配碎石含水率范围一般为 2%～8%；下部填料含水率范围一般为 5%～15%。对于涵洞顶上发生的路基冻害，经对现场土样检验分析发现涵洞顶部路基土体细颗粒含量较多且含水率较高，含水率最高处达27%，是导致冻害的主要原因。

表 2.8　不同深度处填料小于 0.075 mm 颗粒百分含量表

工程类型	深度			
	0.2 m	0.4 m	0.6 m	0.6 m 以下
涵顶(33 孔)	22.2	22.5	23.0	23.9
过渡段(24 孔)	21.8	22.3	25.1	26.9
路基(11 孔)	22.2	25.6	24.5	25.8

2.1.4　那曲物流中心

(1)路基冻害现象

青藏铁路那曲物流中心地处藏北地区中心，位于西藏自治区那曲镇以南 5 km 处，海拔 4 500 m，以青藏铁路那曲车站为中心，长 7 km，宽 1.5 km，占地面积达 7 500 亩，另有生活区 500 亩，是西藏第一个铁路、公路货运枢纽型物流基地，也是我国第一个海拔最高的超大型站场。从 2007 年 8 月完成初步设计，到 2009 年 8 月投入运营，至今已运营 5 年的时间。

通过对那曲物流中心站场路基为期 2 年的现场监测，得到监测点的路基冻胀变形时程曲线，如图 2.3 所示。同时，表 2.9 给出了各个测点的最大冻胀量和最大融沉量。从图 2.3 可以看出，地表的冻胀变形于每年的 4 月份达到最大值，每年的 9 月份融沉变形达到最大值；各测点的沉降变形量相差最大达到 50 mm，这是测点位置土质、所处位置、含水率、上部结构物形状等不同造成的。同时，从表 2.9 所列数据可以看出，通过综合比较，各测点的最大冻胀量达 162 mm，超过工程构筑物所能承受的冻胀变形量，并且冻胀量均大于融沉变形量，即各测点的沉降变形均表现为冻胀变形。

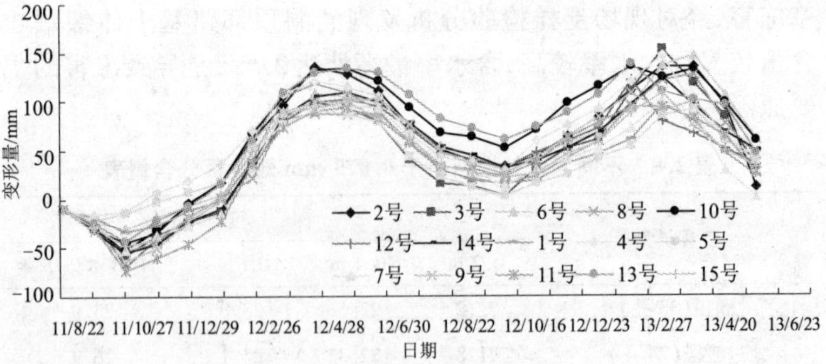

图 2.3　各测点地表位移随时间的变化过程

表 2.9　最大冻胀、融沉量统计表

沉降板编号	1 号	2 号	3 号	4 号	5 号	6 号	7 号	8 号
冻胀量/mm	109	149	162	112	104	145	112	140
融沉量/mm	84	106	110	73	65	72	103	105
差值/mm	25	43	52	39	39	73	9	35
沉降板编号	9 号	10 号	11 号	12 号	13 号	14 号	15 号	
冻胀量/mm	113	147	114	133	144	138	86	
融沉量/mm	105	96	116	131	115	96	119	
差值/mm	8	51	-2	2	29	42	33	

同时，对那曲物流中心进行全面的病害调查，调查对象包括铁路路基、站台、涵洞、排水设施、道路、房屋建筑等。经过病害调查和分析，由冻胀、融沉以及反复冻融导致的土体强度弱化引起的冻害是普遍存在的病害形式。该地区冻害发生发展周期较长，一般从每年 11 月中旬持续至次年 5 月上旬，主要表现为冻胀隆起、不均匀冻胀、融化下沉、房屋建筑墙体竖向裂缝、地基强度弱化等病害形式，如图 2.4 ~ 图 2.6 所示。

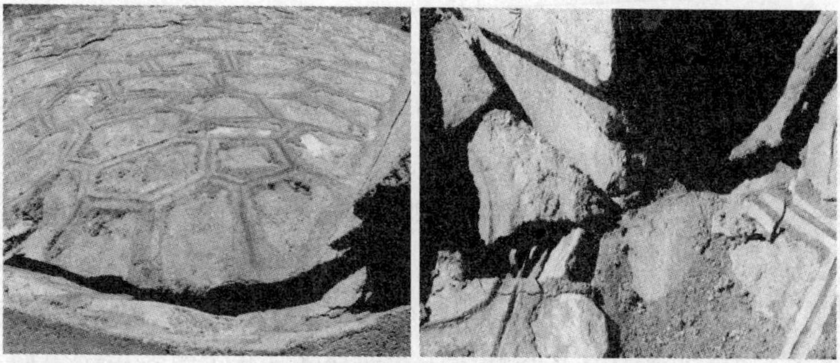

图 2.4　铁路路基病害形式

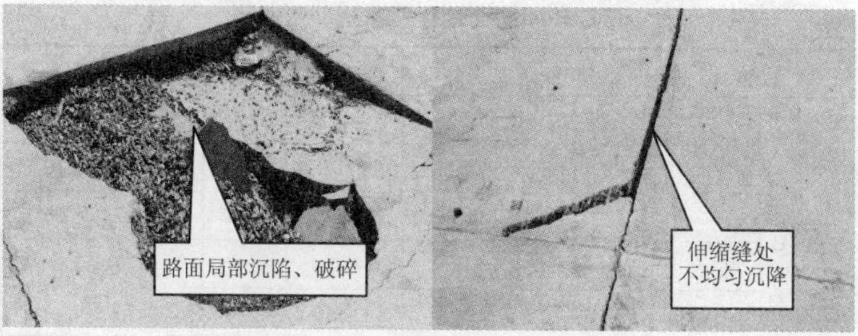

图 2.5　道路路面病害表现形式

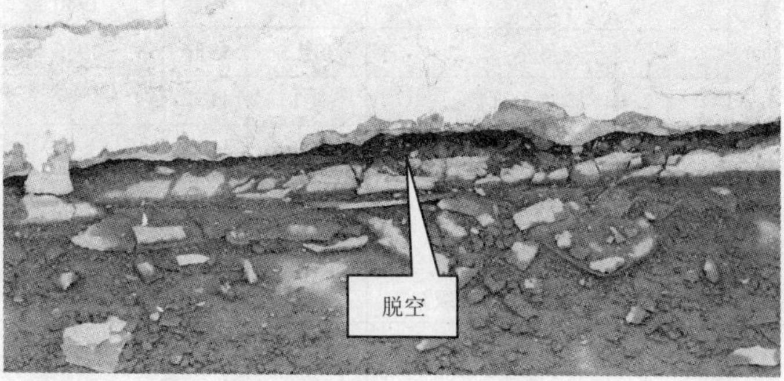

图 2.6　建筑物地基基础病害表现形式

(2)气候资料

青藏铁路那曲物流中心站场场区属高原亚干旱气候，蒸发量远大于降水量，年最大蒸发量为 2 116.8 mm，年最大降水量为 590.4 mm；风向以南西、西风为主，大风(≥8 级)多集中在 10 月至次年 4 月，见表 2.10。极端最低气温 -41.2 ℃，极端最高气温 24.2 ℃，场地内最大土壤冻结深度为 281 cm，为深季节性冻土地区，为土体的冻胀、融沉的发生与发展提供必要的前提条件，同时，年复一年的冻融作用使得路基土体的强度也在不断变化，影响土体的承载能力，在荷载作用下非常容易发生结构破坏、不均匀沉陷、裂缝等病害。

表 2.10　那曲地区气象资料汇总表

项目			数值	统计年限及出现日期	
气温/℃	年平均		-1.3	45 年	
	极端	最高	24.2	45 年	1995 年 6 月 10 日
		最低	-41.2	45 年	1968 年 1 月 16 日
	最热月平均		8.0	45 年	7 月
	最冷月平均		-12.9	45 年	1 月
	最大月平均日较差		19.4	45 年	
降水量/mm	年平均		421.8	45 年	
	年最大		590.4	45 年	1980 年
	年最小		307.5	45 年	1986 年
	年平均降水日数		121	45 年	
蒸发量/mm	年平均		1961.5	45 年	
	年最大		2116.8	45 年	1966 年
风速/(m·s^{-1})	平均风速及主导风向		4.1SW	45 年	
	年平均大风日数(≥8 级)		106W	45 年	
雪冻/cm	降雪初终期		8.29~8.1	45 年	1985 年
	最大积雪厚度		21	45 年	1990 年 10 月 16 日
	最大季节冻土深度及初终期		281	45 年	1974 年多次出现

(3)路基土质调查

场地内与工程有关的地层有第四系全新统冲积、洪积淤泥质粉质黏土、粉质黏土、角砾土层与侏罗系页岩。

①第四系全新统(Q_4)

淤泥质粉质黏土:分布于湿地表层,厚度一般0.5~1.0 m;青灰、灰褐色,土质不均,含有机质、砂、圆砾及大量草根,具臭味,软塑~流塑,Ⅱ级普通土,σ_0=80~100 kPa。

粉质黏土:广泛分布于场地上部,层厚2.0~4.0 m;黄褐色,土质不均,含砂、圆砾等,软塑~硬塑,Ⅱ级普通土,σ_0=100~150 kPa。

细砂:局布分布,厚度1.0~11.8 m;青灰色,松散~中密,Ⅰ级普通土,σ_0=100 kPa。

砾砂:局布分布,厚度3.2~11.4 m;青灰色,松散~中密,Ⅰ级普通土,σ_0=150 kPa。

细圆砾土:广泛分布,厚度1.7~20.0 m;青灰色,松散~中密,Ⅱ级普通土,σ_0=300 kPa。

粗圆砾土:仅分布在1 096孔处,厚度3.0 m;青灰色,稍密,Ⅱ级普通土,σ_0=300 kPa。

②侏罗系

页岩:棕红色,浅灰色,风化层厚一般为4~7 m,σ_0=300 kPa;弱风化,σ_0=600 kPa,Ⅳ级软岩。

由上述场地内地层岩性描述可知,最大土壤冻结深度范围内以淤泥质粉质黏土、粉质黏土和粉质砂土为主,根据《铁路路基设计规范》(TB 10001),这三种土都属于C类和D类路基填料,以细粒土为主,且级配不良,均具有强—特强冻胀敏感性,是导致该场地内路基冻害严重的主要原因之一。

由上述分析可知,青藏铁路那曲物流中心站场路基填料多为细颗粒土,且土中粉、黏粒含量较大,因此冻结过程中具有较强的水分迁移能力。在环境温度适宜和地下水源补给充足的情况下,冻结过程中路基体内会聚集大量的水并冻结成冰,因而出现较强的冻胀现象;春季气候变暖情况下,路基表层的土体首先开始融化,融沉变形出现,并且该融沉变形随着融化过程的进行而不断增大。

2.2 路基冻害成因分析

根据以上寒区既有铁路路基冻胀的情况分析,我国季节冻土区既有铁路路基冻胀量一般在 30 mm 以下,以 15 ~ 25 mm 的较多,大部分属于一般冻害,其次为较大冻害;冻胀开始时间一般在 11 月中下旬,融沉开始时间一般在 3 月中下旬。因不同的地质条件,冻胀在路基发生的部位也不同,而且冻胀量变化起伏较大,导致冻峰、冻阶或冻谷的出现。因此,寒区铁路路基冻害的特点首先表现为不均匀冻胀特性,即不同里程处路基冻胀的相对高度相互之间差异较大,路基的冻胀变形不规则,严重破坏了路基的整体平顺度;其次,表现为暖季的融沉,导致路基翻浆冒泥现象发生。不均匀的冻胀和融沉常使轨道的水平、前后高低等发生不均匀的变化,给行车带来安全隐患。

路基的冻胀、融沉和翻浆是路基土体在经受冻结和融化过程中,在列车荷载作用下所表现出来的几种现象,三者之间具有紧密的内在联系。首先,必须具备水的条件,具体为夏、秋季地面水下渗使土中含有大量水分或有充足的地下水补给。其次,要有一定的温度条件,即在冬季负温的作用下发生水分迁移,未冻区的水分不断向冻结区迁移,使路基冻结土层内含水率增多并冻结成冰。不同的是,冻胀发生在冬季,是路基土层显著聚冰体积增大的直接反映;融沉和翻浆虽然发生在春季,但其根源仍然是冬季路基土层内形成冻胀的聚冰。春季路基土层内的聚冰融化,土体积减小,若土中有冰透镜体的存在,会出现大幅的融沉变形;聚冰融化使得路基土融化段水分增多、强度急剧下降,在列车荷载作用下如水分未能及时排出,就可能出现翻浆。此外,要有一定的土质条件,否则不发生冻胀,融沉和翻浆也就无从谈起。路基土体的冻胀分级见表 2.11。

表 2.11　路基土体的冻胀分级

土的类别			冻胀敏感性评价	一般冻胀性描述		
土名		细粒含量/%		冻前含水率 w_n/%	平均冻胀率 η/%	冻胀等级
碎石类土	块石类土 碎石类土 砾石类土	≤5	不敏感	不考虑	不考虑	无
		5~15	弱敏感	$w_n \leqslant 12$	$\eta < 1$	Ⅰ级
				$12 < w_n \leqslant 18$	$1 < \eta \leqslant 3.5$	Ⅱ级
		>15	敏感	$w_n \leqslant w_{opt} + 5$	$\eta < 1$	Ⅰ级
				$w_{opt} + 5 \sim w_{opt} + 8$	$1 < \eta \leqslant 3.5$	Ⅱ级
				$w_{opt} + 8 \sim w_{opt} + 12$	$3.5 < \eta \leqslant 6$	Ⅲ级
砂类土	粗砂 中砂	≤5	不敏感	不考虑	不考虑	无
		5~15	弱敏感	$w_n \leqslant 12$	$\eta < 1$	Ⅰ级
				$w_n > 12$	$1 < \eta \leqslant 3.5$	Ⅱ级
		>15	敏感	$w_n \leqslant 12$	$\eta < 1$	Ⅰ级
				$12 < w_n \leqslant 18$	$1 < \eta \leqslant 3.5$	Ⅱ级
	细砂	≤5	不敏感	不考虑	不考虑	无
		5~15	弱敏感	$w_n \leqslant 12$	$\eta < 1$	Ⅰ级
				$12 < w_n \leqslant 18$	$1 < \eta \leqslant 3.5$	Ⅱ级
	粉砂		敏感	≤14	$\eta < 1$	Ⅰ级
				$14 < w_n \leqslant 19$	$1 < \eta \leqslant 3.5$	Ⅱ级
				$19 < w_n \leqslant 23$	$3.5 < \eta \leqslant 6$	Ⅲ级
细粒土	低液限粉土 ($I_p \leqslant 10$、$w_L < 40\%$)		强敏感	≤19	$\eta < 1$	Ⅰ级
				$19 < w_n \leqslant 22$	$1 < \eta \leqslant 3.5$	Ⅱ级
				$22 < w_n \leqslant 26$	$3.5 < \eta \leqslant 6$	Ⅲ级
				>26	$6 < \eta$	Ⅳ级
	低液限粉质黏土 低液限黏土 ($I_p > 10$、$w_L < 40\%$)		强敏感	$w_n \leqslant w_p + 2$	$\eta < 1$	Ⅰ级
				$w_p + 2 < w_n \leqslant w_p + 5$	$1 < \eta \leqslant 3.5$	Ⅱ级
				$w_p + 5 < w_n \leqslant w_p + 9$	$3.5 < \eta$	Ⅲ级
				$> w_p + 9$	$6 < \eta$	Ⅳ级

注：①本表仅适用于有砟轨道路基，对无砟轨道路基须进行特殊设计。
②w_{opt} 为击实试验中的最佳含水率；w_p 为土的塑限含水率。

影响土冻胀敏感性及冻胀量的因素很多,但归纳起来不外于:土壤自身的内在因素,包括颗粒成分、构造、渗透性、比表面积、饱和度、含水率以及土壤水中的盐分组成与含量等;与冻结条件有关的外在因素,包括冻结时的孔隙水压力、冻结时的约束力、冻结速度(率)或者温度梯度,以及水分补给条件等。冻土的融沉是由于温度升高,冻土中的冰逐渐融化而表现出来的和冻胀相反的过程,冻土的冻胀过程及冻胀量的大小直接影响到其后续的融化沉降过程。因此,就冻土的融沉而言,影响融沉变形的因素也不外乎上面几种,只是在此基础上增加了融化过程中的孔隙水压力、外界荷载作用,融化速率等影响因素。因此,影响土冻胀敏感性及冻胀量的因素众多,但对于我国大部分寒区铁路路基冻害来说,其主要可归纳为土性、水、温度及附加应力等方面。

2.2.1 土　性

水分迁移冻结成冰是产生大量冻胀的主要因素,而迁移的形成不尽相同,对冻土而言毛细作用是水分上升的主要原因,而毛细作用的强弱又与土的粒度成分、含盐量和矿物成分紧密联系。

土的颗粒大小对土体的冻胀性影响十分显著,当颗粒粒径由大变小时,其比表面积由小变大,与水的作用和土在冻结过程中水分迁移的能力也随着加大。在水分和冻结条件相似的情况下,土的冻胀性由大变小的排列为:黏性土 > 砾石土 > 粗砂 > 砾砂。图 2.7给出了细颗粒含量对土冻胀率的关系曲线[1],从图中可以看出,冻胀量随细颗粒含量的增高而加大。图 2.8 表示了水分迁移聚集及冻胀率随矿物颗粒尺寸的变化趋势[2],从图中可以看出粒径在 0.05 ~0.005 mm 的粉粒土类冻胀性最强。

土在冻结过程中,盐分的含量影响着土的冻结温度、土中未冻结水的含量以及土中水的渗透压力,随着盐溶液浓度的增加,土的冰点降低,土的冻胀量减小,当盐溶液浓度达到一定量后,土体冻胀性就变得很小。自然界的土都含有不同程度的盐分,当土中盐的含量大于0.5% 后,称为盐渍土。有关试验表明,粉砂的盐溶液浓度为2%、亚砂土为8%～10%、亚黏土大于10%时，土体不会冻胀，利用这一特性，采用人工盐渍化方法改良路基，防止路基的冻胀是十分有效的。但在采用人工盐渍化方法改良路基时，注盐方法及注盐量的多少成为影响改良成败的关键，同时应考虑注盐对路基强度的影响。

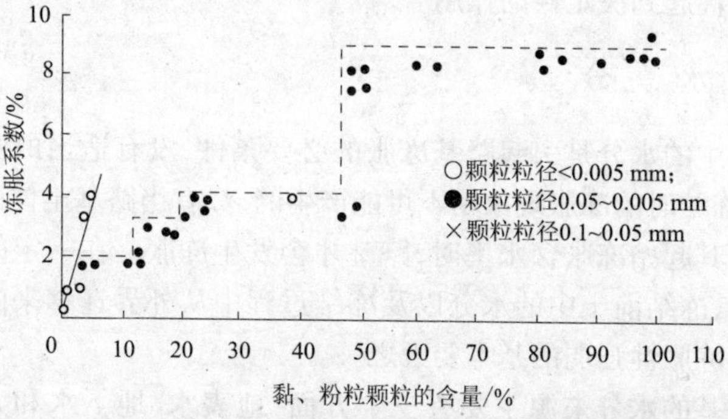

图2.7　不同粒径的细颗粒含量与土冻胀率关系曲线[1]

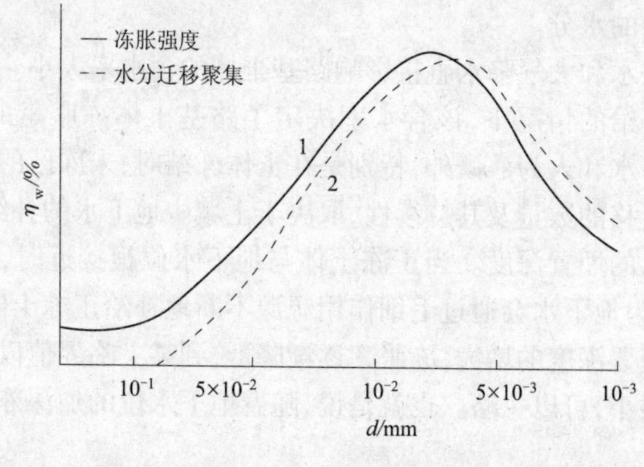

图2.8　水分迁移集聚及冻胀率随矿物颗粒尺寸的变化趋势[2]

土粒是由固体矿物颗粒组成，细粒土是由大小不等的砂粒、粉粒和黏粒组成的多相体系，一定尺寸范围的粒组，表示特定的矿物成分和各种黏土矿物表面活动特性，黏粒组中的黏土矿物常见的有高岭石、水云母和蒙脱石三大组。试验表明，黏性土中所含不同矿物成分的冻胀强度顺序为高岭石 > 粉质土 > 黏粒土 > 黏砂土 > 蒙脱土。因此，如遇高岭石为主的黏性土，冻胀性最大，施工含水率大时形成橡皮土，不易压实。对于粗粒土，如砾类土、砂类土，不存在矿物成分对冻胀影响的问题，而粗粒土中的细粒含量和成分对冻胀性起到决定性的作用。

2.2.2 水 分

土中的水分是引起路基冻胀的必要条件，没有适当的水分条件，土冻结时的冻胀现象是不可能产生的，只有当路基土体的含水率大于其起始冻胀含水率时，路基才会发生冻胀。在一定的土质条件下，冻结前土中的水分以及冻结过程中从外界迁移来的水分是土体冻胀性强弱的基本要素之一。

路基的水分来源主要有三个方面：地表水、地下水和大气降水。地表水源是通过大气降水、河道灌溉和排水渠系中水的渗透补充到土体中的水分；地下水是通过土壤的毛细管作用不断补充到土体中的水分。

地表水和大气降水直接影响路基土体的含水率大小。在无外界水源补给的情况下，该含水率决定了路基土体冻胀量的大小。除大气降水和人为灌溉外，特别是在土体冻结时，未冻区的水分向冻结区迁移的数量及其持续性，取决于土壤中地下水的补给条件，即地下水的埋置深度。当正冻土体与地下水位很接近时，冻胀性最强，因为地下水会通过毛细作用源源不断地补给正冻土体；随着地下水埋置深度的增大，冻胀率逐渐降低，到某一临界值以下时土冻胀率很小，可以忽略。也就是说，随着地下水位的加深冻胀量逐渐减小。

关于不同土质中地下水影响高度问题，目前，国内外主要还是根据地下水以上毛细管作用层范围内毛细水的上升高度来确定的。对于细粒高塑性土而言，地下水埋深将强烈地影响冻胀速率的变化。而粗粒土由于冻结时水分迁移不大，故地下水位高低对其冻胀速率作用较弱。

在相同的环境温度及一定的土质条件下,水分补给充足的地段在冻结过程中吸附大量的水并冻结成冰,只要环境温度低于土的冻结温度,水分的补给和迁移将一直持续,路基土体中就会有大量的冰层或冰透镜体出现,一旦融化,融沉量就会很大;若土体融化速度较快,表层融化土体中的水分来不及排出,加之上部较重的列车荷载作用,就会出现严重的翻浆冒泥现象。

2.2.3 环境温度

土体冻结取决于土中温度,而土体冻结温度(负温)取决于土体的颗粒分散度、含水率、矿物成分及水溶液的成分和浓度。相同物质条件下,土体冻结温度是随含水率增大而降低的。土体冻结后,随着负温度越低,未冻水含率减少,含冰量增加而冻胀量增大。在封闭系统中,对黏性土当温度降至 -3 ℃左右时,土体冻胀率随土体温度的降低而加大,此时的冻胀量约占最大冻胀量的 75%,当土体温度降到 -3 ℃ ~ -7 ℃时,冻胀量的增加因土体中未冻水量的减少而变得缓慢,此时的冻胀量增长占总量的 20% 左右。土体温度继续下降到 -7 ℃ ~ -10 ℃时,未冻水含率减少很缓慢,土体冻胀量增大值为总量的 5% 以下,有些几乎不增加接近于零。粉土的冻胀停止温度约 -3 ℃~ -5 ℃[10]。

另外,温度变化幅度对冻结速率也是有影响的。冻结速率小,则水分有充分时间向冻结前缘迁移析冰,变成冰透镜体,冻胀率增大,反之冻胀率减小,甚至出现排水现象。同时,温度也是影响融沉的重要因素,温度变化引起的化冻速度及负温作用对融沉和翻浆的形成有很大影响。在初冬时,冻结线长时间停留在路基上部,会使大量水分聚集,冻胀严重。初春时,若气温骤暖,土基急剧融化,下层仍然冻结,水分来不及下渗及向上蒸发,就会使土基过湿,在列车荷载的作用下,引起或加重融沉、翻浆。

2.2.4 荷　载

增加外部荷载对土体冻胀发生有显著的抑制作用。这是由于外部附加压力增加,增大了土颗粒间的接触应力,降低土中冰的冻结点及初始含水率,且水分迁移过程也受到抑制,使土中水的液、固态转换受到影响。这是强夯法能防止冻害的基本原因。当荷载增加到一定值时,冻结面不能吸水,中断了未冻区水分向冻结前缘的转移,土体冻胀停止,此时的荷载被称为中断压力,一般粉质土的中断压力为 300 ~ 500 kPa,但若温度再下降,冻胀仍可能发生,一般情况路基上部荷载及行车荷载很难达到中断压力。而实际上,有时产生比中断压力小的多的压应力也能较显著的阻止水分向冻结前缘带的迁移,并有效的减小冻胀量。如从路基的断面形状看,高路堤和深开挖路堑两种形式下的路基土冻胀量是有较大差异的:路堤下土基水分迁移活动与路堑条件要相差很多,产生的冻胀变形较之路堑要小;高路堤因垫层等的加厚对路基产生的压应力较路堑要大的多,也存在荷载的抑制作用,使冻胀量减小。

但是,对于路基的融沉变形来说,上覆荷载加大了路基的融沉变形量,尤其是在冰层较厚的冻土中,较大的列车循环荷载作用往往会引起该土体内孔隙水压力的剧烈变化,再加上融化过程中,细粒土中的水分又不容易排出,使得此处路基出现翻浆冒泥现象。

第3章　路基填料的冻胀性能

通过对那曲物流中心的病害调查和分析，以及现场监测数据分析，发现土体的冻胀、融沉作用是引起该地区病害频发且普遍存在的主要原因。国内外已有的大量工程实践和研究结果也表明[2]，土的冻胀作用是引起季节性冻土地区建构筑物病害频发的主要原因。土体的冻胀、融沉过程是水分场、温度场、变形场以及应力场等多场耦合作用的复杂过程，研究土体的冻胀融沉特性对冻土区，尤其是深季节性冻土区的冻害防控具有重要的工程实际意义。

土的冻胀是指土体在冻结过程中，土体中原有的水分以及外界向冻结锋面迁移的水分在土体中冻结成冰，并形成冰层、冰透镜体、多晶冰等多种形式的冰侵入体，从而引起土颗粒之间发生相对位移，使土体的体积产生不同程度扩张。冻胀在自然界的表现是地表不均匀的隆起，融化后产生下沉。

衡量土体冻胀变形大小的基本特征值是冻胀量，通常用总冻胀量和分层冻胀量等表示。前者是指土体冻结时引起地表的总上升值，后者是指某层土冻结而引起该土层垂直向上的位移值。各地的冻结深度、气候条件等因素不同，其冻胀量相差很大，仅用总冻胀量作为土体冻胀变形的特征值很难比较各地段之间冻胀变形的强弱。因此，工程实践中一般采用冻胀量与该冻结土层厚度之比作为土体冻胀变形的特征值，称为冻胀率或冻胀系数，以百分数计。由此可知，某地地表总冻胀量与其最大冻结深度的比值，即为该地的平均冻胀率或冻胀系数。

本章基于季节性冻土区铁路路基病害调查及成因分析，通过室内冻胀试验，模拟季节性冻土地区土体的冻胀变形特点，进行非饱和土在封闭和开敞条件下的冻胀性试验研究。试验所采用土样的颗粒比重2.71,液限48.6%,塑限21.5%,塑性指数27.1,最大干密度1.80 g/cm^3,最优含水率18.1%,结合土的物理性质指标,并依据相关规范,定义该土样为高液限黏性土质。研究结果表明:

(1)封闭系统下,随着顶端冷却温度的降低,试样冻结速率加快,冻结深度增加。在开敞系统中,由于水分补充带来的热量的抵消作用,相比于封闭系统,试样冻结速率较慢,冻结深度较浅。

(2)无论是封闭系统还是开敞系统,荷载对土体的冻胀有一定的抑制作用,主要是因为荷载对土样的压密作用使得土体的导热性能增大,影响了土体的冻胀量和吸水量等物理性质。

(3)素土经水泥及石灰改良后,抗冻胀性能增大,且水泥改良土的抗冻胀性能要优于石灰改良土。

此外,冻胀导致的病害除直接引起的路基面变形外,另一重要因素在于其对土体强度的弱化,即冻结和融化作用对路基土体强度的弱化,在随后的章节中,将对冻融后土体的强度变化进行研究。

3.1 试验过程

3.1.1 试验土样

本研究采用的土质为寒区高速铁路路基素填土,对该土质进行土性分析。

(1)土的颗粒成分

图3.1为土样的级配曲线。由黏土的粒度组成分析可知,该土样的粒径分析曲线在整体上呈陡状,全部颗粒粒径小于0.25 mm,其中0.25~0.075 mm的颗粒含量为17.5%,0.075~

0.005 mm的颗粒含量为41.5%，小于0.005 mm黏粒含量达到40%以上。由此可知，素土的颗粒粒径分布存在严重不足，属于劣质填料，不能满足高速铁路路基填筑的要求。

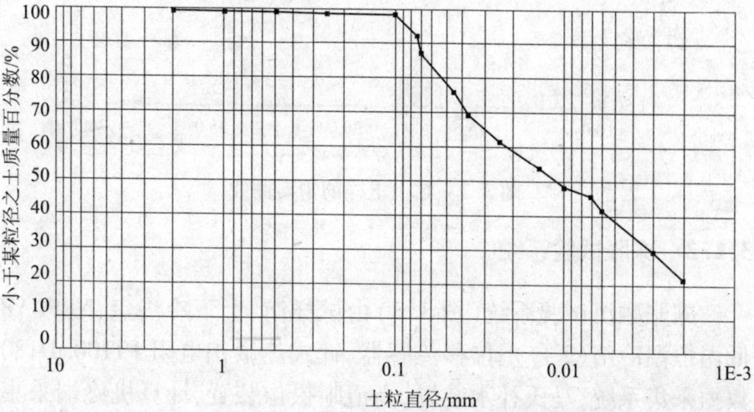

图3.1　素填土颗粒大小分布曲线

(2)土的比重与界限含水率指标

试验土样的颗粒比重 G_s 为2.71，液限 w_L 为48.6%，塑限 w_p 为21.5%，塑性指数 I_p 为27.1。结合土的物理性质指标，并依据《铁路路基设计规范》(TB 10001)，定义该土样为高液限黏性土质。

(3)土的击实特性

采用重型击实仪进行击实试验，当含水率低于塑限含水率时，土体黏性较好，容易击实；而当含水率超过22%以后，土体很软，击实锤不易提起，土体不易击实。图3.2为黏土土样的击实曲线，最大干密度 ρ_{dmax} 为1.80 g/cm^3，最佳含水率 w_{opt} 为18.1%。由此可知，黏性土的最优含水率在塑限含水率附近；击实曲线与饱和曲线不重合，相距有一定的距离，说明即使达到最大干密度，土体孔隙比仍然较大，饱和度较低。

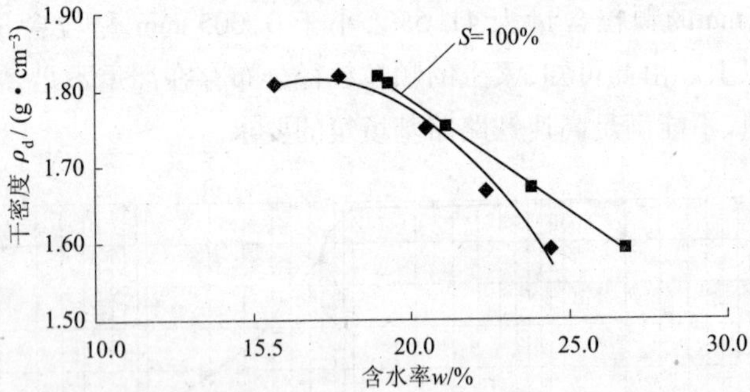

图 3.2　黏土土样的击实曲线

3.1.2　冻胀试验系统

冻胀融沉试验系统(图 3.3)由试样筒、上下冷浴盘、NESLAB 低温恒温冷浴(2 台)、位移传感器、针式热敏铂电阻 PT100、DT80 数据采集系统、马氏补水装置、高清晰摄像装置、计算机终端采集系统、高低温环境试验室等组成。

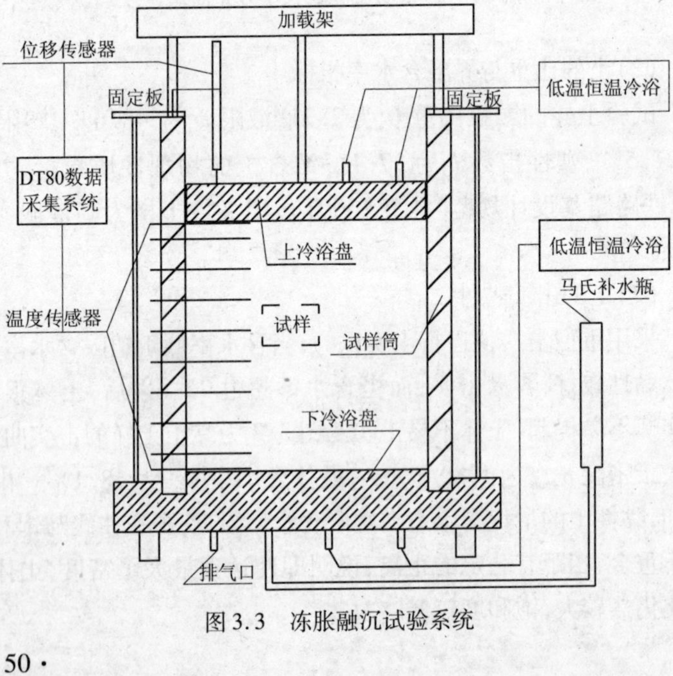

图 3.3　冻胀融沉试验系统

(1)试样筒与上下冷浴盘(图3.4)

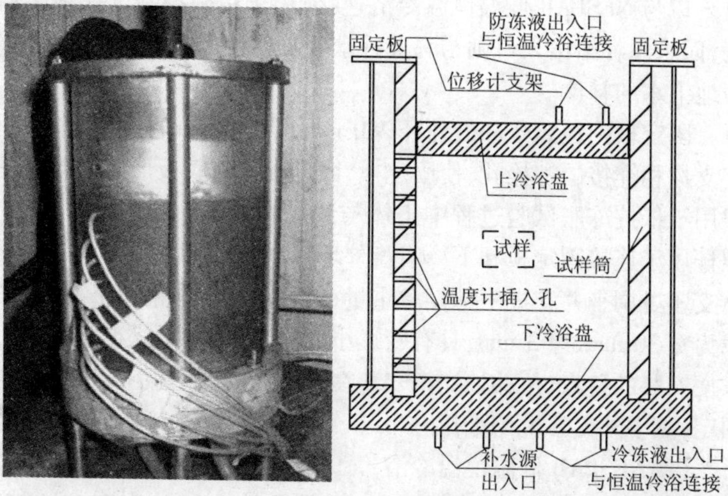

(a)实物图

(b)示意图

图3.4　试样筒与上下冷浴盘

试样筒材质为有机玻璃筒,其内径200 mm,高300 mm,壁厚20 mm(较厚的筒壁可以降低温度对自身变形的影响,并有效地约束土体的侧向变形)。同时,为测试冻胀融沉过程中土体内部温度变化过程,在有机玻璃筒侧壁自下而上每隔2 cm设置一个针式热敏铂电阻插孔,共设置9个温度测孔。

上冷浴盘由轻质高强并且导热性能良好的合金材料制成,为直径200 mm、厚度40 mm的圆柱体,上冷浴盘上留有冷冻液循环出入口,试验过程中冷冻液循环出入口与NESLAB低温恒温冷浴连接,用于精确控制试样顶端温度。同时,上冷浴盘顶部设有凸起的下凹圆槽,用以安置把手,方便在试验过程中放入或取出上冷浴盘。

下冷浴盘材质与上冷浴盘相同,直径280 mm,高40 mm。与上冷浴盘不同,下冷浴盘由内环和外环组成。其中,内环为试样提供温度控制和水源补给,直径为200 mm,并分别与下冷浴盘的冷冻液循环出入口和水源补给出入口连通，试验过程中冷冻液循环出入口与 NESLAB 低温恒温冷浴连接，用于精确控制试样顶端温度；而水源补给出入口则与马氏补水装置连接，用于模拟冻胀过程中地下水的补给。

固定板内径 200 mm，外径 280 mm，厚度 7 mm，设有四个与固定支撑相连接的螺栓孔，使固定板、固定支撑与底板形成一封闭框架用于抵抗冻胀试验过程中土体与试样筒内侧壁的摩擦力；固定螺杆用于连接固定板和下冷浴盘外环，以防止发生相对位移；试样筒支座可调平并支撑上部设备重量；位移计支架为钢板条材质，尺寸为宽 30 mm、厚 3 mm，具有变形小、受外界环境干扰小、刚度大、方便安装的特点，位移计支架安装在试样筒的固定板上，采用螺栓固定，减小外界环境的干扰。

(2) NESLAB 低温恒温冷浴

NESLAB 低温恒温冷浴由美国赛默飞世尔科技生产，温度控制范围为 -50 ℃ ~ +150 ℃，控制精度为 ±0.01 ℃，可实现计算机控制和调整温度，如图 3.5 所示。该冻胀融沉试验系统包含两台 NESLAB 低温恒温冷浴，试验过程中通过冷冻液循环管分别于上下冷浴盘的冷冻液循环出入口连接，达到精确控制土体顶端、底端温度，实现土体单向冻结、融化的目的。

图 3.5 NESLAB 低温恒温冷浴

(3)数据采集系统

数据采集系统包括位移传感器、针式热敏铂电阻 PT100、DT80 数据采集系统和计算机终端采集系统。

试验过程中通过 NSWY02 电压型位移传感器测量试样的冻胀、融沉变化量,其最大量程为 100 mm,测试精度为 0.30%,如图 3.6(a)所示。测试过程中,将 NSWY02 电压型位移传感器固定在位移支架上(图 3.4),并与 DT80 数据采集系统相连接,实时采集试样的冻胀、融沉变形变化量。

试验过程中通过针式热敏电阻 PT100 测量试样内部的温度变化,其输出值为电阻,测试精度 ±0.1 ℃,如图 3.6(b)所示。测试过程中,将针式热敏电阻 PT100 插入试样筒侧壁的温度插孔中(图 3.4),并与 DT80 数据采集系统相连接,实时采集试样内部温度变化。

数据采集系统由 DT80 数据采集器和 CEM20 扩展槽组成,可扩展至 100 个数据采集模拟通道,模拟通道可实时测量电压、电阻、电流等多种传感器输出信号,具有测试精度高、采集频率快、数据传输稳定性好等优点,如图 3.6(c)所示。所采集数据均可通过 DTUSB 采集软件,如图 3.6(d)所示,下载到计算机终端,数据文件为 Excel 格式,数据处理方便简洁。

(4)马氏补水装置

为模拟现场条件下土体冻结过程中地下水的补给作用,采用马氏补水装置模拟外界水源补给。试验过程中,将马氏补水瓶与下冷浴盘的水源补给出入口相连接,并保证马氏补水瓶的自由水位与试样底部齐平。此外,由于整个试验过程时间较长,若频繁开启高低温环境试验箱箱门以读取马氏补水瓶内的水位变化,将导致控温不准,为此,在试验过程中,安装高清晰摄像装置,通过计算机终端数据采集系统实时读取马氏补水瓶内的水位变化。

(a) 位移传感器

(b)针式热敏铂电阻

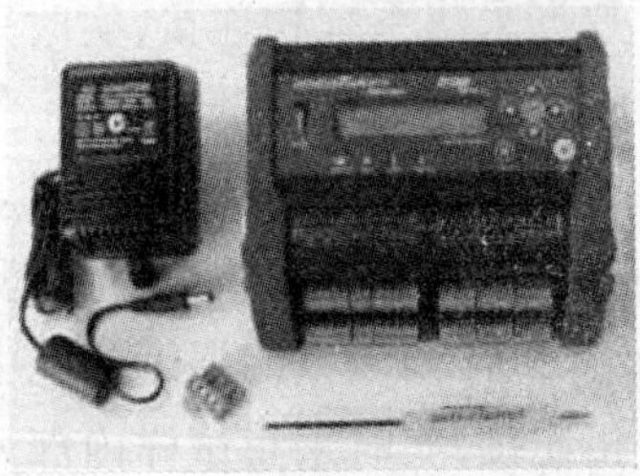

(c)DT80数据采集系统

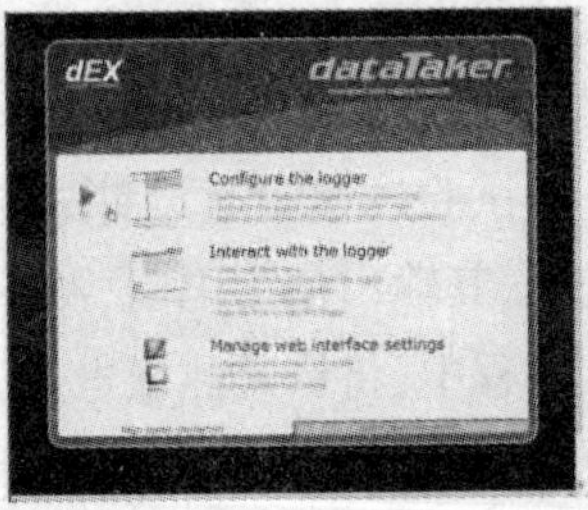

(d)计算机终端数据采集系统

图 3.6　数据采集系统

(5)可程式高低温环境试验箱

冻土试验中,温度的精确控制式保证试验结果精度的前提条件。因此,试验过程中,采用二次降温的方法精确控温,具体做法是将试样筒、上下冷浴盘、位移传感器、针式热敏铂电阻 PT100、马氏补水装置、高清晰摄像装置置于可程式高低温环境试验箱内,如图 3.7 所示。可程式高低温环境试验箱外壳由不锈钢板包裹优质超细玻璃纤维保温棉组装而成,采用压缩机制冷,压缩机与箱体结构分离以降低振动对试样的干扰,其内部尺寸为 0.9 m×1.6 m×0.8 m,可提供(1 ±0.5)℃的环境温度和足够的试验操作空间。同时,可程式高低温环境箱内部安装有 2 台风扇,以保证低温环境箱内空气温度均匀一致。可程式高低温环境箱还设有 2 个玻璃观察窗口,通过玻璃窗口可以随时观察内部土样的变化以及制冷系统是否正常工作,保证试验顺利进行。

图 3.7　可程式高低温环境试验箱

3.1.3　试验方案

(1)试验方法

在筒壁上均匀涂抹一薄层凡士林,沿筒壁黏贴一底部封口的塑料袋,保证制样过程中土中水分不流失。然后,将有机玻璃圆筒和其配套底板进行组合并使塑料袋紧贴板顶,再按预定的压实度计算出所需的土量,分 5 层装入有机玻璃圆筒内并进行击实,每一层控制高度为 20 mm,并控制土样总高度为 100 mm。试样的上下端部均放一张滤纸,起到透水不透气的作用。试样制好以后,密封静置 24 h,使土样中水分均匀分布,装样过程如图 3.8 所示。

在低温室内把制好的土样放在试验底座上,把温度传感器由有机玻璃筒边上的测温孔插入土体中,筒周围再用15 cm厚的泡沫塑料包裹,以减少土样在冻结过程中的温度损失。将试样盒的顶板、底板分别与低温循环浴相连接,并在顶板上安装好位移传感器,安装完成后的情况如图 3.3 所示。开启步入式低温恒温室、试样盒顶板及底板冷浴,步入式低温恒温室、冷浴顶板及底板温度均设定为 1 ℃,待试样恒温 24 h,其整体温度达到恒温 1 ℃以后,准备开始试验。

待试样恒温完毕后,将试样盒顶板的温度调整到固定的负温(冷端冻结温度),底板温度保持 1 ℃不变(暖端温度),使土自上而下冻结。通过计算机自动采集温度和土样变形,试验持续72 h。试验结束后,迅速从试样盒中取出土样,测定冻结深度及分层测试土样含水率。

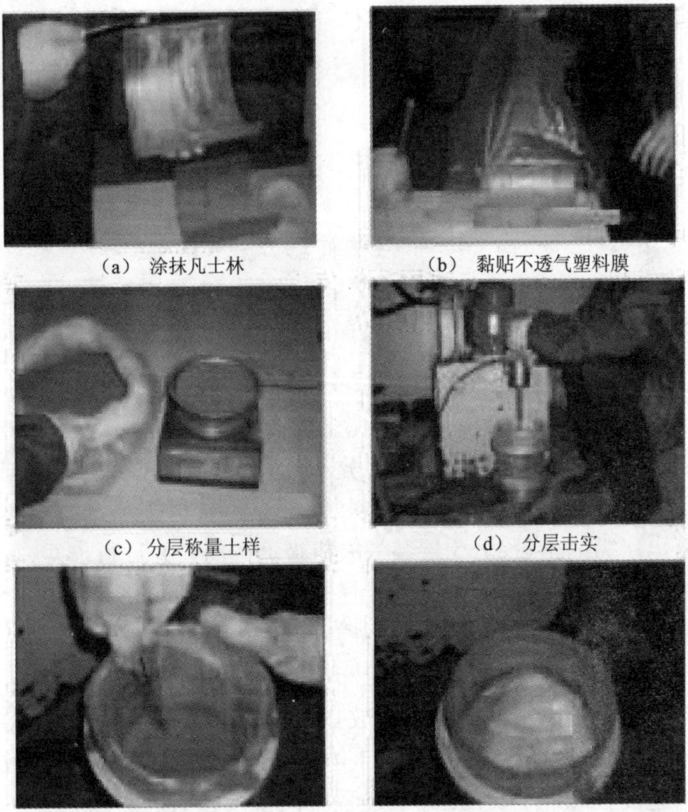

(a) 涂抹凡士林　(b) 黏贴不透气塑料膜

(c) 分层称量土样　(d) 分层击实

(e) 防止分层面刮毛　(f) 装样完毕

图3.8　试样制备过程

(2)试验设计

对在不同顶端冷却温度下冻结的土样,研究其在不同含水率、不同荷载作用形式及不同补水情况下的冻胀特性。具体试验安排见表3.1。

表 3.1　冻胀试验设计

土样类型	顶端冷却温度/℃	含水率/%	荷载值/kPa	补水情况	压实系数
素土	-5	15	30		0.95
			—		
		18.1	30	底端补水	
			—	底端补水	
	-15	18.1	50		
			—		
6% 水泥改良土	-15	20.0	—		
9% 石灰改良土	-15	20.0	—		

3.2　温度场时程分析

3.2.1　等温线图

土样在冻结过程中，在一定的冷端温度作用下，内部温度会逐渐变化。图 3.9～图 3.10 为土体在不同顶端冷却温度时，土样温度随时间的变化过程。图示的高度 10 cm 为冷端（土样上部），0 cm为暖端（土样下部）。从图 3.9(a)和图 3.10(b)可以看出，在其他条件相同的情况下，冷端温度对土样的内部温度影响很大，顶端冷却温度越低，试样的冻结深度越深，且在同一高度处，试样达到负温的时间越早。

根据土样内部温度的变化，可以将土样分为两部分，即未冻土部分和已冻土部分。试验开始后，土样就可以逐渐冻结，在 10 h 内土样中温度下降很快，随着时间的延长温度逐渐趋于稳定。同一高度在不同的顶端冷却温度的作用下，同一时刻的温度也不相同。顶端冷却温度为 -5 ℃时同一位置的温度最高，而顶端冷却温度为 -15 ℃时同一位置的温度最低。由此可见，随着冷端温度的降低，试样的冻结速度加快。顶端冷却温度越高，土样中温度趋于稳定的时间就越快，土样的变温过程持续时间较短，土样的冻结深度也较浅。

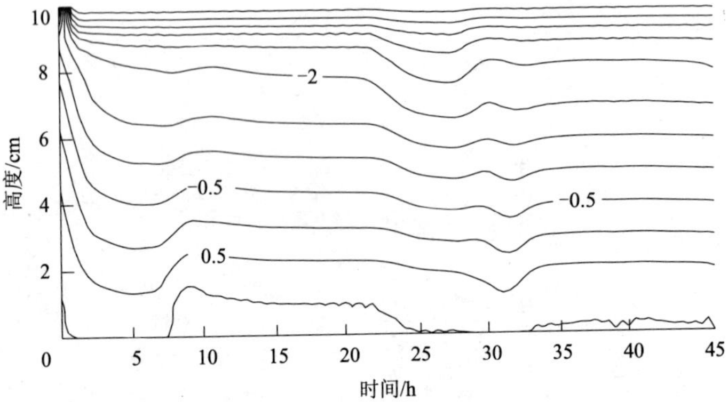

(a)含水率18.1%，无荷载

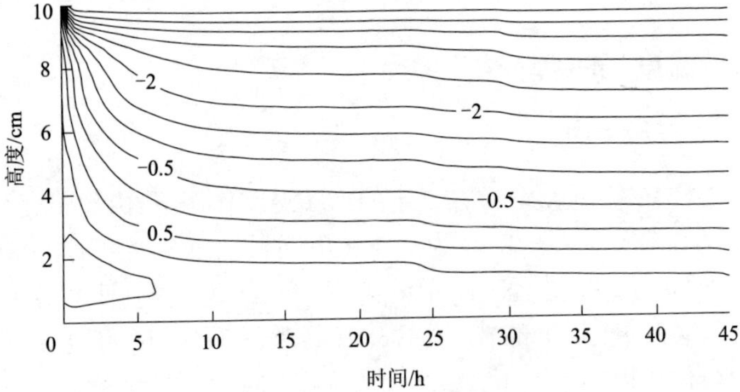

(b)补水，静荷载30 kPa

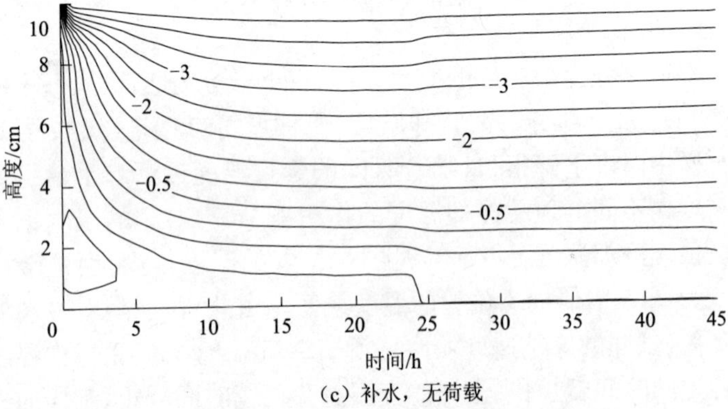

（c）补水，无荷载

图 3.9　冷端温度 -5 ℃时试样内部温度变化

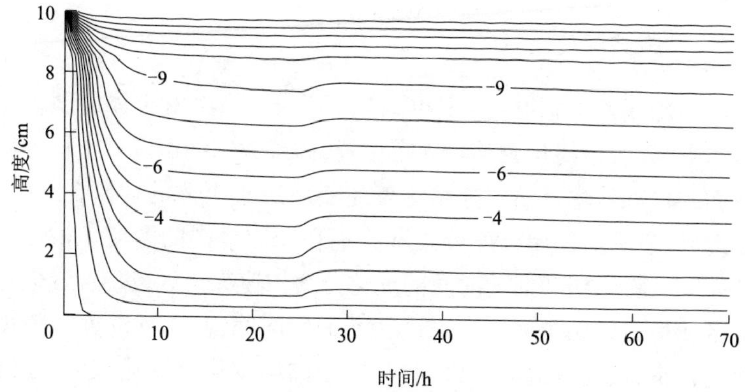

(a)含水率18.1%，静荷载50 kPa

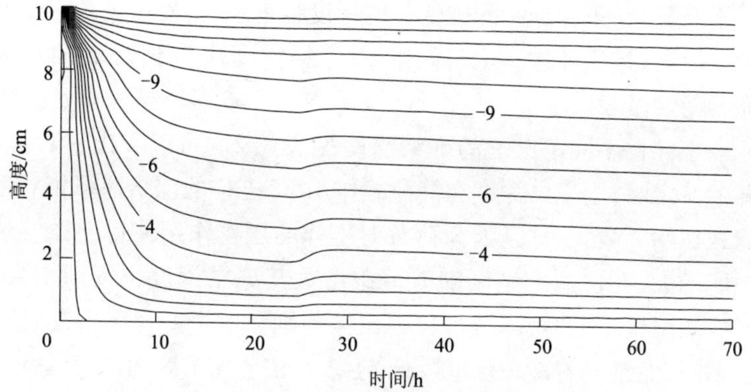

(b)含水率18.1%，无荷载

图 3.10　冷端温度 -15 ℃时试样内部温度变化

土样冻结初期，无荷载作用下土体温度变化速率相对较慢，是由荷载作用下对土体的压密作用引起土的热传导性能改变而引起的，见图 3.9。从图 3.9(a)和图 3.9(c)可以看出，在冻结初期，补水条件下试样同一位置的温度要高于不补水情况，这是因为水分补给的过程中带来的热量抵消了顶端的负温。在土样最优含水率附近，土样冻结过程中，初始含水率的变化对土样内部温度的影响不明显。

3.2.2 冻结深度

当冷端负温施加到土样顶端以后,冻结锋面由土体的顶端不断向下移动,最终达到某一固定位置,即最大冻结深度。土体冻结锋面的移动速率及最大冻结深度主要取决于土体的初始含水率、土的导热性能、初始温度分布和施加在土体冷端的温度。根据冻结速率可将冻结锋面随时间的变化分为快速冻结区、过渡区、似稳定区和稳定区四个区。在冻结初期的短时间内,土样的冻结深度变化较快,其为快速冻结区内,相应土样温度梯度变化较大;随后冻结深度变化的梯度减小,土样逐渐进入冻结过渡区;随着冻结时间不断延长,土样冻结深度变化的梯度越来越小,慢慢进入冻结似稳定阶段;最后经过一定时间以后,冻结深度几乎不变,这时达到冻结稳定阶段。

土样在不同工况下的冻结深度见表3.2。可以看出,当冷端温度一定时,土冻结深度在静荷载作用下,土样的冻结速率相对无荷载作用下较大,这是因为荷载对土样的压密作用使得土样导热性能增大,在快速冻结区随着荷载增大其冻结深度也逐渐增大。当冷端温度不同时,冻结过程中土体分别在四个变化区持续时间也不同,而且随着冷端温度降低,土体在快速冻结区和过渡区持续时间越短,冻结深度越大。在其他条件相同的情况下,底端补水试样的冻结深度要小于不补水的土样。

表3.2 土样不同工况下的冻结深度

顶端冷却温度/℃	-5					-15		
含水率/%	15		18.1				18.1	
顶端荷载/kPa	30	—	30		—		50	—
补水情况	—	—	—	补水	—	补水	—	—
冻结深度/cm	7.62	7.30	8.52	8.23	8.27	7.91	9.35	9.07

3.3 冻胀变形过程分析

土的冻胀率是描述冻土性质的重要指标，冻胀率应按式(3.1)计算。

$$\eta = \Delta h / \Delta H_{\mathrm{f}} \tag{3.1}$$

式中 η——冻胀率，%；

Δh——冻胀量增量，mm；

ΔH_{f}——冻结深度增量，mm。

3.3.1 素　土

图3.11为荷载为30 kPa土样在冷端温度为 -5 ℃时的冻胀变形随时间的变化过程。从图中可以看出，土体静荷载作用下土变形量最初的一段是负值。这是因为在荷载作用下，试样很快被压缩，达到最大压缩量后随着冻结时间延长土样发生冻胀体积膨胀，其变形量从最小值开始逐渐增大，以后随着土体冻结深度逐渐增大，开始产生冻胀变形。在快速冻结区和过渡区内，土体的冻胀曲线梯度较大；在冻结似稳定区和稳定区内，土样的冻胀量越来越大，但冻胀曲线梯度逐渐减小，且自重和静荷载作用下的土体冻胀变形曲线基本呈平行发展趋势。最后的稳定冻胀变形中，静荷载条件下较大，自重条件下较小。但是对于素土的冻胀变形来说，其冻胀变形量很小，其范围在0.30～0.70 mm之间。

图3.12为荷载为30 kPa土样在冷端温度为 -5 ℃时冻胀率随时间的变化曲线。从图中曲线可以看出，当冷端温度一定时，土冻胀率在快速冻结区和冻结过渡区较小，随时间推移不断增大，在冻结似稳定区和冻结稳定区内达到最大值。在快速冻结区和冻结过渡区内虽然土冻结深度变化较大，但冻胀率较小，而此时冻胀主要是由土中初始水分部分冻结体积膨胀产生的；在冻结似稳定区和冻结稳定区内土冻结深度变化很小，但冻胀率较大，而此处冻胀主要是由从未冻土向冻结锋面迁移的水分冻胀引起的。同时，在冷端温度一定时，在自重和静荷载为30 kPa作用下土冻胀率发展

趋势基本一致,但在大小上存在一定的差异。

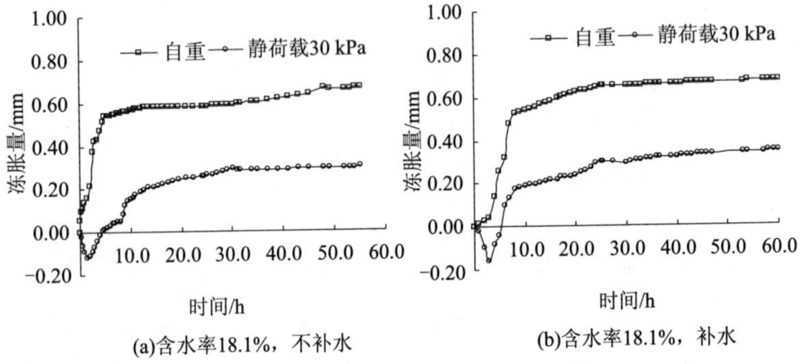

图 3.11　冷端温度 -5 ℃时土样的冻胀变形

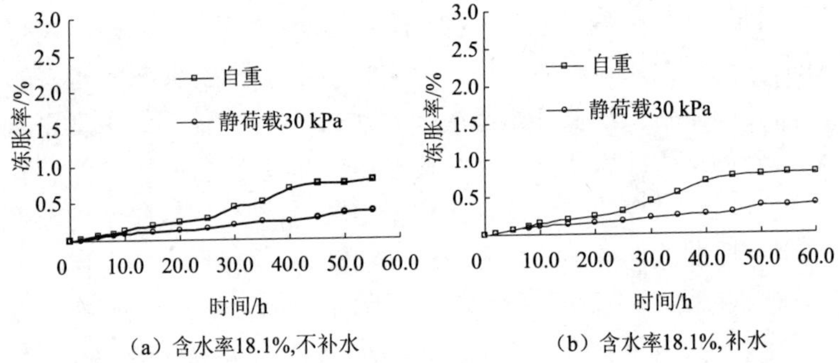

图 3.12　冷端温度 -5 ℃时土样的冻胀率随时间变化曲线

3.3.2　改良土

在素土的冻胀特性研究中,发现素土的冻胀变形量范围在0.30 ~0.70 mm之间,冻胀率最大为0.8%,属于弱冻胀性土质。但是,根据季节性冻土区路基冻害调查资料,发现路基的最大冻结深度可达1.5 ~2.0 m,相应的最大冻胀变形量为12.0 ~16.0 mm,这对于高速铁路路基来说是不容忽视的。因此,采用水泥及石灰改良土对素土进行改良,并研究改良土的冻胀特性。

试验中分别采用6%水泥和9%石灰对素土进行改良。试验中，选用矿渣硅酸盐水泥，初凝时间为 4 h；石灰选用钙质生石灰粉。

对于水泥改良土，按 20% 的含水率加蒸馏水拌匀浸润 24 h，以使土样中水分均匀分布，待制样前，向土中加入所需的水泥拌匀进行制件，制件时间不应超过水泥的初凝时间。对于石灰改良土，先将所需石灰加入土中初拌，再按 20.0% 的含水率加入蒸馏水拌匀、密封、浸润 24 h 后便可制样。水泥和石灰土均按 95% 的压实度控制干密度，分五层击实而成，试样高度 $H=100$ mm，直径 $D=150$ mm，放在保湿缸中进行常温养护，养护 7 d 后进行冻胀试验。

图 3.13 为改良土土样在冷端温度为 −15 ℃时的冻胀变形随时间的变化过程。从图中可以看出，在快速冻结区和过渡区内，土体的冻胀曲线梯度较大；在冻结似稳定区和稳定区内，土样的冻胀量越来越大，但冻胀曲线梯度逐渐减小，改良土土体冻胀变形曲线基本呈平行发展趋势。最后的稳定冻胀变形中，石灰改良土的变形量较大，为 0.079 mm；水泥改良土的变形量较小，为0.044 mm，仅为相同条件下，素土冻胀变形的 12.2% 和 6.8% 。

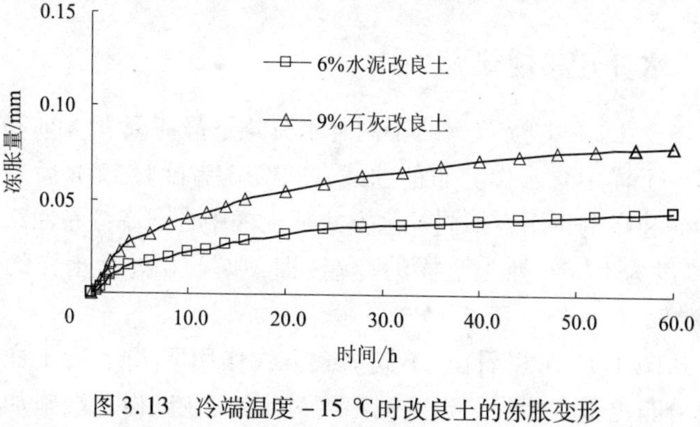

图 3.13　冷端温度 −15 ℃时改良土的冻胀变形

图 3.14 为改良土试样在冷端温度为 −15 ℃时冻胀率随时间的变化曲线。从图中曲线可以看出，当冷端温度一定时，土冻胀率在快速冻结区和冻结过渡区较小，随时间推移不断增大，在冻结似稳定区和冻结稳定区内达到最大值。在快速冻结区和冻结过渡区

内虽然土冻结深度变化较大，但冻胀率较小，而此时冻胀主要是由土中初始水分部分冻结体积膨胀产生的；在冻结似稳定区和冻结稳定区内土冻结深度变化很小，但冻胀率较大，而此处冻胀主要是由从未冻土向冻结锋面迁移的水分冻胀引起的。同时，在冷端温度一定时，水泥改良土和石灰改良土的冻胀率发展趋势基本一致，但存在一定的差异，通过式(3.1)可以计算得到水泥改良土和石灰改良土的最大冻胀率分别为0.05%、0.09%。相比于素土的冻胀率，水泥及石灰改良土具有较好的抗冻胀性能。

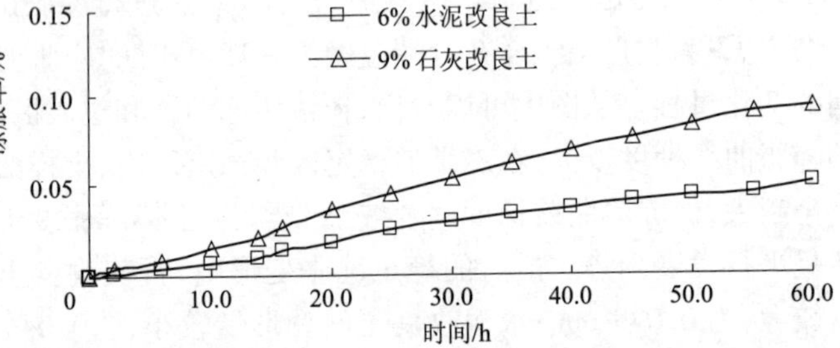

图3.14　冷端温度 -15 ℃时改良土的冻胀率随时间变化曲线

3.4　水分迁移规律

图3.15为试验72 h后不同补水方式下静荷载30 kPa和自重作用下土样中含水率分布的曲线；图3.16为试验72 h后静荷载30 kPa和自重作用下不同补水方式下土样中含水率分布曲线。其中，高度为10 cm处为土样的冷端(即顶端)，0处为土样的暖端(底端)。

从图3.15可以看出，不同加载方式作用下72 h后土样中含水率分布也基本相同。当冷端温度一定时，在试样顶端施加荷载的条件下，土样中同一位置含水率比无荷载作用时的土样含水率有所减小，相互之间差异不大，这是因为在冻结前加载，对于饱和状态的土来说，土中的水未冻结成冰，在荷载固结作用下土中的水有部分排出，因此，在冻结开始时土样含水率相对较低，所以其实验结束后总的含水率相对要小。从图 3.16 可以看出,冻结 72 h 后土样中的含水率分布以补水情况下的含水率较大,由于冻胀吸力的作用,水分从土样底部不断向冻结锋面迁移,直至水分迁移逐渐稳定,使得试验结束后,土样中的含水率要大于未补水的情况。

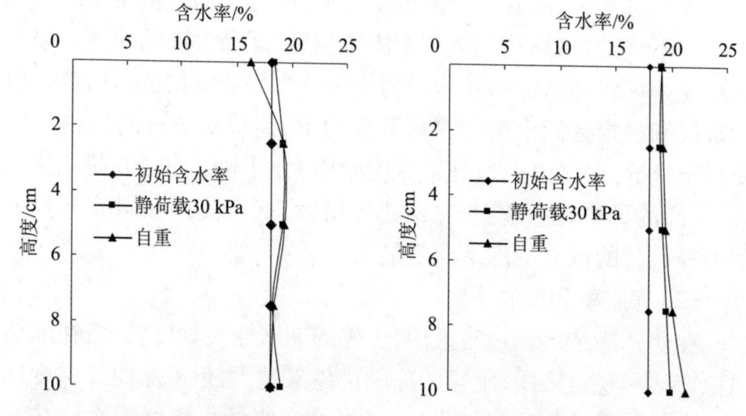

(a) 初始含水率18.1%，不补水　　(b) 初始含水率18.1%，补水

图 3.15　冷端温度为 -5 ℃时 72 h 后土样中的含水率分布

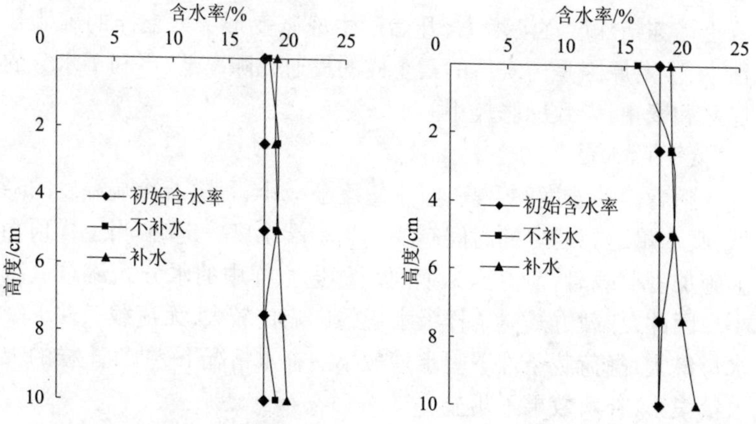

(a)初始含水率18.1%，静荷载30 kPa　　(b)初始含水率18.1%，自重

图 3.16　冷端温度为 -5 ℃时 72 h 后土样中的含水率分布

3.5 冻胀性影响因素分析

为更加深入地研究和认识该类土的冻胀性,对试验土样的冻胀因素进行初步分析。

(1)冻结深度

冻结过程中,随着冷端温度的施加,冻结锋面就由土体的顶端不断向下移动,最终达到某一个固定位置,即最大冻结深度。根据冻结速率可将冻结锋面随时间的变化分为快速冻结区、过渡区、似稳定区和稳定区四个区。在荷载作用下,荷载对土样的压密作用使得土样导热性能增大,冻结深度则增大。因此,施加的荷载值越大,土样的导热性能越大,冻结速率增大,从而使得在同等条件下施加静荷载的试样的冻结深度最大。

(2)冻胀量和冻胀率

在快速冻结区和过渡区内,土体的冻胀曲线梯度较大;在冻结似稳定区和稳定区内,土样的冻胀量越来越大,但冻胀曲线梯度逐渐减小。随着冷端温度的降低,试样的冻胀量也逐渐增大。在荷载作用下,试样很快被压缩,达到最大压缩量后随着冻结时间延长土样发生冻胀体积膨胀,其变形量从最小值开始逐渐增大,以后随着土体冻结深度逐渐增大,开始产生冻胀变形。素土样的冻胀量很小,主要原因是击实后的素土样的贯通孔隙率低,不利于水分的迁移和聚集,导致冻胀较小。

(3)吸水量

随着冷端温度的升高,吸水量逐渐减小,且随着冷端温度的降低,吸水量达到稳定的时间越快。当冷端温度一定时,当土样顶端上施加静荷载时,使得冻结期间迁移进土样中的水分入流总量减小。因此,加载方式对土样吸水量的影响比较大,无荷载条件下吸水量最大,静荷载条件下吸水量最小。补水情况下,黏性土样的吸水量很小,补水效果不明显。

(4)冻后含水率

土体在冻结时,会发生水分迁移,导致土体内部含水率发生变化。在其他条件相同的情况下,施加荷载的土样中冻土段同一位置处含水率要低于未施加荷载的土样,主要是由于荷载的压密作用减少了土体中的孔隙,阻碍了土中水分的迁移。在有外界水源补给的情况下,土体冻结后的含水率要明显高于封闭条件下的土体冻结,由此可见,地下水补给是冻胀产生的一个重要因素。

第 4 章　路基填料的静力特性

冻胀导致的病害除直接引起的路基面变形外，还会弱化土体强度，即冻结和融化作用对路基土体强度的弱化。实际上，由冻胀引起土体强度降低继而产生工程病害的现象十分严重。如 1994 年，瑞典北部 40% 的公路在因融化期路基弱化而面临无法通行的困难；而整个北欧，约 10% ~ 60% 的公路都面临类似的问题；根据瑞典道路部的估计，用于处理路基由于冻胀而软化的费用占维护费用的 25% 。

土体的冻融过程，实质上是土中水的冻结和融化过程。当土中水冻结时，体积膨胀，使得土颗粒间的孔隙面积增大；当土中冰融化时，孔隙面积减小，此时冻融过程将会改变土颗粒间的结构连接、排列方式，从而改变土的力学性质。冻融对土工程性质的影响大致可以从其物理性质和力学性质的变化两个方面来考察。对于物理参数的变化，已有大量的前期研究，但大部分研究都是讨论土在冻融循环作用下的渗透性、孔隙体积、孔隙率、干密度及水力传导率等方面的变化[119-128]。然而，针对冻融对土强度影响的研究很少，远远不能满足寒区工程建设中对路基土承载力与稳定性计算的要求。

水泥和石灰材料来源广泛、性能良好、价格低廉，已广泛应用于工程防渗、护坡、地基基础以及道路工程中。近年来，铁路建设大发展，铁路路基稳定性越来越受到重视，水泥和石灰作为良好的稳定性材料，在高速铁路路基建设中逐渐得到推广。然而，在广大季节性冻土地区，反复冻结和融化强烈影响着改良土的强度与变形性能[6,152-155]，影响着工程的使用寿命，限制了改良土在季节性冻土地区的进一步使用。因此，研究冻融循环导致水泥及石灰改良土强度降低的变化规律，寻求合理的改良方法和掺入比，对于改进水泥及石灰改良土的工程特性，采取相应措施提高其抗冻融耐久性有着重要的工程意义。

本章通过大量的三轴试验，选用低标号水泥和钙质生石灰粉作为改良剂，对土体以及经改良后土样的强度和应力—应变关系进行研究，重点分析改良土掺入比、冻融次数、试验围压、冷却温度、冻结方式对其应力—应变关系和强度特性的影响规律。研究结果表明：

(1)石灰土的最大干密度低于素土，且随掺入比增大而降低，其最佳含水率随掺入比而增大，但当掺入比大于6%时，其增幅明显变小；水泥土的最大干密度高于素土，其最佳含水率与素土接近。

(2)水泥改良土的应力—应变关系曲线存在明显的峰值，且残余强度较低，呈现应变软化性，试样呈脆性破坏；与水泥改良土不同，冻融作用对石灰改良土应力—应变关系的曲线形式影响较明显，即冻融循环前后，应力—应变曲线由软化型过渡到硬化型。

(3)改良土的弹性模量随冻融次数的增加先降低后增大，其静强度和黏聚力随冻融次数的增加呈指数形式递减；当土体经历6次冻融后，弹性模量、静强度和黏聚力均趋于稳定；两种改良土的力学指标均随围压增加和冷却温度的升高而增大，且存在较好的线性关系。

(4)从掺入比的角度考虑，水泥改良土的力学指标在掺入比超过6%~9%以后变化不再明显，而石灰改良土的力学指标与掺入比之间存在二次多项式的关系，即存在一个最优掺入比。在工程施工中，建议水泥和石灰的掺入比分别为6%和9%，且在进行工程设计时，应考虑采用土体冻融6次后的力学指标作为设计值。

(5)从强度指标考虑，水泥改良土的抗冻融性能要优于石灰改良土。

4.1 改良剂的选择

4.1.1 水泥及石灰的性质

结合现有改良方法的应用现状以及各改良方法的优劣，改良土室内试验共选取两种掺合料，即水泥和石灰。

(1)水　　泥

选用32.5级的矿渣硅酸盐水泥，初凝时间为4 h。选用低等级矿渣硅酸盐水泥可以节约工程造价，满足改良土的施工对水泥初凝时间较长的要求，有利于在同等性能及造价基础上增加掺入比例，提高施工质量，减小施工难度。

(2)石　　灰

试验中选用钙质生石灰粉，其主要化学成分见表4.1。氧化钙及氧化镁的含量为66.43%。之所以采用较低标准生石灰，主要考虑今后施工中沿线易找到符合要求的料源，有利于试验成果在工程中的应用与推广。

表4.1　生石灰粉化学成分

化学成分	SiO_2	Al_2O_3	Fe_2O_3	CaO	MgO	TiO_2	FeO	P_2O_5	Na_2O	H_2O	灼失
含量/%	8.84	4.67	0.09	60.12	6.31	0.23	0.50	0.05	0.05	8.9	19.04

(3)改良剂掺入比

掺入比M_{br}按质量百分比计即改良剂与干土的百分比。

$$M_{br}=\frac{掺合料干质量}{干土质量}\times 100\% \tag{4.1}$$

水泥及石灰掺入比M_{br}:3%、6%、9%、12%。

4.1.2　击实性能

黏土土样掺以不同比例的两种掺合料后，进行击实试验。试样制备时，对于水泥土，按不同含水率要求加蒸馏水拌匀浸润24 h，于试验前向土中加入所需的水泥拌匀，击实试验时间不应超过水泥的初凝时间。对于石灰土，先将所需石灰加入土中初拌，加蒸馏水拌匀至一定含水率，密封，浸润24 h后方可进行击实试验。

水泥土的最大干密度明显大于素土的最大干密度0.01～0.03 g/cm^3，但随掺入比增减变化不明显；石灰土的最大干密度随掺入比的增加而减小，且均低于素土的最大干密度，当掺入比达到9%以后，石灰土的最大干密度趋于稳定，这主要是因为石灰的容重远小于土的容重，石灰土的最大干密度降低0.02～0.10 g/cm^3，如图4.1所示。水泥土的最佳含水率接近素土，随掺入比的增加而缓慢增加；石灰土的最佳含水率高于素土，随掺入比的增加而增大，逐渐变缓，如图4.2所示，与文献[186]的研究成果是一致的。

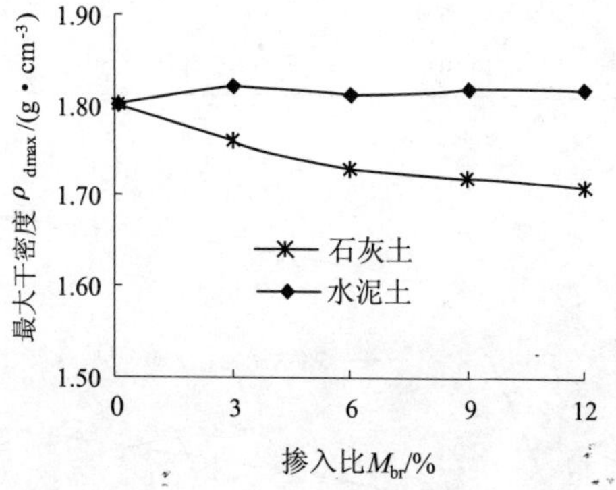

图4.1　改良土 ρ_{dmax} 与 M_{br} 的关系曲线

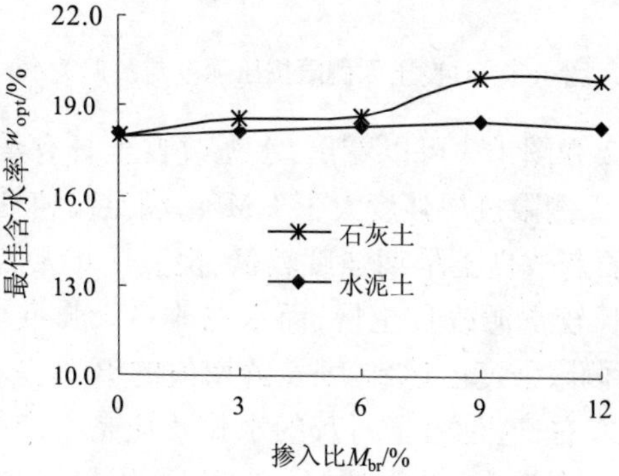

图4.2　改良土 w_{opt} 与 M_{br} 的关系曲线

4.1.3 养护龄期

表4.2给出了水泥及石灰改良土不同龄期的无侧限抗压强度试验结果,其变化曲线见图4.3。

表4.2 养护龄期对无侧限抗压强度的影响

土样类型	掺入比 M_{br}/%	无侧限抗压强度 q_u/MPa			
		3 d	7 d	14 d	28 d
水泥改良土	6%	0.34	1.21	1.45	1.64
石灰改良土	9%	0.15	0.27	0.43	0.65

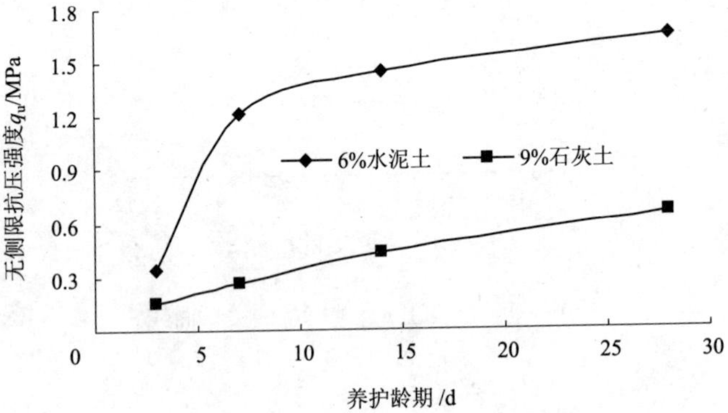

图4.3 改良土无侧限抗压强度与龄期关系

由表4.2和图4.3可以看出,水泥改良土具有早期强度高的特点,其7 d无侧限抗压强度大于1 MPa,满足高速铁路对基床底层的要求。石灰改良土早期强度较低,但其7 d无侧限抗压强度随龄期的增长较水泥改良土慢,而水泥改良土强度增长较快,其7 d龄期的无侧限强度已达到28 d龄期值的70%左右,石灰土只能达到40%左右,这是由于石灰的水化反应是一个缓慢的物理、化学过程,反应越充分,效果越好。在随后的试验安排中,均采用改良土的7 d龄期试验,以满足现场施工工期的要求。

4.2 冻融试验设计

4.2.1 冻融方式的选择

进行冻融循环试验，首先要确定冻结方式。冻结方式按照是否与外界水分补给的情况，可以分为开放系统和封闭系统两种环境。同一种土在初始含水率和干密度相同、边界温度基本相同的条件下，开放系统中形成的分凝冰层数量和厚度及冻胀量均比封闭系统中大得多；冻结方式按照冻结方向可以分为单向冻结和三向冻结两种方式。在相同冻结时间下，单向冻结时，由于存在明显的温度梯度，水分迁移尤其明显，冻结后在试样靠近上表面附近会出现水分相对集中的区域；但在三向冻结过程中，由于不存在单一方向的冷、暖面，冻结方向是由土体周围指向土体中心，因此水分迁移以及冻结后相对集中含水率区域没有单向冻结时明显。不论是单向冻结，还是三向冻结，冻结速率也是影响水分迁移量的又一重要因素。冻结方式按照冻结的速度可以分为快速冻结和缓慢冻结两种方式。在其他条件相同情况下，冻结速率越快，水分迁移量越小，土中水近乎是原位冻结成冰；冻结速率越慢，水分迁移量越大，土中水在迁移中成冰。由上述分析可知，冻结方式的确定影响着冻融循环后试样的力学性质，本试验依据试验目的和试验条件，采用封闭系统下，相同冻结速率，三向冻结的方式。反复冻融试验所采用的试验装置为可程式高低温环境试验箱，具体介绍详见3.1.2节。针对反复冻融试验，试验系统可提供 -40 ℃ ~ +100 ℃的温度变化范围，温度控制波动度≤±1 ℃，箱体内的样品搁物架可为土试样提供足够的放置平台。同时，试验系统还配备有韩国 TEMI 液晶显示交变温控仪，120 组 1200 段编程，999 次循环设定，从而可实现编程式控温，使每次冻结、融化的时间和温度一致，减少人为误差。为保证冻融过程中试样含水率不变，本试验采用保鲜膜保湿，使冻融过程中接近封闭情况，能够保证含水率变化较小。

4.2.2 冻融时间的确定

冻融循环是指某确定土体经受一次或若干次连续不间断的冻结和融化的过程。进行冻融循环对某一特定试样的力学性质的影响研究,首先必须精确地确定冻结和融化所需时间。冻结或融化时间过短,不能冻结或融化透彻、完全;冻结或融化时间过长,则浪费试验时间。

冻结稳定状态是指一定体积的试样在一定的负温条件下冻结均匀、彻底的状态。冻结稳定时间是指达到冻结稳定状态所需的最短时间。土体冻结稳定时间主要与冻结温度关系密切,冻结温度越低,冻结稳定时间越短。这主要是因为在其他条件全相同的情况下,冻结温度越低,正冻结或冻土的导热系数越大,而比热也越小,其冷量传递越快。根据高速铁路路基土样实际所处环境的气温资料确定冻融循环试验需要设置的土样冷却温度和土样融化温度,再根据室内试验确定试验冻结稳定所需要的时间。本次试验采用的冷却温度 -15 ℃、-10 ℃和 -5 ℃,为准确地确定试样的冻结时间,本试验采用高精度的热敏电阻,并且在试验前对热敏电阻进行标定,然后分别在土样内部和边界处埋设传感器,测试三种冷却温度下土样的冻结时间,并结合冻胀试验中试样的冷却时间,将三向冻结方式下冷却温度 -15 ℃、-10 ℃和 -5 ℃的冻结时间分别确定为8.5 h、9.0 h 和10.5 h。同时,考虑试验条件的限制和温度的变化过程,将冻结时间统一确定为 12 h。

融化稳定状态是指一定体积的已经达到冻结稳定状态的试样在一定的正温条件下融化均匀、彻底的状态,融化稳定时间是指达到融化稳定状态所需的最短时间。在冻结稳定后,将试样放置在5 ℃的恒温箱内融化,经过监测,融化 10 h 后,基本已融化透彻,即达到融化稳定状态。因此,融化稳定时间可以确定为 12 h。试验表明,只要试样融化稳定,温度的变化不会影响其物理力学性质。

图 4.4 为实测的冻融过程中恒温箱内温度变化时程曲线。可以看出,恒温箱处于冷却温度为 -15 ℃、-10 ℃和 -5 ℃的持续

时间分别为 9.5 h、9.0 h 和 9.0 h，满足试样的冻结时间。

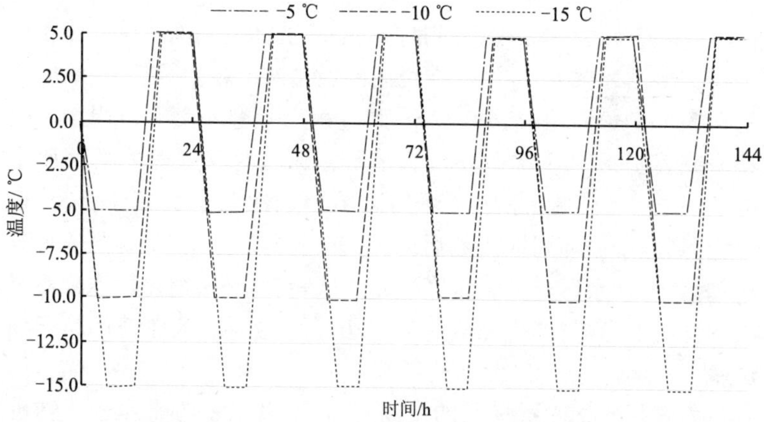

图 4.4　冻融循环过程中的温度时程曲线

4.3　试验过程设计

4.3.1　试验土样

(1) 试验土样

试验土样的基本性质及物理指标详见 3.1.1 节，采用水泥及石灰两种改良方法进行改良。

(2) 制备方法

水泥土和石灰土均按 3%、6%、9% 和 12% 四种掺入比配制土样。对于水泥土，按最佳含水率要求加蒸馏水拌匀浸润 24 h，以使土样中水分均匀分布，待制样前，向土中加入所需的水泥拌匀进行制件，制件时间不应超过水泥的初凝时间。对于石灰土，先将所需石灰加入土中初拌，再最佳含水率加入蒸馏水拌匀，密封，浸润 24 h后便可制样。水泥和石灰土均按 95% 的压实度控制干密度，利用三瓣饱和器分五层击实而成，试样高度 $H = 80$ mm，直径 $D = 39.1$ mm，放在保湿缸中进行常温养护。

4.3.2 试验过程

将制备好的试样或达到养护龄期的试样放到冻融试验冰箱中进行冻融循环试验，冻结时在负温的恒温冷冻箱内养护12 h，融化时在5 ℃的恒温箱中养护12 h，此过程为一个冻融循环周期。前期研究表明，8～12次循环可满足研究冻融对强度等力学性质影响的要求[180]，因此，冻融循环的试验周期次数选为0、1、3、6、10次，达到冻融循环周期次数后取出部分试样进行不固结不排水静三轴试验，剩余试样继续做冻融循环试验。此外，为比较冻融对土力学性能的影响，养护完成后未经历冻融循环的试样进行静三轴试验。

力学特性试验所采用的试验装置为GDS多功能静态三轴试验仪，如图4.5所示。该仪器设备采用电机伺服控制，底部加载，最大轴向荷载为40 kN，最大围压为4 MPa，可进行试样尺寸为39.1 mm、61.8 mm和101 mm的静三轴试验，通过数字式压力/体积控制器控制试验围压和反压，试验仪器精度高，操作简单，试验过程中采用GDSLAB控制和数据采集软件实时采集数据，最大程度上避免人为因素的干扰。

具体试验过程如下：

(1)对压力室底座充水，在底座上放置不透水板，并依次放置试样、不透水板及试样帽。

(2)将橡皮膜套在承模筒内，两端翻出筒外，从吸气孔吸气，使模贴紧承模筒内壁，然后套在试样外，放气，翻起橡皮膜的两端，取出承模筒。用橡皮圈将橡皮膜分别扎紧在压力室底座和试样帽上。

(3)装上压力室罩。安装时应先将活塞提升，以防碰撞试样，压力室罩安放后，将活塞对准试样帽中心，安装轴向测力计，提升压力室，使活塞杆和轴向测力计接触。

(4)开排气孔，向压力室内充水，当压力室快注满水时，降低进水速度，水从排气孔溢出时，关闭排气孔。

(5)关闭体变管阀及孔隙压力阀，开周围压力阀，施加所需要的周围压力。开始加载，观察加载过程中的应力—应变关系曲线。

(6)试验结束后，卸去轴向荷载和围压，取出土样，清理仪器。

图 4.5　试验用三轴压缩仪

4.3.3　试验方案

本次试验对不同水泥和石灰掺入比 M_{br}、不同围压 σ_3、不同冻融循环次数 N_{ft} 以及不同环境冷却温度 T_c 下的土样，进行常规三轴压缩试验。在 GDS 非饱和土三轴仪上进行，采用应变控制模式，试验加载速率 0.5 mm/min，控制应变为 6% 和 10%。路基应力实测表明[194]，基床表层的侧压力较低，在 20 ~ 60 kPa 范围内，此次试验围压 σ_3 取 20 kPa、50 kPa 和 80 kPa 是安全的，前期研究也表明低应力作用下围压对土体力学行为的影响是可以忽略的[195]。数据采集均由与仪器相匹配的自动数据采集系统完成，所采集的数据包括时间、荷载、围压、孔压和位移。具体试验安排见表 4.3。

表 4.3　改良土静力特性试验设计

土的类型	掺入比 M_{br}/%	围压 σ_3/kPa	冷却温度 T_c/℃	融化温度/℃	冻融次数 N_{ft}
水泥改良土	3	20	-15	5	0,1,3,6,10
	6	20,50,80	-5,-10,-15		
	9	20	-15		
	12	20	-15		
石灰改良土	3	20	-15		
	6	20	-15		
	9	20,50,80	-5,-10,-15		
	12	20	-15		

4.4　应力应变特性

4.4.1　掺入比的影响

图 4.6 为不同掺入比水泥改良土在某一冻融次数下的应力—应变关系曲线(冷却温度 T_c 为 -15 ℃,围压 σ_3 为 20 kPa,N_{ft} 为冻融循环次数)。图 4.7 为未冻融的不同掺入比的水泥土试样的破坏形状。

由图 4.6 可知,在一定围压下,随着剪应变增大,水泥土应力—应变关系曲线出现明显的峰值,峰值后强度降低明显,可见其应力—应变关系曲线呈现应变软化型,试样呈脆性破坏形式。对于未冻融的水泥土试样,当水泥掺量大于 3% 时,峰值强度约为残余强度的 2 倍,而当经历冻融作用后,只有当水泥掺量大于 6% 时,峰值强度才约为残余强度的 2 倍。由图 4.6(a) ~ (e)可以看出,无论试样是否经历冻融作用,水泥土试样的峰值强度和初始切线模量均随掺入比的增加而增大,但是增大的幅度逐渐降低。由图 4.6(a)的曲线形式和图 4.7 的试样实际破坏形状可以看出,当水泥掺量较少时,水泥土试样存在明显的剪切面,而随着水泥掺量增加至 12% 时,水泥土试样存在多个剪切面,呈现碎裂状态,即峰值后残余强度降低明显，但仍具有一定的承载能力，见图4.6(a)中掺入比12%对应的曲线。

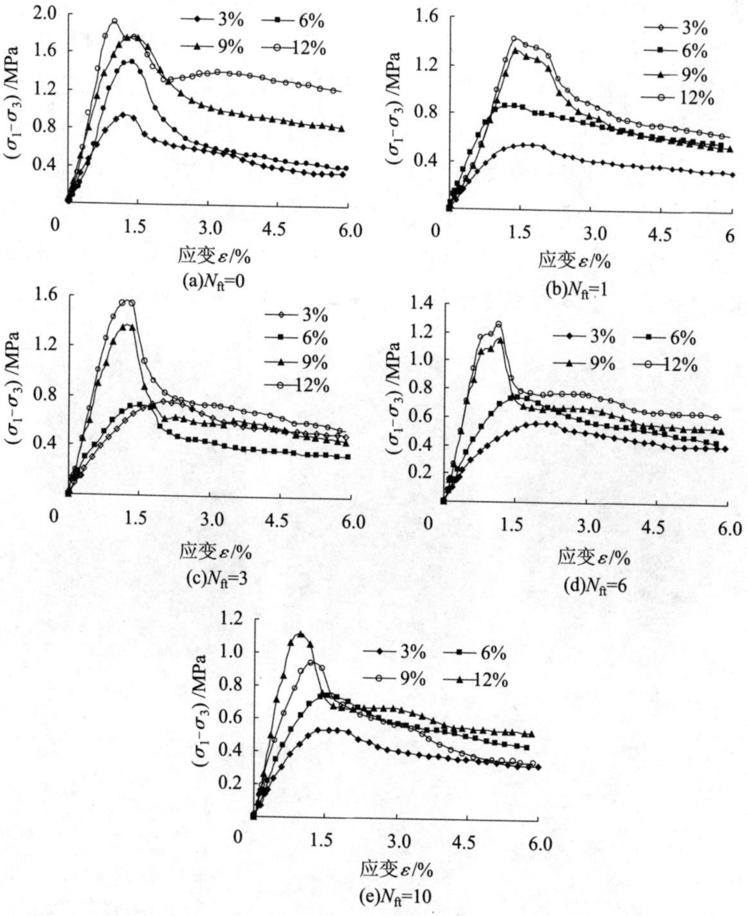

图4.6　不同掺入比水泥改良土的应力—应变关系曲线

图4.8为不同掺入比的石灰改良土在某一冻融次数下的应力—应变关系曲线(冷却温度 T_c 为 −15 ℃，围压 σ_3 为 20 kPa，N_{ft} 为冻融循环次数)。图4.9为未冻融的不同掺入比石灰土试样的破坏形状。未经历冻融作用的石灰土，随着剪切应变的增加，其应

力—应变关系曲线存在明显的峰值点，呈现应变软化型，以剪切破坏为主，且其破坏图像存在明显的剪切面。石灰土的峰值强度并非随掺入比的增加而增大，而是以6%石灰土为最大，9%石灰土次之，见图4.8(a)和图4.9。由图4.9可以看出，以6%石灰土试样的剪切面最为明显，而3%和9%石灰土试样的破坏形式介于脆性破坏和塑性破坏之间。当石灰土经历冻融作用后，其应力—应变关系曲线为应变硬化型，以塑性破坏为主，且同一应变值所对应的偏应力以9%石灰土为最大，6%石灰土次之，如图4.8(b)~(e)所示。石灰土的初始切线模量随掺入比的变化不明显。由上述分析可知，冻融前后，石灰土均存在一个最优掺入比，初步确定在6%~9%之间。

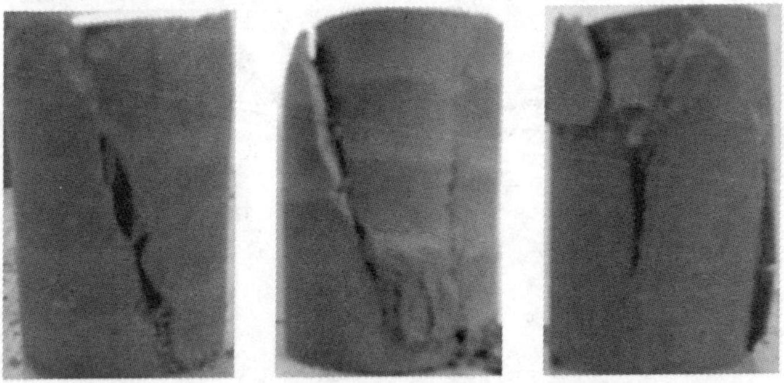

(a)M_{br}=3%　　(b)M_{br}=6%　　(c)M_{br}=12%

图4.7　不同掺入比水泥土试样的破坏形状

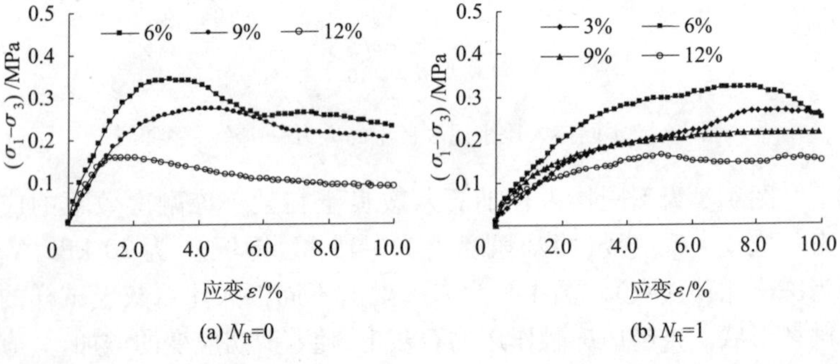

(a) N_{ft}=0　　(b) N_{ft}=1

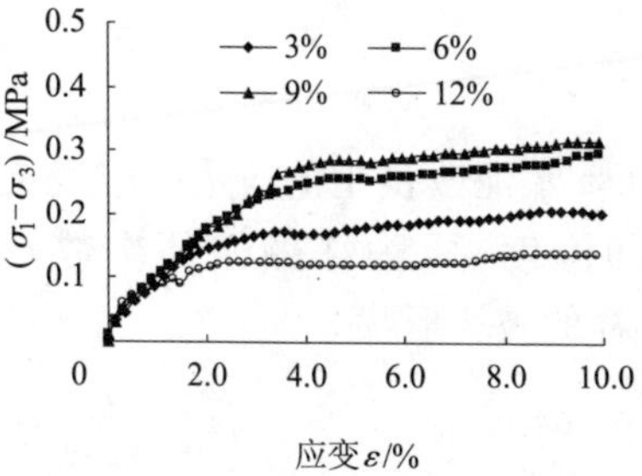

(c) N_{ft}=3

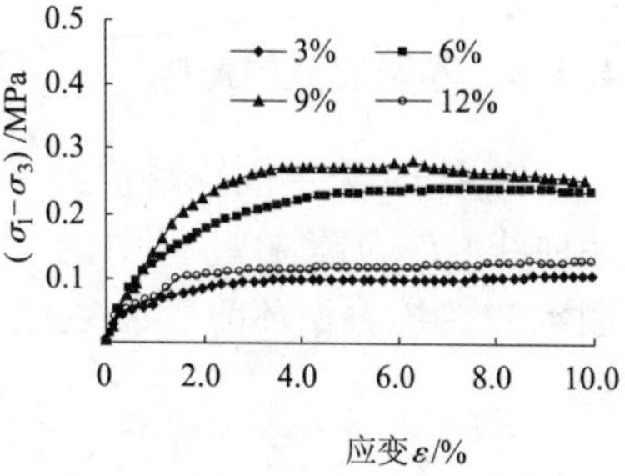

(d) N_{ft}=6

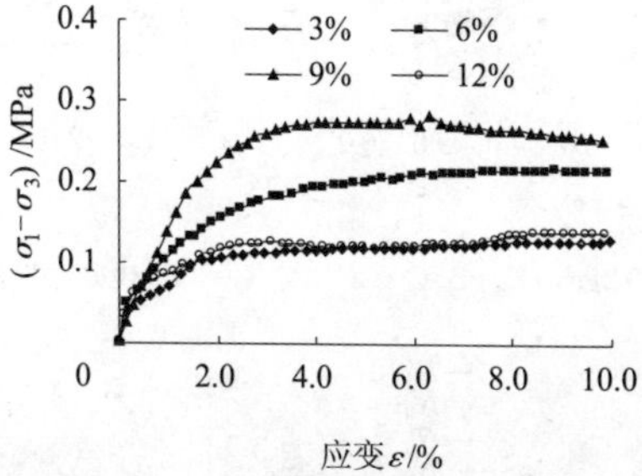

(e) N_{ft}=10

图 4.8　不同掺入比石灰改良土的应力—应变关系曲线

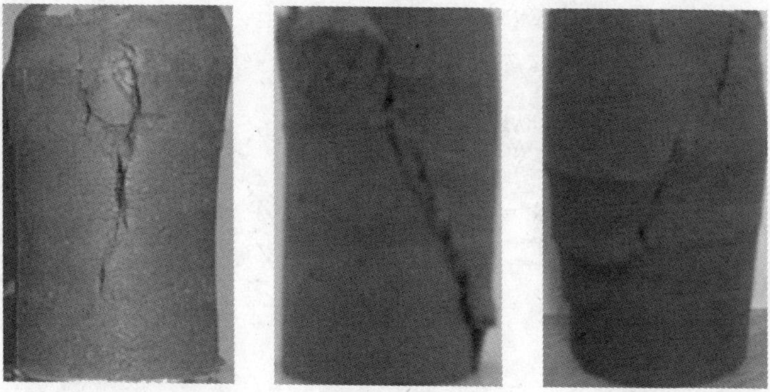

(a) M_{br}=3%　　(b) M_{br}=6%　　(c) M_{br}=9%

图 4.9　不同掺入比石灰土试样的破坏形状

4.4.2 冻融次数的影响

图4.10为不同冻融次数下6%水泥改良土的应力—应变关系曲线（T_c为冻融过程中的冷却温度，N_{ft}为冻融循环次数）。图4.11为冻融循环前后水泥土试样的破坏形状。

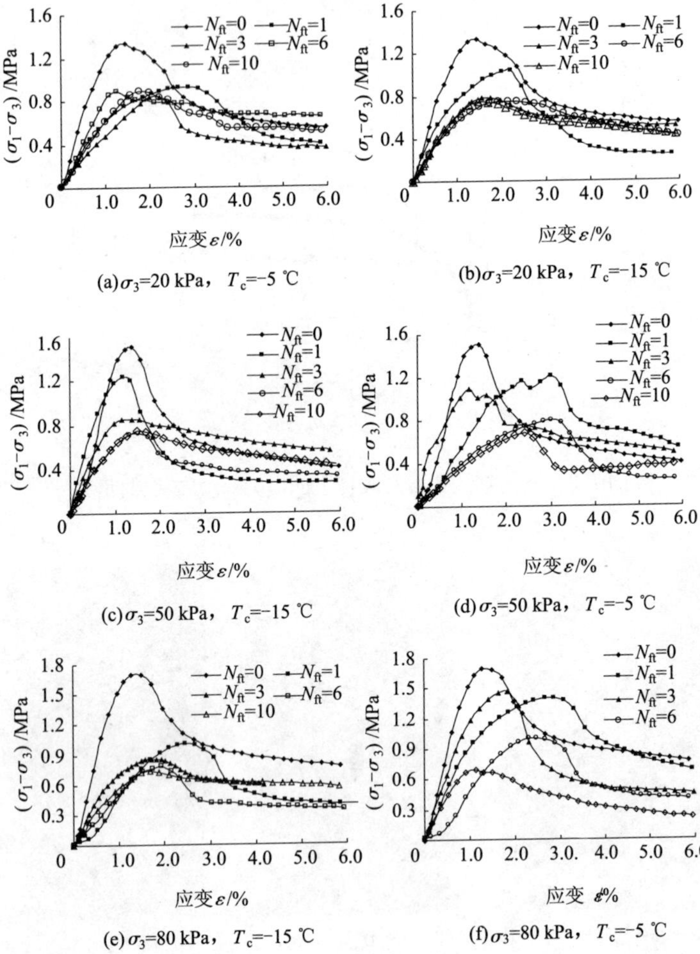

(a) σ_3=20 kPa，T_c=−5 ℃

(b) σ_3=20 kPa，T_c=−15 ℃

(c) σ_3=50 kPa，T_c=−15 ℃

(d) σ_3=50 kPa，T_c=−5 ℃

(e) σ_3=80 kPa，T_c=−15 ℃

(f) σ_3=80 kPa，T_c=−5 ℃

图4.10 不同冻融次数下6%水泥改良土应力—应变关系曲线

由图 4.10 可以看出，冻融循环前后水泥改良土试样的应力应变曲线均呈现应变软化型，表现为脆性破坏。在一定围压和某一冷却温度下，随着冻融循环次数的增加，水泥改良土试样的峰值强度逐渐降低，但当冻融次数超过某一范围后，其峰值点不再随冻融次数的增加而降低，而是基本重合。若是利用应力—应变曲线求出初始切线模量，仅选取峰值点前的数据点进行分析，则随着冻融循环次数的增加，初始切线模量先降低后增大，未冻融、冻融一次和冻融 10 次土样的初始切线模量分别为 1.62 GPa、0.83 GPa 和 1.12 GPa。图 4.11(a) 为未冻融试样的破坏图像，图 4.11(b) 为冻融后的破坏图像，对比图像可以发现，冻融前的试样存在多个剪切面，呈碎裂状态，对应应力—应变关系曲线中 $N_{ft}=0$ 的曲线，其峰值强度和残余强度相差较大。而冻融后的试样仅仅存在一个贯穿剪切面，应力—应变关系曲线中峰值后的残余强度下降较小，说明冻结和融化作用改变了水泥土试样的内部结构，使得水泥改良土试样内部产生不同尺寸的缺陷，改变了土颗粒间的黏结力。

(a)脆性破坏　　(b)脆性破坏

图 4.11　水泥土试样的破坏形状

图 4.12 为不同冻融次数下 9% 石灰改良土的应力—应变关系曲线。

由图可知，同一围压和相同冷却温度下，冻融作用对石灰土试样的应力—应变曲线影响明显。在冻融循环前，随着剪应变增大，石灰土应力—应变曲线出现明显的峰值，峰值后残余强度与峰值强度相比降低较少，峰值强度是残余强度的 1.4 倍。应力—应变曲线呈现应变软化型，说明试样呈脆性破坏形式。当经历冻融循环后，试样的应力—应变曲线形状发生变化，随着剪应变的增大，剪应力逐渐增大，没有明显的峰值点，呈应变硬化型，应力—应变关系近似符合双曲线形状，试样呈现塑性破坏。随着冻融次数的增加，初始切线模量逐渐降低，未冻融和冻融 6 次的初始切线模量分别为 192.4 MPa、114.9 MPa，如图 4.12(a)所示。

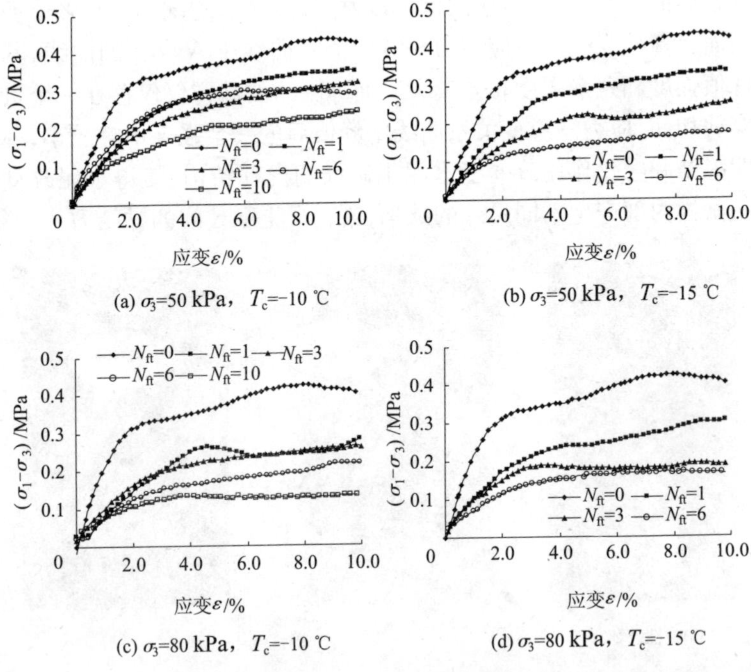

(a) σ_3=50 kPa，T_c=−10 ℃　(b) σ_3=50 kPa，T_c=−15 ℃

(c) σ_3=80 kPa，T_c=−10 ℃　(d) σ_3=80 kPa，T_c=−15 ℃

图 4.12　不同冻融次数下 9% 石灰改良土应力—应变关系曲线

图 4.13(a)为冻融循环前石灰土试样的破坏图像，存在剪切面，且剪切面贯穿试样，呈现脆性破坏形式，如图 4.12(a)中的 $N_{ft}=0$曲线，与水泥土的破坏形式一致。图 4.13(b)为经历冻融循

环后的破坏的图像,表明石灰土具有剪胀性,不存在明显的剪切面,试样呈塑性破坏。这说明强烈的冻结和融化作用使得石灰土土样内部产生不同尺寸的缺陷,改变了土颗粒间的黏结力,从而成为裂纹产生的源泉,在一定应力场作用下,裂纹尖端在裂纹扩展前达到临界尺寸,并转化为位错环,产生塑性破坏。

由上述分析可知,冻融后,试样变形性状发生明显的改变,应力—应变曲线逐步由软化型过渡到硬化型,破坏类型逐渐由脆性破坏转变为塑性破坏。

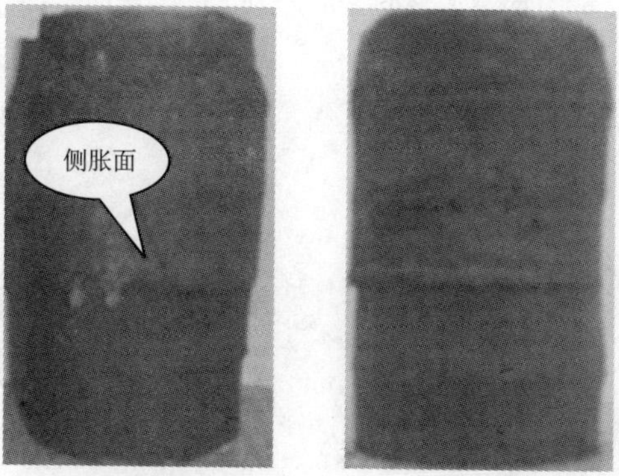

(a)冻融循环前　　(b)冻融循环后

图 4.13　石灰改良土试样的破坏形状

4.4.3　冷却温度的影响

图 4.14 和图 4.15 分别为不同冷却温度下 6% 水泥改良土和 9% 石灰改良土的应力—应变关系曲线。

由图 4.14 可以看出,在冻融一次时,水泥土的初始切线模量随冷却温度的降低而减小,其峰值强度也随冷却温度的降低而降低,在冷却温度为 −5 ℃时,应力应变关系曲线的残余强度降低较多。在 3 次冻融后,一定围压下冷却温度的变化对水泥土峰值强度和初始模量影响不明显。

由图 4.15 可知,1 次冻融时,冷却温度对石灰土的应力—应变关系影响不明显,曲线基本重合。在经历 3 次冻融循环后,较低冷却温度的应力—应变关系曲线下降较多,冷却温度的变化对石灰土应力—应变关系曲线的形式影响不明显。

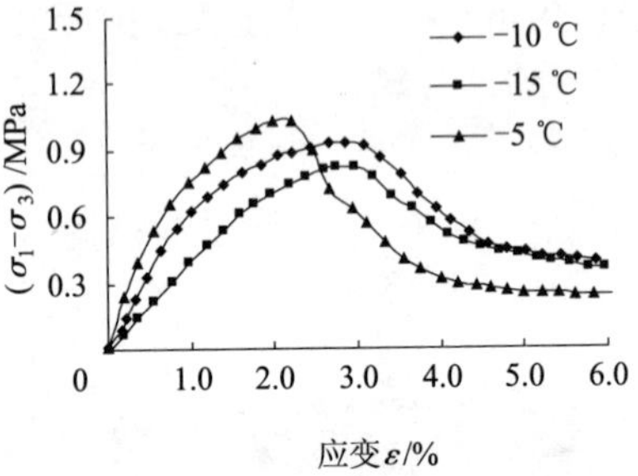

(a) σ_3=20 kPa， N_{ft}=1

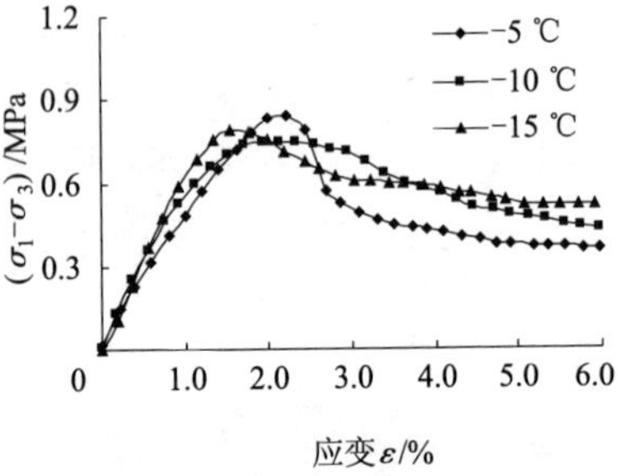

(b) σ_3=20 kPa， N_{ft}=3

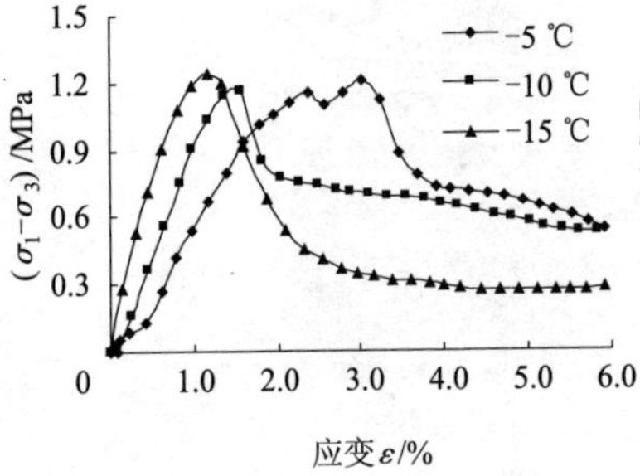

(c) σ_3=50 kPa， N_{ft}=1

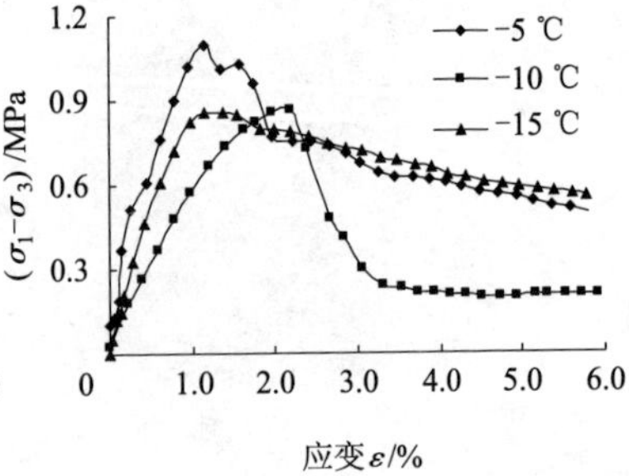

(d) σ_3=50 kPa， N_{ft}=3

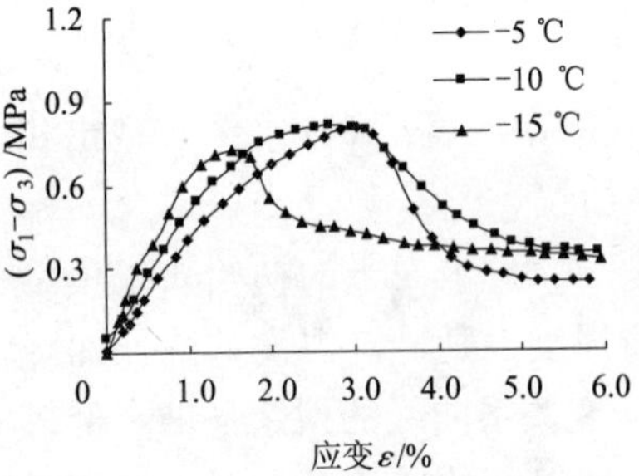

(e) σ_3=50 kPa， N_{ft}=6

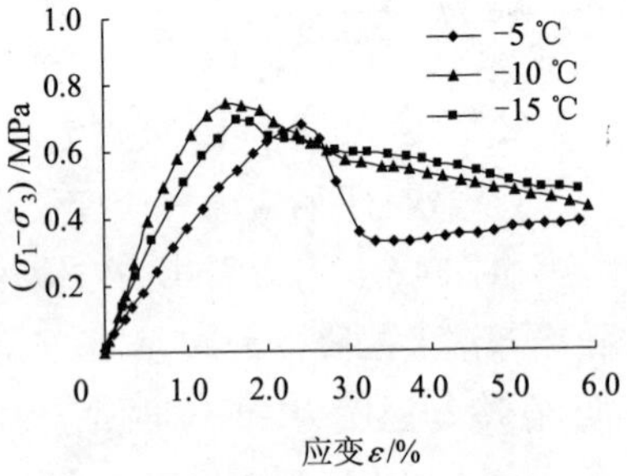

(f) σ_3=50 kPa， N_{ft}=10

图 4.14　不同冷却温度下 6% 水泥改良土应力—应变关系曲线

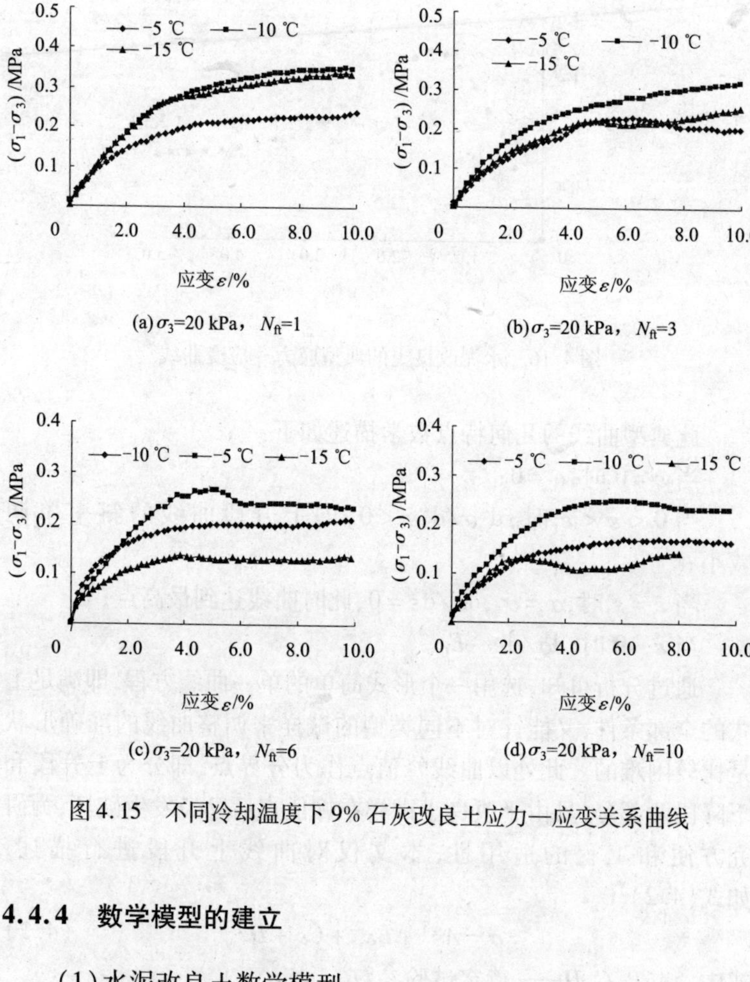

图 4.15　不同冷却温度下 9% 石灰改良土应力—应变关系曲线

4.4.4　数学模型的建立

(1)水泥改良土数学模型

水泥改良土的典型应力—应变关系曲线，如图 4.16 所示。由图可以看出，在应变较小时，应力—应变曲线呈现硬化压密形式，在超过一定应变值后，应力—应变曲线急剧下降，强度大幅度衰减。类似的表现形式不能用土力学中常用的软化模型来描述，却与混凝土的破坏相类似。

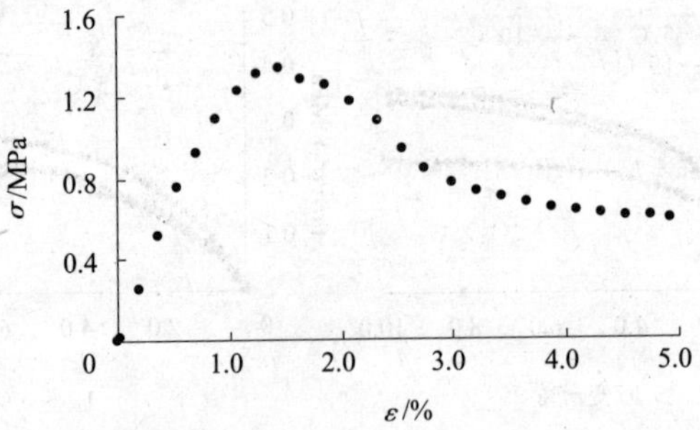

图 4.16　水泥改良土的典型应力—应变曲线

此典型曲线的几何特点数学描述如下：

当 $\varepsilon=0$ 时，$\sigma=0$；

当 $0<\varepsilon<\varepsilon_f$ 时，$d^2\sigma/d^2\varepsilon<0$，即上升段曲线的斜率单调减小；

当 $\varepsilon=\varepsilon_f$ 时，$\sigma=\sigma_f$，$d\sigma/d\varepsilon=0$，此时曲线达到最高点；

当 $\varepsilon\to0$ 时，$d\sigma/d\varepsilon\to E_0$。

通过分析可知，选用一个形式简单的单一曲线方程，即满足上式的全部条件，又能针对不同类型的试样来调整曲线的准确形状是比较困难的。此处以曲线峰值点作为分界点，即分为上升段和下降段两部分，且由于改良土试样在峰值点后已经发生破坏，为研究方便和工程的适用性，本文仅对曲线上升段进行描述，如式(4.2)。

$$\sigma=A\varepsilon^3+B\varepsilon^2+C\varepsilon+D \tag{4.2}$$

式中　A,B,C,D——待定试验参数。

由上述数学描述可以确定本模型的四个参数

$$A=\frac{C\varepsilon_f-2\sigma_f}{\varepsilon_f^3},B=\frac{3\sigma_f-2C\varepsilon_f}{\varepsilon_f^2},C=\frac{d\sigma}{d\varepsilon}\Big|_{\varepsilon=0}=E_0,D=0 \tag{4.3}$$

将上述参数代入式(4.2)得

$$\sigma=\frac{E_0\varepsilon_f-2\sigma_f}{\varepsilon_f^3}\varepsilon^3+\frac{3\sigma_f-2E_0\varepsilon_f}{\varepsilon_f^2}\varepsilon^2+E_0\varepsilon \tag{4.4}$$

式中　σ_f和ε_f——峰值点所对应的应力和应变；

E_0——初始切线弹性模量；

σ——偏应力，即$\sigma=\sigma_1-\sigma_3$。

从式(4.3)中可以看出，该模型的四个参数A、B、C、D均可以通过静三轴试验所得的应力—应变关系曲线简单确定。

图4.17给出了水泥改良土部分静三轴试验测得的试验点，并与模型曲线进行对比。可以看出，二者吻合较好，说明该模型可以对水泥改良土土样的应力—应变关系曲线进行良好的描述。不同冻融次数、冷却温度和围压下的模型参数见表4.4，方便在以后的工程应用中进行查找。

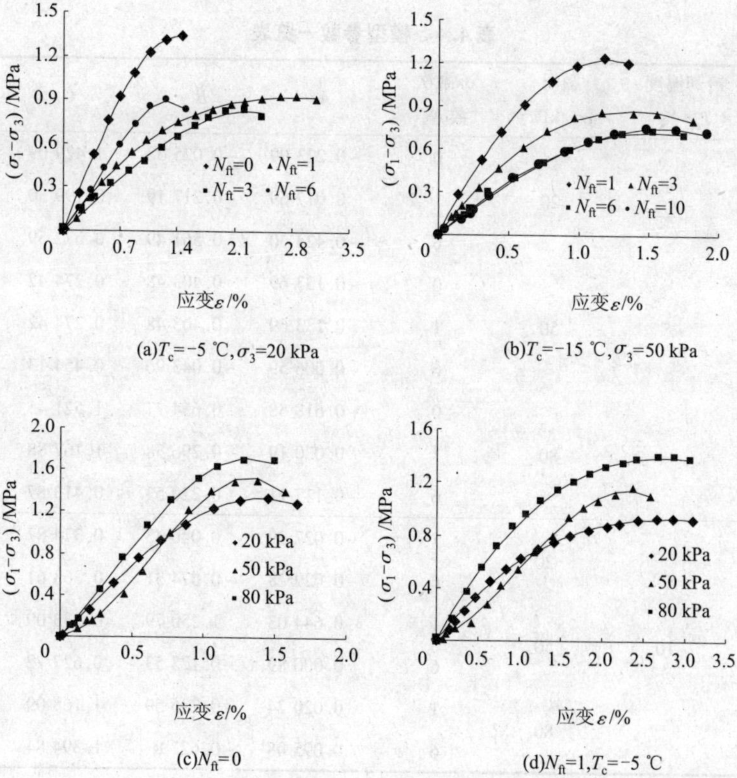

(a)T_c=−5 ℃，σ_3=20 kPa　(b)T_c=−15 ℃，σ_3=50 kPa

(c)N_{ft}=0　(d)N_{ft}=1，T_c=−5 ℃

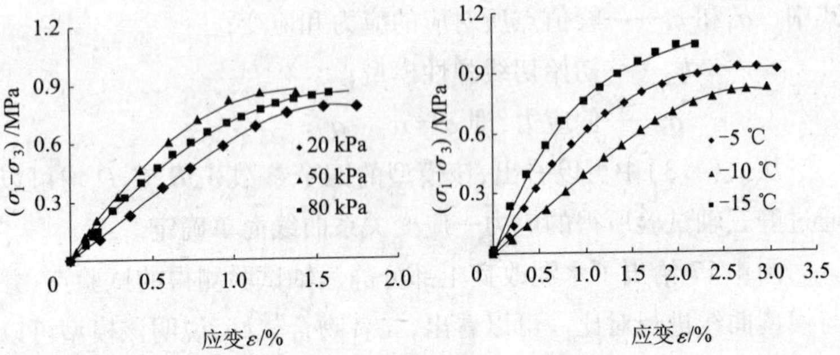

(e)$N_{ft}=3, T_c=-15$ ℃　　(f)$N_{ft}=1$, $\sigma_3=20$ kPa

图 4.17　6% 水泥改良土验证曲线

表 4.4　模型参数一览表

冷却温度 T_c/ ℃	围压 σ_3/kPa	冻融次数 N_{ft}	A	B	C
−5	20	0	−0.223 09	−0.025 52	1.429 09
		1	0.017 69	−0.217 19	0.799 30
		6	−0.424 30	0.561 49	0.672 59
	50	0	−0.133 69	0.403 48	0.274 42
		1	−0.133 69	0.403 48	0.274 42
		6	−0.006 59	−0.043 96	0.454 13
	80	0	−0.618 58	0.654 77	1.521 45
		1	0.020 19	−0.296 38	1.167 88
		6	−0.117 11	0.220 53	0.413 87
−10	20	1	−0.027 29	0.046 43	0.374 87
		6	−0.029 78	−0.074 31	0.363 61
	50	1	−0.644 03	1.250 79	0.333 09
		6	0.000 89	−0.123 53	0.627 72
	80	1	0.020 24	−0.296 59	1.168 09
		6	0.095 08	−0.627 8	1.394 84

续上表

冷却温度 T_c/℃	围压 σ_3/kPa	冻融次数 N_{ft}	A	B	C
-15	20	1	0.084 08	-0.517 00	1.206 25
		6	-0.146 35	0.171 52	0.594 57
	50	1	-0.056 46	-0.069 156	1.933 18
		6	-0.041 30	-0.181 74	0.845 23
	80	1	0.020 24	-0.296 59	1.168 09
		6	0.017 77	-0.346 52	1.042 15

(2)石灰改良土数学模型

石灰改良土的试验结果均为试样经历冻融循环后的应力—应变关系曲线,即试样彻底融化后的静力特性,故可采用一般土力学的方法对试样的应力—应变本构关系进行研究。石灰改良土冻融后的应力—应变关系为加工硬化型,对于加工硬化型曲线,R. L. Kondner建议采用双曲线来拟合轴向应力差($\sigma_1-\sigma_3$)与轴向应变 ε_1 的关系,如图 4.18。

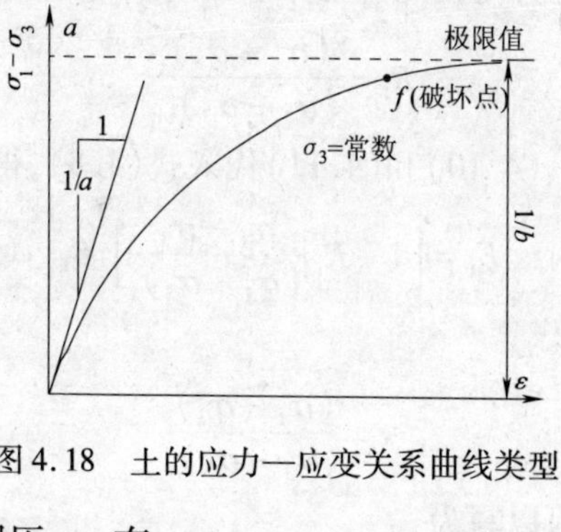

图 4.18 土的应力—应变关系曲线类型

对于某一围压 σ_3,有

$$\sigma_1-\sigma_3=\frac{\varepsilon_1}{a+b\varepsilon_1} \tag{4.5}$$

式中 a,b——试验常数。

Duncan 和 Chang 利用上述关系推导了弹性模量公式。根据

切线模量定义,有

$$E_t=\frac{\partial(\sigma_1-\sigma_3)}{\partial\varepsilon_1}=\frac{a}{(a+b\varepsilon_1)^2}\tag{4.6}$$

由式(4.5),得

$$\varepsilon_1=\frac{a}{\dfrac{1}{\sigma_1-\sigma_3}-b}\tag{4.7}$$

代入式(4.6),得

$$E_t=\frac{1}{a}[1-b(\sigma_1-\sigma_3)]^2\tag{4.8}$$

当应变很小时,可得初始弹性模量 E_i

$$E_i=\left(\frac{\sigma_1-\sigma_3}{\varepsilon_1}\right)_{\varepsilon_1\to 0}=\frac{1}{a}\tag{4.9}$$

而当应变很大时,抗剪强度的极限值 $(\sigma_1-\sigma_3)_{ult}$ 为

$$(\sigma_1-\sigma_3)_{ult}=(\sigma_1-\sigma_3)_{\varepsilon_1\to\infty}=\frac{1}{b}\tag{4.10}$$

由于 ε_1 不可能趋向无穷大,在达到一定的值后试样破坏,设破坏时的偏应力为 $(\sigma_1-\sigma_3)_f$,并令

$$R_f=\frac{(\sigma_1-\sigma_3)_f}{(\sigma_1-\sigma_3)_{ult}}\tag{4.11}$$

将式(4.9)、(4.10)和(4.11)代入式(4.8),得

$$E_t=\left[1-R_f\frac{\sigma_1-\sigma_3}{(\sigma_1-\sigma_3)_f}\right]^2E_i\tag{4.12}$$

令应力水平 s

$$s=\frac{(\sigma_1-\sigma_3)}{(\sigma_1-\sigma_3)_f}\tag{4.13}$$

式(4.12)可以写为

$$E_t=(1-R_fs)^2E_i\tag{4.14}$$

图4.19给出了石灰改良土的部分静三轴试验测得的试验点,并与模型曲线进行对比,该模型可以对石灰改良土土样的应力—应变关系曲线进行良好的描述。不同冻融次数、冷却温度和围压

下的模型参数见表 4.5，方便在以后的工程应用中进行查找。

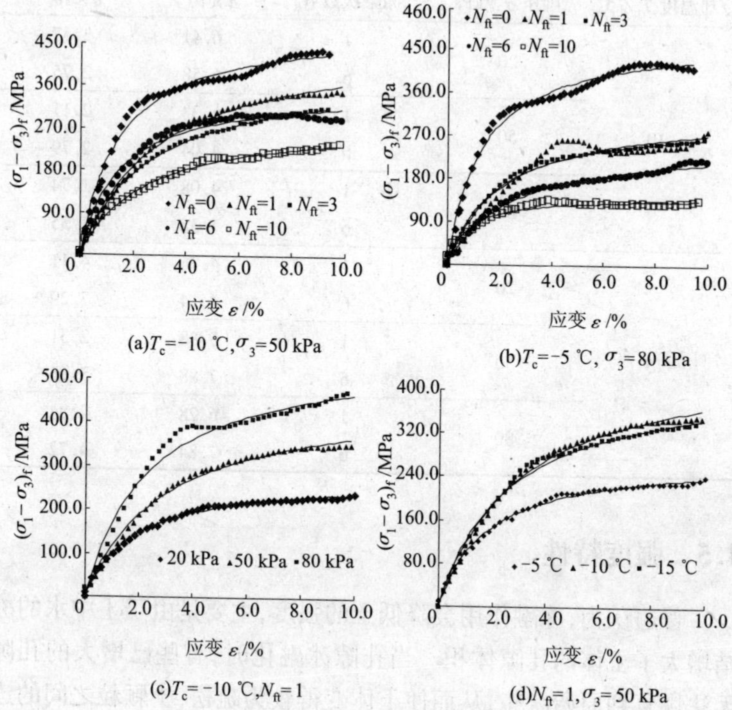

图 4.19 9% 石灰改良土验证曲线

表 4.5 模型参数一览表

冷却温度 T_c/ ℃	围压 σ_3/kPa	冻融次数 N_{ft}	$a\times10^{-3}$	$b\times10^{-3}$
-5	20	0	2.38	3.74
		1	3.53	4.08
		6	7.38	4.9
	50	0	2.9	2.02
		1	6.41	3.57
		6	4.88	5.35
	80	0	2.69	2.07
		1	6.51	3.03
		6	9.15	3.83

续上表

冷却温度 T_c/ ℃	围压 σ_3/kPa	冻融次数 N_{ft}	$a\times10^{-3}$	$b\times10^{-3}$
−10	20	1	6.41	3.57
		6	6.58	2.75
	50	1	6.33	2.11
		6	4.04	2.79
	80	1	4.08	1.74
		6	7.35	1.55
−15	20	1	4.76	4.11
		6	4.14	7.29
	50	1	5.88	2.31
		6	7.88	5.16
	80	1	6.28	2.84
		6	7.84	4.72

4.5 强度特性

普遍认为,冻融作用会降低土的强度,主要是由于土中水的冻结增大了土体的孔隙体积。当孔隙冰融化时,有些已增大的孔隙无法恢复到原始状态,从而使土体变得较为疏松,土颗粒之间的连结力降低,但多次冻融是否会使土体的强度继续下降还有待于研究。下面针对改良土的弹性模量、静强度、抗剪强度指标随掺入比、冻融次数、冷却温度的变化关系进行研究,深入了解冻融作用下土体强度的变化规律。

4.5.1 弹性模量

就冻融作用对土弹性模量的影响,文献[139]对黏土进行了无围压压缩试验,并将应变为1%时所对应的应力作为判定土的弹性模量受冻融作用影响的标准,得出结论,当1.0%应变所对应的应力低于55 kPa时,可不考虑冻融作用对土弹性模量的影响;但当所对应的应力水平高于103 kPa时,由于冻融作用引起的土弹性模量的降低可超过50%。文献[140]就一个完整的冻融循环过程中,粗颗粒和细颗粒砂的弹性模量随温度的变化进行分析,并对经历一个完整的冻融循环后,其弹性模量的变化趋势进行讨论后认为,冻融前后土弹性模量变化的幅值受到土颗粒粗细的影响。当土粒较粗时弹性模量变化较小,而当土粒较细时,影响较大。本书就多次冻融循环作用对土弹性模量的影响进行研究,如果以轴向应变为1.0%时所对应的偏应力增量与轴向应变的增量的比值作为研究黏土的弹性模量,即

$$E=\frac{\Delta\sigma}{\Delta\varepsilon}=\frac{\sigma_{1.0\%}-\sigma_0}{\varepsilon_{1.0\%}-\varepsilon_0} \tag{4.15}$$

式中 $\Delta\sigma$——偏应力增量;

$\Delta\varepsilon$——轴向应变增量;

$\sigma_{1.0\%}$——1.0%的轴向应变所对应的偏应力($\varepsilon_{1.0\%}$);

σ_0和ε_0——初始应力和应变。

那么,采用式(4.15)的分析方法,并结合试验中水泥及石灰改良土应力—应变关系曲线的特点,将应变为0.5%时所对应的应力作为判定土的弹性模量,计算结果如图4.20~图4.24所示。

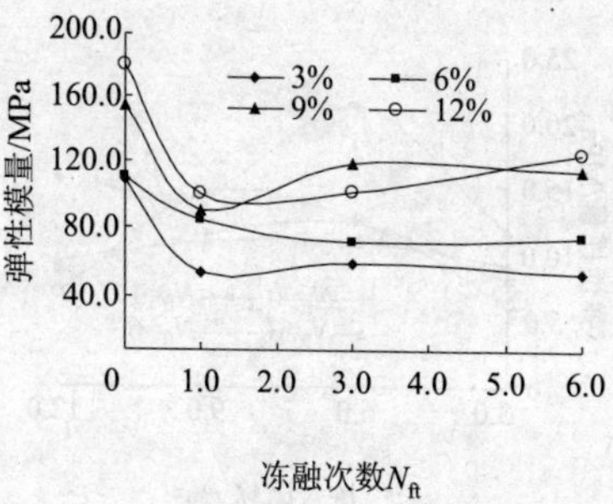

(a) σ_3=20 kPa, T_c=−15 ℃

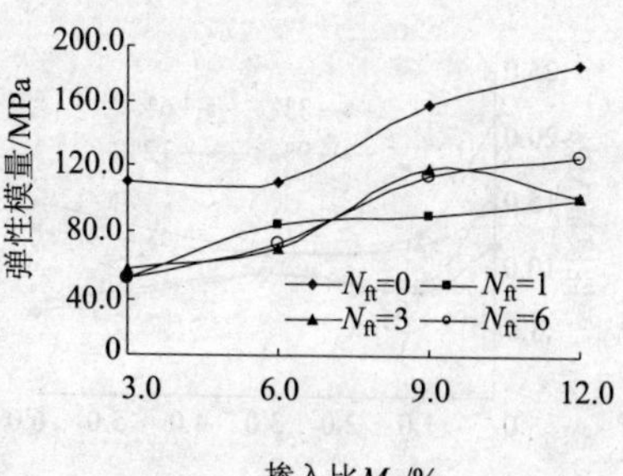

(b) σ_3=20 kPa, T_c=−15 ℃

图4.20 水泥土弹性模量与冻融次数及掺入比的关系

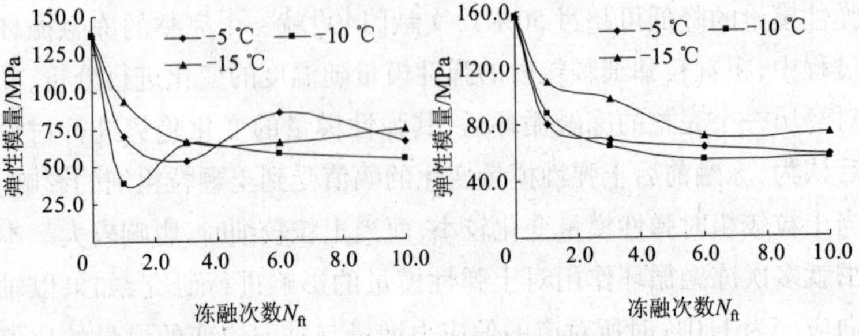

(a) σ_3=20 kPa　　(b) σ_3=50 kPa

图 4.21　6% 水泥土弹性模量与冻融次数的关系

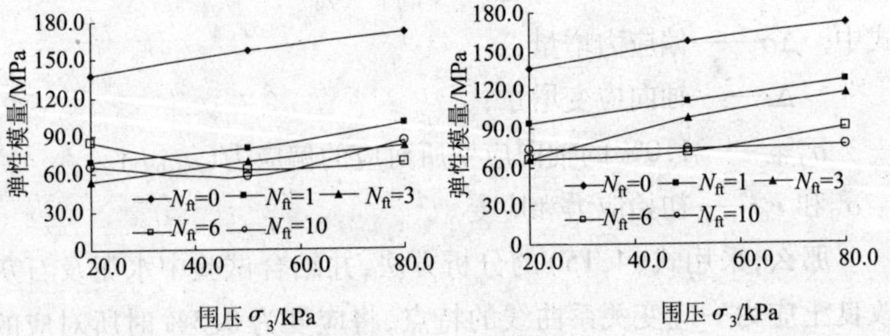

(a) T_c=−5 ℃　　(b) T_c=−15 ℃

图 4.22　6% 水泥土弹性模量与围压的关系

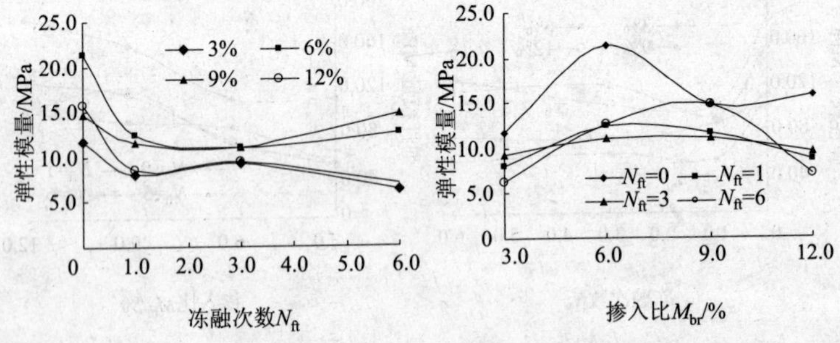

(a) σ_3=20 kPa, T_c=−15 ℃　　(b) σ_3=20 kPa, T_c=−15 ℃

图 4.23　石灰土弹性模量与冻融次数及掺入比的关系

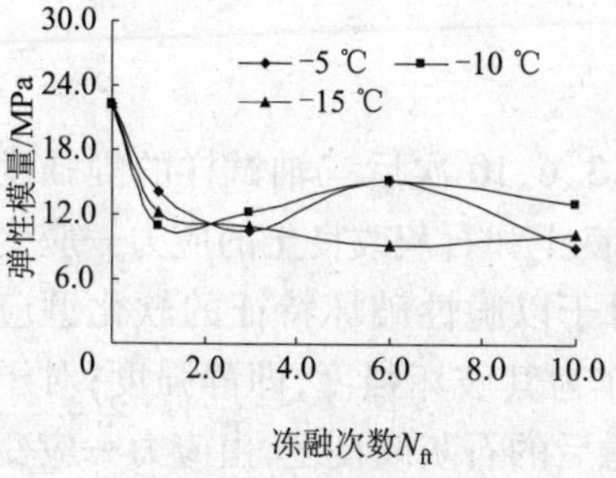

(a) σ_3=50 kPa

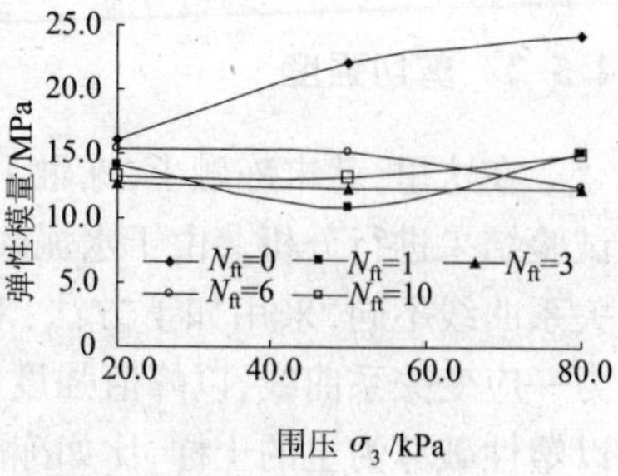

(b) T_c=−10 ℃

图 4.24　9% 石灰土弹性模量与冻融次数及围压的关系

从图 4.20 和图 4.23 可以看出，在相同围压和冷却温度条件下，随着冻融循环次数的增加，不同掺入比的水泥及石灰改良土的弹性模量均先降低而后增加至某一值后保持恒定。在同一冻融次数下，水泥改良土的弹性模量随掺入比的增加而增大，而石灰改良土的弹性模量与掺入比之间存在二次多项式关系，如图 4.23(b)所示，即石灰掺量存在一个最优掺入比。同时，冻融前 6% 石灰土的弹性模量最大，经历冻融循环后，9% 石灰土的弹性模量为最大值，由此可将 9% 石灰掺量作为最优掺入比。

由图 4.21 和图 4.23(a)可知，在同一围压下，随着冻融循环次数的增加，水泥及石灰改良土的弹性模量均是先降低，后增大，其中，第 1 次冻融循环对试样扰动最大，对应的弹性模量降低幅度也最大。根据三轴压缩试验时围压和冻融试验时冷却温度的不同，水泥改良土的弹性模量降低的幅值为不经冻融循环作用试样弹性模量的 40% ~ 50%，石灰改良土的弹性模量降低幅度为 50% ~ 60%。而当试样经历 4 ~ 6 次冻融循环作用时，几乎所有围压和冷却温度下试样的弹性模量都降到最低点。冻融 4 ~ 6 次之后，弹性模量将随着冻融循环作用的进一步发展而升高到某一位置后基本保持不变。相同冷却温度和同一冻融次数下，水泥以及石灰改良土的弹性模量基本上随围压的增加而增大，相比于冻融后土样的弹性模量，冻融前土样的弹性模量随围压增加的幅度较大，如图 4.22 和图 4.24(b)。

4.5.2 剪切强度

在这里,就未冻融土,冻融 1、3、6、10 次后三轴试样的静强度试验结果进行分析。由于水泥改良土和石灰改良土的应力—应变关系曲线不同,采用如下方法:对于以脆性破坏特征的软化型应力—应变关系曲线,以峰值强度作为其破坏强度,即静强度;对于以塑性破坏为主的土样,比如冻融后的石灰改良土,由应力—应变曲线可以看出,应变值达到 10% 以后,土样强度的增长幅度明显减小,因此轴向应变为 10% 时所对应的偏应力值作为土样的峰值抗剪强度,即静强度。依据该方法,得到冻融循环前后水泥改良土和石灰改良土的静强度试验结果。

(1)掺入比的影响

图 4.25 给出了不同冻融次数下,水泥及石灰掺入比与土样静强度之间的关系曲线。

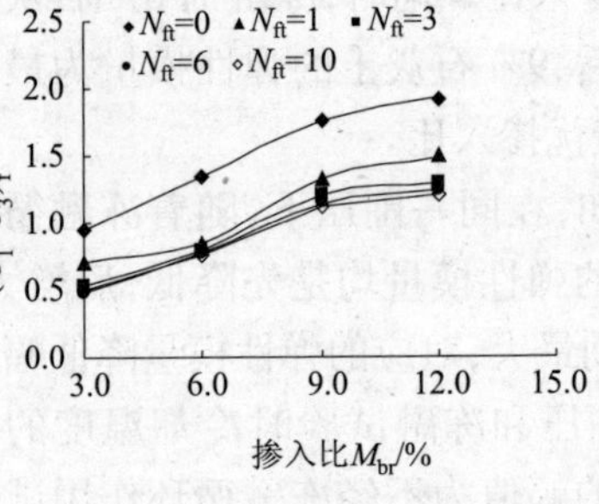

(a)水泥土,σ_3=20 kPa,T_c=−15 ℃

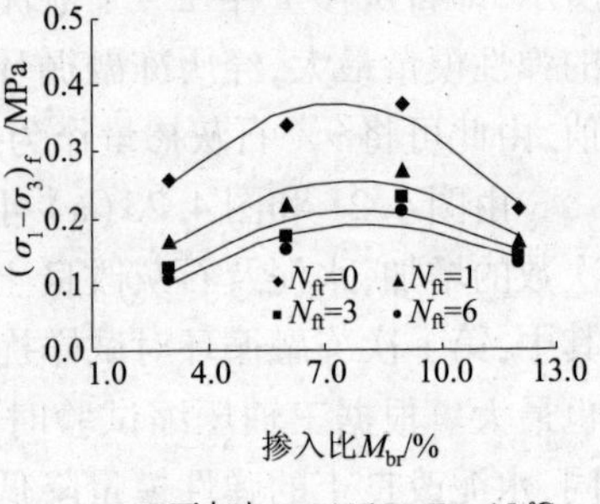

(b)石灰土,σ_3=20 kPa,T_c=−15 ℃

图 4.25　试样静强度与掺入比的关系

由图 4.25(a)看出,在同一冻融循环次数下,水泥改良土的静强度随掺入比的增加而增大。当掺入比超过 9% 时,其静强度增加趋势减缓,表明水泥土的静强度与水泥掺量不成正比递增关系,为较好地描述水泥土静强度与掺入比的关系,采用三次多项式的形式来拟合。

$$\sigma_s = a \cdot M_{cbr}^3 + b \cdot M_{cbr}^2 + c \cdot M_{cbr} + d \quad (3\% \leqslant M_{cbr} \leqslant 12\%) \tag{4.16}$$

式中　a,b,c,d——试验参数；

σ_s——静强度$(\sigma_s - \sigma_s)_f$；

M_{cbr}——水泥掺入比。

石灰土的静强度并非随掺入比的增加而增大，而是表现为二次多项式的关系，静强度随掺入比的增加存在最大值，即最优掺入比，最优掺入比在6% ~9%，如图4.25(b)所示。这表明石灰土中的多余石灰粉末不能参与水、石灰、土颗粒之间的相互反应，而沉积在土颗粒之间，在冻胀力作用下，由于石灰粉末的存在，土颗粒之间的黏结很容易被破坏。通过分析，石灰土静强度与掺入比的关系可以用式(4.17)描述。

$$\sigma_s = A \cdot M_{lbr}^2 + B \cdot M_{lbr} + C \quad (3\% \leqslant M_{lbr} \leqslant 12\%) \tag{4.17}$$

式中　A,B,C——试验参数；

σ_s——静强度$(\sigma_s - \sigma_s)_f$；

M_{lbr}——石灰掺入比。

表4.6给出了作者根据试验资料回归得到的参数，在实际工程中可参照应用，同时，由图4.25可以看出，曲线拟合效果良好。

表4.6　试验回归参数

冻融次数	水泥改良土					石灰改良土			
	$a\times10^{-3}$	$b\times10^{-2}$	c	d	R^2	$A\times10^{-3}$	$B\times10^{-2}$	$C\times10^{-2}$	R^2
0	−1.48	2.682	−0.012 67	0.776 74	0.998 9	−6.72	9.723	1.9	0.942 7
1	−3.89	8.801	−0.497 75	1.507 42	0.998 9	−4.5	6.897	−0.9	0.912 5
3	−3.01	6.316	−0.293 43	0.927 31	0.999 9	−3.7	5.917	−2.741	0.915 6
6	−2.29	4.614	−0.174 68	0.650 6	0.998 9	−3.42	5.555	−3.675	0.928 5

(2)冻融次数的影响

不同掺入比和围压下，水泥及石灰改良土的静强度随冻融次数的变化曲线分别见图4.26和图4.27。从静强度随冻融次数变化的关系曲线可以看出,水泥及石灰改良土的静强度均随冻融次数的增加呈指数形式衰减,可以用式(4.18)表示。

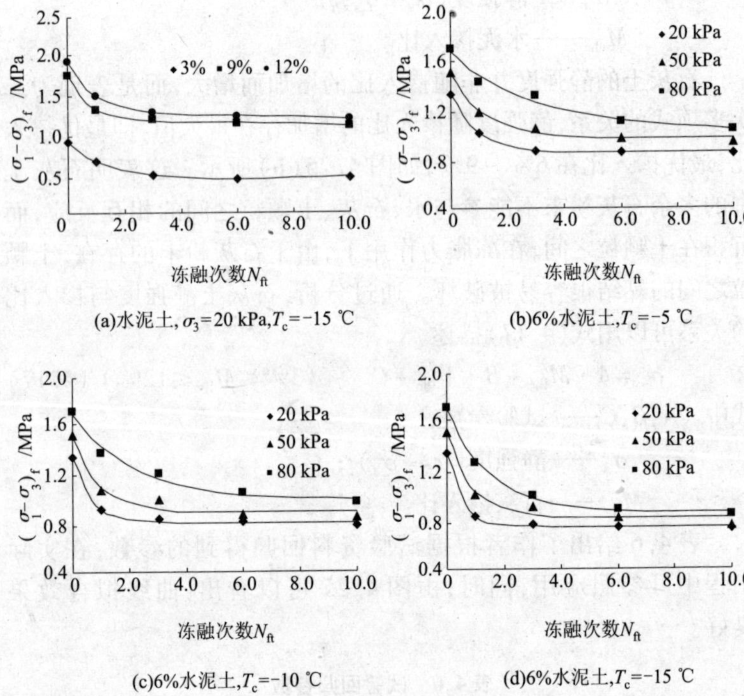

图 4.26 水泥土试样静强度与冻融次数的关系

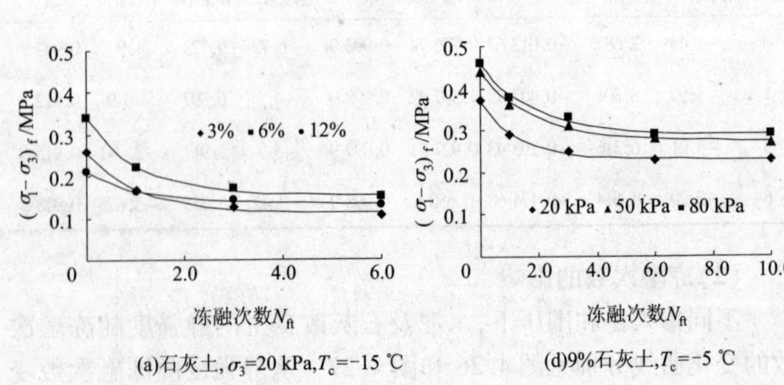

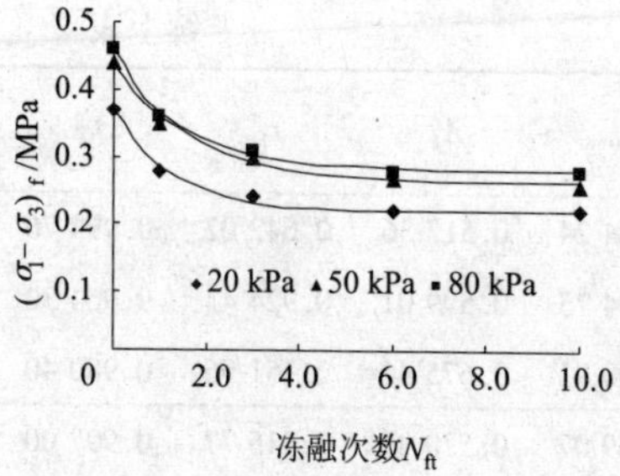

(c)9%石灰土,T_c=-10 ℃

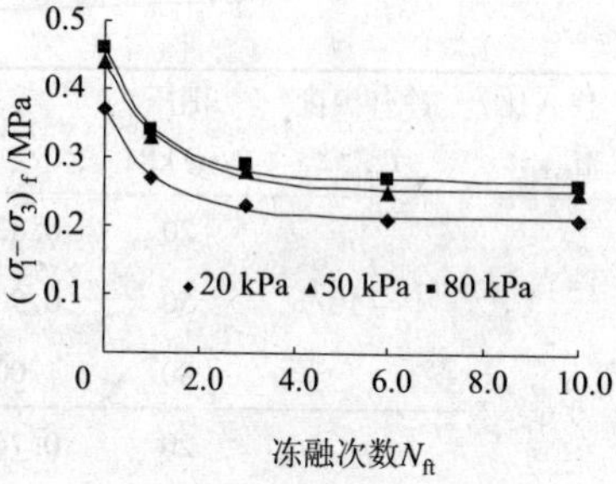

(d)9%石灰土,T_c=-15 ℃

图 4.27　石灰土试样静强度与冻融次数的关系

$$\sigma_s = A_1 \cdot \exp(-N_{ft}/t_1) + \sigma_0 \tag{4.18}$$

式中　A_1,t_1,σ_0——试验参数；

$A_1+\sigma_0$——未冻融土样的静强度；

t_1——表征冻结和融化对土样强度的衰减作用。

从中可以看出,第1次冻融循环对试样扰动最大,对应的弹性模量降低幅度也最大,经历6次冻融作用后,其值不再有明显的下降。由此可见,多次冻融循环作用下,土体内部结构变化达到一个相对动态平衡状态。由上述分析可知,强度达到恒定所需的循环次数与前面分析试样高度、含水率、弹性模量达到恒定所需的循环次数基本相同。因此,在季节性冻土区进行工程设计时可参考6次冻融循环时的力学指标。同时,曲线拟合效果良好,拟合得到的试验参数见表4.7和表4.8。从表中数据可以看出,拟合参数A_1、t_1、σ_0均随围压的增加而增大,随冷却温度的降低而减小。

表 4.7　水泥改良土的回归参数

掺入比 M_{br}/%	冷却温度 T_c/℃	围压 σ_3/kPa	y_0	A_1	t_1	R^2
3	-15	20	0.475 83	0.465 44	1.397 22	0.999 80
6	-5	20	0.874 10	0.465 97	0.911 46	0.999 70
		50	0.983 35	0.521 03	1.197 67	0.989 40
		80	1.033 63	0.637 03	3.071 89	0.973 40

续上表

掺入比 M_{br}/%	冷却温度 T_c/℃	围压 σ_3/kPa	y_0	A_1	t_1	R^2
6	−10	20	0.824 24	0.515 36	0.642 02	0.994 70
		50	0.904 73	0.599 01	0.924 43	0.964 30
		80	1.000 91	0.675 46	2.151 96	0.980 40
	−15	20	0.769 07	0.570 81	0.515 77	0.997 00
		50	0.838 35	0.667 61	0.835 51	0.972 82
		80	0.883 38	0.809 69	1.453 04	0.996 20
9	−15	20	1.170 37	0.586 88	0.765 76	0.995 30
12	−15	20	1.255 35	0.665 80	0.988 87	0.999 50

表 4.8　石灰改良土试验回归参数

掺入比 M_{br}/%	冷却温度 T_c/℃	围压 σ_3/kPa	y_0	A_1	t_1	R^2
3	−15	20	0.110 49	0.145 89	1.063 27	0.995 8
9	−5	20	0.231 22	0.137 76	1.258 23	0.995 9
		50	0.273 18	0.164 30	1.771 84	0.994 4
		80	0.288 51	0.169 11	1.837 36	0.992 9
	−10	20	0.221 90	0.147 11	1.150 96	0.995 1
		50	0.264 56	0.172 73	1.614 58	0.992 5
		80	0.281 56	0.176 65	1.349 98	0.993 9
	−15	20	0.212 49	0.156 59	1.062 30	0.994 5
		50	0.252 40	0.185 82	1.252 30	0.993 1
		80	0.267 70	0.191 02	1.103 24	0.993 3
6	−15	20	0.154 19	0.185 22	1.002 16	0.996 8
12	−15	20	0.132 24	0.078 24	1.145 46	0.992 8

(3)围压和冷却温度的影响

图 4.28 和图 4.29 分别为不同冻融次数下，水泥及石灰改良

土的静强度与围压 σ_3、冻融过程中的冷却温度 T_c 的关系。可以看出，试样的静强度与围压呈现良好的线性关系，这是因为围压会减小每次冻融所增大的孔隙体积，从而使土的强度指标得到一定程度的恢复。对于围压为 20 kPa 的试样，由于围压较小，冻融作用对土的扰动占优势；但随着围压的增大，围压使由于冻融作用而增大的孔隙体积基本恢复，从而使土的强度随着围压的增大而逐渐接近未经冻融土的强度；在多次冻融作用后，试样的静强度随围压的增加幅度相对减小，这是由于试验所采用的围压不足以使由于冻融作用而增大的孔隙体积得到恢复，土体内部仍存在大量的损伤裂隙。试样静强度随冷却温度的降低线性减小，直线斜率接近零，变化不明显。

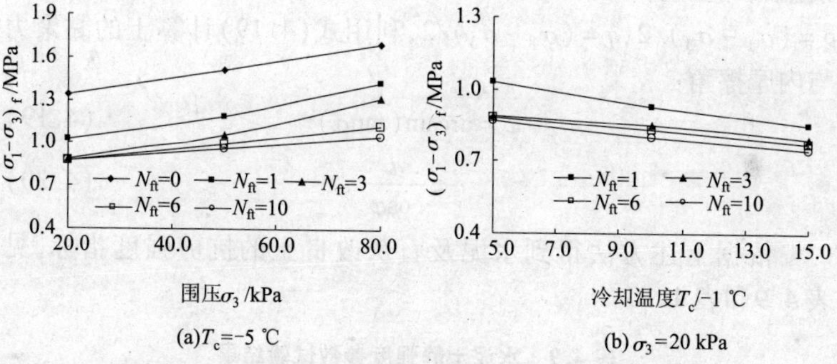

图 4.28　6% 水泥土静强度与围压、冷却温度的关系

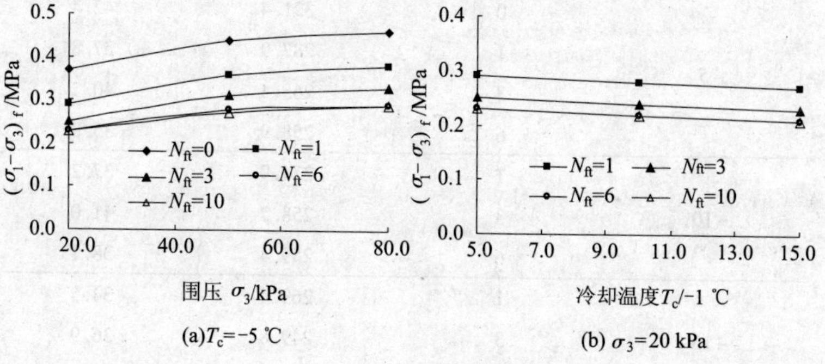

图 4.29　9% 石灰土静强度与围压、冷却温度的关系

4.5.3 抗剪强度指标

土的黏聚力和内摩擦角是决定土抗剪强度的两个指标，对于同一种土，在相同试验条件下两者均为常数。内摩擦角主要反映颗粒间的相互移动和咬合作用，而黏聚力则反映土粒间的各种物理化学作用力，包括库仑力、范德华力、胶结作用力等，这些力的大小由颗粒间的距离和颗粒间胶结物质的胶结力共同决定。研究冻融循环对黏土黏聚力和内摩擦角的影响，目的是了解冻融循环对土抗剪强度的影响。

首先，根据每次冻融循环后，试样在不同围压下的三轴剪切试验结果，在 $p—q$ 坐标平面内绘制研究试样的破坏主应力线；然后，根据破坏主应力线与 p 轴的倾角 α，在 q 轴上的截距 d，其中，$p=(\sigma_1-\sigma_3)/2$，$q=(\sigma_1-\sigma_3)/2$，利用式(4.19)计算土的黏聚力与内摩擦角：

$$\varphi=\arcsin(\tan\alpha) \tag{4.19}$$

$$c=\frac{d}{\cos\varphi} \tag{4.20}$$

依据上述方法得到水泥及石灰改良土的抗剪强度指标，见表4.9和表4.10。

表4.9 水泥土静强度参数试验结果

冷却温度/℃	冻融次数	c/kPa	φ/°
−5	0	321.4	42.4
	1	287.9	37.8
	3	265.4	40.2
	6	258.9	35.3
−10	1	274.9	37.2
	3	258.2	41.0
	6	259.4	38.1
−15	1	269.4	34.5
	3	249.8	36.9
	6	247.9	34.8

表 4.10　石灰土的静强度参数试验结果

冷却温度/℃	冻融次数	c/kPa	φ/°
-5	0	127.4	32.7
	1	107.9	28.8
	3	92.5	32.1
	6	93.8	29.7
-10	1	103.5	29.2
	3	93.6	30.5
	6	91.4	27.4
-15	1	98.6	31.8
	3	90.1	30.4
	6	86.2	27.9

由表中数据可知,随着冻融循环次数的增加,两种改良土的黏聚力逐渐下降,表明当土样每经历1次冻融循环后,土颗粒之间的距离将随之增大。但当经历3次冻融作用后,两种改良土的下降趋势不明显,表明冻融作用下土样内部达到一个动态平衡状态。针对内摩擦角,冻融次数对其的作用无规律可循,在0~10次冻融循环过程中,水泥改良土土样的内摩擦角在32°~42°之间波动,而石灰土土样的内摩擦角在27°~33°之间波动。水泥土土样1次冻融循环时,冷却温度-15 ℃的黏聚力比-5 ℃的黏聚力降低约6%;石灰土土样冻融循环1次时,冷却温度-15 ℃的黏聚力比-5 ℃的黏聚力降低约8%。同时,水泥土的黏聚力要明显高于石灰土,可见冻融后,水泥土颗粒抵抗冻胀力的性能要优于石灰土,即水泥土的抗冻融性能要优于石灰土。

第5章　路基填料的动力特性

对铁路路基基床而言,除承受上部结构的静荷载外,还要受到列车动荷载的反复作用。基床在列车动荷载作用下的动态特性——动应力、累积塑性应变、弹性应变和回弹模量,对高速铁路的行车安全产生重大影响。当基床底层填料的临界动应力(土体在动荷载作用下,塑性应变状态处于既不趋于稳定,又不迅速发展破坏的状态时所对应的动应力)小于列车动应力时,一方面会引起路基的翻浆冒泥、侧向挤出;另一方面列车动荷载下的路基累积塑性应变将会过大,会使线路产生不平顺,形成不均匀沉陷,影响列车的安全、平稳、高速运行;同时,列车通过路基时将产生过大的弹性应变,加剧线路与车辆的相互作用力。因此,研究改良土在循环荷载作用下的动态特性十分必要。迄今为止,有关改良土的动力特性的研究成果较多[100-118],然而,在季节性冻土地区修筑高速铁路时,必须考虑冻融循环作用对改良土动态特性的影响,针对这方面的研究较多集中在冻融作用下改良土的静力特性变化(无侧限抗压强度、剪切强度、弹性模量等)[152-159],而对动力特性还缺乏研究。为此,本章在东北黏土中分别掺入一定含量的水泥和石灰,通过动三轴试验,研究水泥及石灰改良土在不同掺入比、不同冻融次数、冷却温度以及不同围压下的动力性能,为今后季节性冻土地区设计与应用改良土技术提供重要的试验研究数据。

本章通过分析路基土的实际受力状态,确定动应力加载波形、动应力幅值、加载频率、围压以及破坏标准等试验参数。在此基础上,研究分析冻融循环作用下土体的变形、临界动应力、动回弹模量等动态性能的衰减特性。研究结果表明:

(1)存在两种破坏形式,即以水泥改良土为主的脆性破坏和以素土及石灰改良土为主的塑性破坏形式。

(2)以 Monismith 的指数模型为基础,采用归一化的思路,并引入冻融衰减因子,建立累积塑性应变预测模型,以及动回弹模量冻融衰减数学模型。

(3)建议水泥和石灰的掺入比分别为6% 和 9% ,且在进行工程设计时,应考虑采用土体冻融 6 次后的力学指标作为设计值。同时,为更好的服务于高速铁路路基建设,将冻融衰减系数引入到改良土掺入比设计中。

(4)采用 Hardin-Drnevich 的双曲线模型可以较好的预测土体的动应力—动应变关系。同时,分析动回弹模量与动应变的关系发现,动回弹模量随着动应变的增加总体上呈衰减趋势,可以分为三个阶段:当动弹性应变 $\varepsilon_e < 10^{-4}$ 时,动回弹模量基本上不衰减,试样处于弹性状态;而当 $10^{-4} < \varepsilon_e < 10^{-3}$ 时,动模量有小幅度的衰减;当 $10^{-3} < \varepsilon_e < 10^{-2}$ 范围内时,土体的动回弹模量衰减速率迅速增加,表现出了明显的非线性。

(5)经历冻融作用后,水泥改良土和石灰改良土均能满足高速铁路路基建设的需求,而从冻胀性、静强度和临界动应力考虑,水泥改良土要优于石灰改良土。但是,针对水泥改良土,伴随水泥等级和用量的提高,土体经改良后的收缩性增大,较易出现收缩裂缝,引发病害;而对石灰改良土,其早期强度低,强度随龄期的增长较水泥改良土慢得多,施工工期受限。从经济上考虑,相比于水泥改良土,石灰改良土具有较好的经济性。

5.1 路基土应力状态分析

列车荷载作用下路基土单元的应力路径以及主应力轴的旋转,既有别于传统基坑开挖工程中的应力路径,又有别于机器振动、地震、波浪等动荷载引起的土单元应力状态变化。机器振动往往被简化为作用在地基表面的简谐荷载,引起的地基正应力和剪应力是同相位的简谐荷载。地震产生的应力分量也是成比例变化的,这两种情况下土体单元的主应力轴不发生旋转。波浪荷载引起土单元主应力轴连续旋转但主应力差的大小保持不变[181,182]。

然而,列车荷载作用下土单元不仅主应力轴连续旋转,其主应力差的大小也在连续变化。Ishihara(1983)[181,182]将火车荷载简化为移动的常力荷载,路基面则相当于作用一个宽度为 $2a$、幅值为 p_0 的均布移动荷载,如图 5.1(a)所示。设路基为弹性半空间体,根据 Boussinesq 给出的二维平面应变条件下的解,路基土中的应力分量可以表示为

$$\begin{cases} \sigma_{\mathrm{dv}} = \dfrac{p_0}{\pi}[\theta_0 + \sin\theta_0\cos(\theta_1 + \theta_2)] \\ \sigma_{\mathrm{dh}} = \dfrac{p_0}{\pi}[\theta_0 - \sin\theta_0\cos(\theta_1 + \theta_2)] \\ \tau_{\mathrm{d}} = \dfrac{p_0}{\pi}\sin\theta_0\sin(\theta_1 + \theta_2) \\ \theta_0 = \theta_2 - \theta_1 \end{cases} \tag{5.1}$$

式中 θ_1 和 θ_2——土中某点与条形荷载边缘处的连线与垂直方向的夹角;

θ_0——视角(图 5.1)。

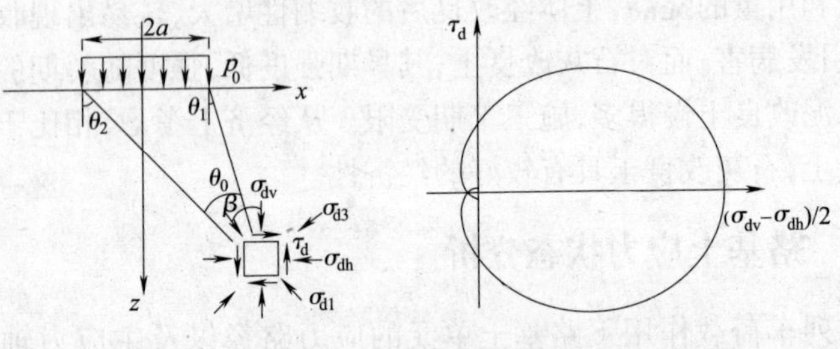

(a)列车荷载下路基土单元的应力分析　(b)荷载移动过程中路基土单元应力变化状态

图 5.1　列车荷载下路基土的应力状态[181-183]

根据材料力学的有关理论,大小主应力分别为

$$\begin{cases}\sigma_{d1}=\dfrac{\sigma_{dv}+\sigma_{dh}}{2}+\sqrt{\left(\dfrac{\sigma_{dv}-\sigma_{dh}}{2}\right)^2+\tau_d^2}=\dfrac{p_0}{\pi}(\theta_0+\sin\theta_0)\\ \sigma_{d3}=\dfrac{\sigma_{dv}+\sigma_{dh}}{2}-\sqrt{\left(\dfrac{\sigma_{dv}-\sigma_{dh}}{2}\right)^2+\tau_d^2}=\dfrac{p_0}{\pi}(\theta_0-\sin\theta_0)\end{cases} \tag{5.2}$$

主应力差

$$\frac{\sigma_{d1}-\sigma_{d3}}{2}=\sqrt{\left(\frac{\sigma_{dv}-\sigma_{dh}}{2}\right)^2+\tau_d^2}=\frac{p_0}{\pi}\sin\theta_0 \tag{5.3}$$

主应力方向(大主应力与垂直方向上的夹角)为

$$\beta=\frac{1}{2}\arctan\left(\frac{2\tau_d}{\sigma_{dv}-\sigma_{dh}}\right)=\frac{1}{2}(\theta_1+\theta_2) \tag{5.4}$$

由此看见,重复的列车车轮作用产生一系列循环荷载,传递到下覆土层中。当车轮处于距研究土单元一段距离时,最大应力分量是水平剪应力。而在某一时刻,当车轮正好位于土单元之上时,水平剪应力消失,应力差分量处于主导地位;当车轮荷载离开时,土单元又处于受剪状态,最终处于无应力状态。因此,在车轮荷载通过时,土体单元出现由单剪引起的剪应力分量转为三轴模式又转为单剪模式,由车轮荷载所引起的剪应力的循环交替也是伴随着主应力方向的旋转而发生的。由列车荷载引起的循环应力随主应力方向的改变,其循环应力大小也在改变,而其放大倍数在某一方向是保持不变的,图 5.1(b)中苹果形状的应力路径表示 τ_d 与 $(\sigma_{dv}-\sigma_{dh})/2$ 的应力交替关系。大量的现场及室内试验表明,在开放交通后,车辆荷载的反复作用引起的路基累积残余变形主要导致了路基的不均匀沉降,进而会产生路面结构的破坏或桥头的行车不适(桥头跳车)。

5.2 试验过程设计

由上述分析可知,列车荷载对路基的循环动应力是一种低幅、主应力轴连续旋转的重复作用荷载。现有的室内试验当中,多采用循环三轴试验和空心圆柱试验两类手段对循环应力进行模拟。其中,空心圆柱扭转试验可以分别控制竖向、水平向的应力及剪切应力,也可以模拟试验由主应力方向的旋转土体产生的累积应变,而循环三轴试验无法做到。然而,由于试验条件限值,目前国内外在研究该领域问题当中,一般采用循环三轴试验。因此,本章通过循环三轴试验模拟列车荷载,考察路基土及其改良土的抗冻融耐久性。

5.2.1 列车荷载的模拟

与地震或海浪荷载在地基中引起的动应力有所不同,列车引起的动应力是一种单向脉冲模式而非双向正弦模式,如图5.2。可以看出动应力具有脉冲性质,以一定的应力值为基准发生变化,将这个基准值定义为偏移应力,将循环变化的应力定义为循环应力,其幅值为应力峰—偏移应力。可以认为在列车通过时,偏移应力保持不变,循环应力部分才使应力具有循环特性。而在循环三轴试验中需要确定动应力加载波形、幅值、加载频率及荷载循环次数来模拟列车荷载。

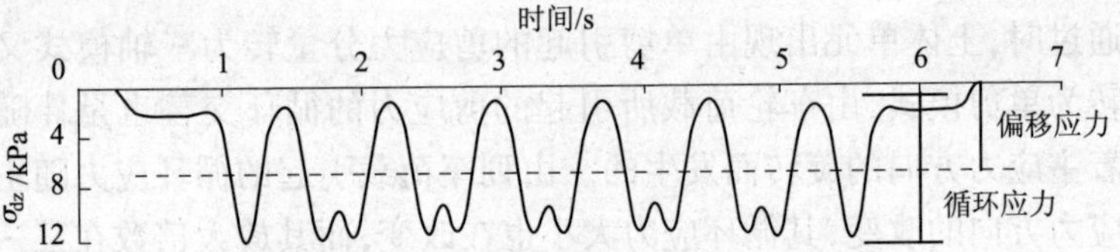

图5.2 列车荷载引起的动应力特点

(1)动应力加载波形

由图5.2可知,列车荷载是一种单向脉冲模式,是一个加载和卸载的过程,不可能产生反向加载卸载。因此,根据试验仪器的条件和国内外的研究经验,试验采取应力控制式单向循环加载的方式进行研究,加载波形为半正弦(Haversine)波,以此模拟列车的单向脉冲应力,即试验中所施加的偏移应力为循环荷载幅值的一半。图5.3和5.4分别为对应的理论荷载曲线和土单元的应力状态，图中所示仅是理论的土样荷载曲线和受力状态，试验中实际荷载曲线与理论曲线有一定差别。

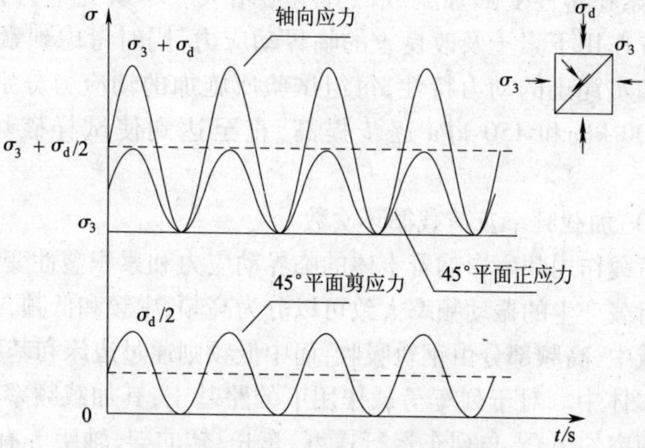

图5.3　单向循环荷载理论曲线

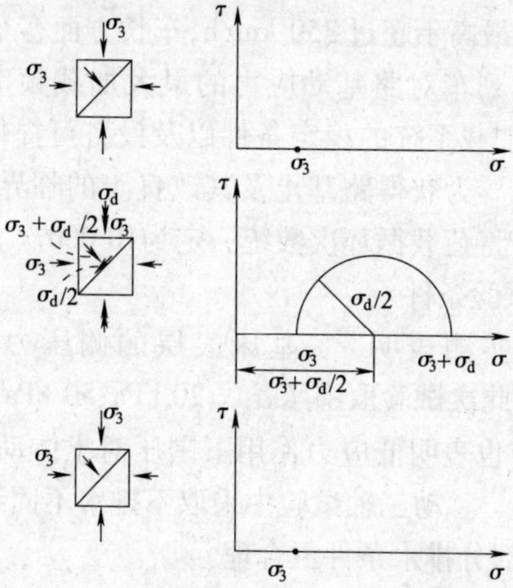

图5.4　单向循环荷载试验中土体的应力状态

(2)动应力幅值

国内外学者的研究均表明，动应力大小是影响土体动态性质的重要因素[169]。由图5.1和5.4也可以看出，随着动应力幅值的增加，土体内部的动应力也相应的增大，可能使路基发生动强度破坏、累积塑性变形加剧或回弹变形增大。本研究中为分析循环荷载作用下素土及改良土的临界动应力，同时考虑到素土、石灰土和水泥土的动力特性，每组试验所施加的动应力分别从50 kPa、100 kPa和450 kPa逐步提高，直至达到使试样破坏的动应力。

(3)加载频率及荷载循环次数

荷载作用频率影响着土体的临界动应力和累积塑性变形[184]。列车荷载产生的振动频率大致可以分为高频、中频和低频，在这三段频域中，高频部分由钢轨吸收，而中低频则通过道床和基床传至路基本体中。对于列车荷载作用下的路基土，其加载频率f是一系列频率的组合，与列车运行速度、车长、转向架、轴距等有关，但对路基影响最大的频率是基频，即车辆的通过频率，有$f=v/l$，这里v为运行速度，l为车长。根据高速铁路列车的运行状况及设计速度，客车速度v最高不超过350 km/h，车长方面客车车辆全长l为23.6 m。因此，列车对路基动应力的最大加载频率$f\leqslant 4.11$ Hz。考虑液压动力加载系统的稳定条件以及设备可提供的较好波型，本文取$f=4$ Hz。为获得路基土及其改良土的临界动应力和累积塑性变形特性，将荷载循环次数统一定为10 000次。

(4)其他试验条件

路基应力实测表明[184]，基床表层的侧压力较低，在20～60 kPa范围内，此次试验取围压$\sigma_3=20$ kPa、50 kPa和80 kPa是安全的，前期研究也表明低应力作用下围压对土体动态特性的影响是可以忽略的[185]。动三轴试验中采取不排水不固结条件，然而其他研究者认为部分排水条件更合理[186]。

5.2.2 破坏标准的确定

在循环动三轴试验中，土样破坏标准的确定方法是影响其动力特性的重要因素。目前，常用的破坏标准有如下三种。

(1)极限平衡标准

极限平衡标准是试样在振动后产生的孔隙水压力增量与极限平衡时的临界孔隙水压力增量相等。极限平衡标准一般情况下过于低估土的动力性能,偏于安全。

(2)液化标准

在周期性动荷载作用下,由于土颗粒骨架结构趋于紧密,而引起孔隙水压力暂时显著增大,土体突然丧失抗剪能力,产生较大的变形,甚至成为黏滞液体状态,称为液化,以这种状态作为土的破坏标准,即液化标准。通常只有饱和松散的砂或粉土,且为等压固结时,才会出现液化[173]。而在偏压固结时,则采用下面的应变破坏标准。

(3)应变破坏标准

对于不存在液化现象的土,由于试验中试样底部所量测的孔隙水压力难于准确地反映整个试样内的孔隙水压力分布,且孔隙水压力的产生及其发展机理比较复杂。针对具体的取值目前还没有统一的规定,通常采用达到某一给定幅度(如 5%、10%、15%等)作为破坏标准[174,175]。对于结构性较强的土(例如水泥改良土),在循环荷载作用下的破坏往往比较突然,具有脆性破坏特征,且土体结构破坏后将产生很大的变形,可能导致严重的工程事故。文献[176]研究后发现结构性土的累积动应变发展过程中都存在一个变形突然增大的转折点,且将该转折点对应的应变定义为破坏应变,在转折点之前应变发展速率较慢,转折点之后土体应变开始急剧增大。

结合本章的研究特点,考虑到素土、石灰土和水泥土的破坏形式不一致,试验中选用第三类破坏标准,即应变破坏标准,具体规定如下:

对于以塑性破坏为特征的素土和石灰土,以 5% 的累积塑性应变作为应变破坏标准,对应的振次为破坏振次。

对于以脆性破坏为特征的水泥土试样[110],按照在线性坐标系中表示的振动累积应变随振次变化曲线的拐点作为破坏点,对应的振次为对应动应力作用下的破坏振次，为统一标准，将转折段上曲率半径最小的点作为破坏点，如图5.5所示。

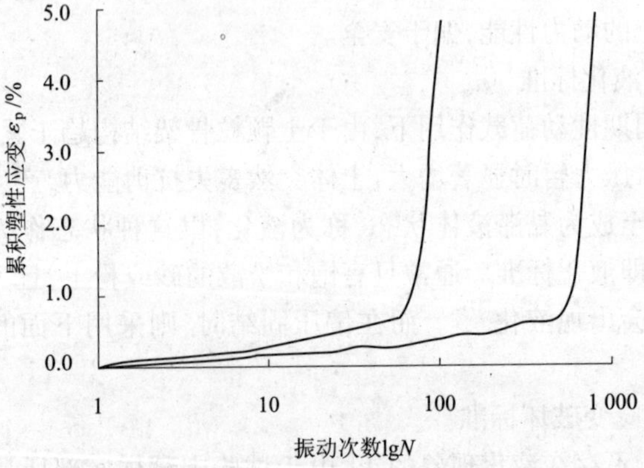

图5.5 脆性破坏点与破坏振次的确定

5.2.3 试验仪器

循环三轴试验在MTS858.2/TESTSTARII液压伺服多功能试验仪上完成，如图5.6所示。该仪器由施压控制系统、实时控制系统、进排水系统、三轴室、各种传感器元件所组成。配套系统有：电动机、空压机、计算机辅助系统。其中，施压系统可选择采用应力或应变两种控制模式。加载过程由伺服双向反馈控制，各种错误检测功能避免意外发生。围压由空压机提供，最终由水压来完成。整个试验过程由总控制箱控制。可控制的最大轴向力25 kN，最大围压1 000 kPa。试验方案由计算机以模式化程序输入，试验过程中产生的各种试验数据由计算机自动采集储存。同时，可利用计算机界面来跟踪试验进度，绘出需要的试验曲线。图5.7为循环三轴试验过程的动应力加载曲线，从图中可以看出，施加在试样的动应力波形符合试验前设定的加载形状，即半正弦(Haversine)波。

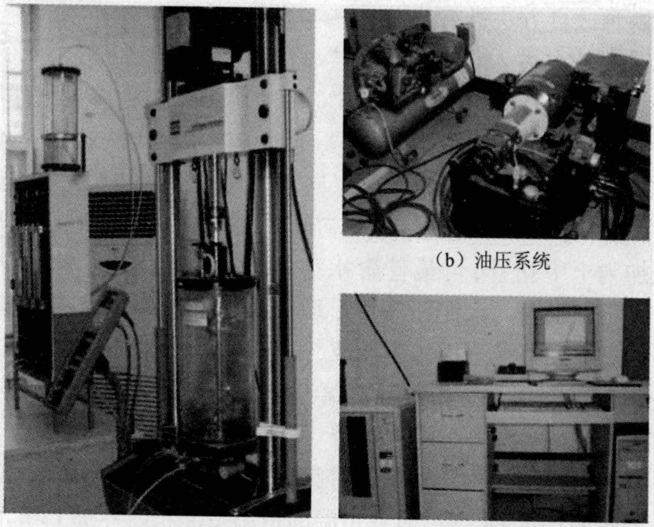

（a）压力室和围压系统　（b）油压系统　（c）数据采集系统

图 5.6　MTS 土动三轴仪

(a) 循环加载50周　(b) 循环加载10周

图 5.7　循环加载过程中的动应力加载过程曲线(循环加载 50 周、10 周)

5.2.4　试验方案

(1)试样制备

①试验土样

试验土样的基本性质及物理指标详见 3.1.1 节,采用水泥及石灰两种改良方法进行改良。

②制备方法

水泥土和石灰土均按3%、6%、9%和12%四种掺入比配制土样。对于水泥土,按最佳含水率要求加蒸馏水拌匀浸润24 h,以使土样中水分均匀分布,待制样前,向土中加入所需的水泥拌匀进行制件,制件时间不应超过水泥的初凝时间。对于石灰土,先将所需石灰加入土中初拌,再最佳含水率加入蒸馏水拌匀,密封、浸润24 h后便可制样。水泥和石灰土均按95%的压实度控制干密度,利用三瓣饱和器分五层击实而成,试样高度 $H = 80$ mm,直径 $D = 39.1$ mm,放在保湿缸中进行常温养护。

(2)试验过程

将制备好的试样或达到养护龄期的试样放到冻融试验冰箱中进行冻融循环试验,冻结时在负温的恒温冷冻箱内养护12 h,融化时在5 ℃的恒温箱中养护12 h,此过程为一个冻融循环周期。冻融循环的试验周期次数选为0、1、3、6、10次,达到冻融循环周期次数后取出部分试样进行不固结不排水动三轴试验,剩余试样继续做冻融循环试验。此外,为比较冻融对土力学性能的影响,也对养护完成后未经历冻融循环的试样进行动三轴试验。

动三轴试验采用5.2.3中的试验仪器,具体试验过程如下。

进行动三轴试验时,先把橡胶膜放入钢模内,利用真空吸力将橡胶膜与钢模之间的空气吸尽。将试样装入试样膜内置入动三轴仪的压力室中,封闭橡胶膜的上下两端以防止试样漏水,套上围压桶,在控制面板上转动出水把手和加压把手,将水加压注入玻璃室,打开玻璃上方的空气阀,待阀门喷水、空气排净后,关闭阀门。

事先将围压调零,打开油压阀,将压力调到100 MPa,再将水压加大,加大到所需围压为止。调节控制面板与活塞,将竖向应力调至均值,再调节控制面板使得幅值等于均值。试验仪器的竖向应力刻度是牛顿,要转换。转换比例是100 kPa对应120.01 N。启动按钮,查看应变量,当应变量达到规范要求的破坏值时,判定试件被破坏,实验结束。

待土样达到破坏之后，停止加载和采集系统，打开排水阀排水。把橡胶膜从试件上脱下来，脱模时要把橡胶膜卷下来，不要用手指，也不要过于用力，防止橡胶破坏。橡胶膜一旦破坏，不准再用于试验。

(3)试验设计

列车循环荷载作用下，影响路基土及其改良土动态特性的因素很多，如路基土的类型、压实系数 K、含水率 w、围压 σ_3、应力历史、排水条件、冻融次数 N_{ft}、冷却温度 T_c 等。本章主要研究冷却温度、冻融次数、围压和掺入比对路基土及其改良土动态特性及其抗冻融耐久性，具体试验方案设计见表 5.1。

表 5.1　动三轴试验设计

土的类型	掺入比 M_{br}/%	围压 σ_3/kPa	冷却温度 T_c/℃	融化温度/℃	冻融次数 N_{ft}
素土	0	20	−15	5	0,1,3,6,10
水泥改良土	3	20	−15		
	6	20,50,80	−5,−10,−15		
	9	20	−15		
	12	20	−15		
石灰改良土	3	20	−15		
	6	20	−15		
	9	20,50,80	−5,−10,−15		
	12	20	−15		

5.3　动变形特性

5.3.1　总体变形

图 5.8 为动应力 σ_d = 200 kPa 的素土试样在经历 1 次和 3 次冻融后的动应力—应变关系对比曲线；图 5.9 为上述两种不同冻融次数的素土试样在加载过程中的应变累积历史；图 5.10 为动应力 σ_d = 450 kPa 的 3% 水泥改良土试样在经历 1 次和 3 次冻融后的动应力—应变关系对比曲线；图 5.11 为上述两种不同冻融次数

的3%水泥改良土试样在加载过程中的应变累积历史。图中 ε_p 为试样加载过程中的总变形，N_{ft} 为试样所经历的冻融循环次数。

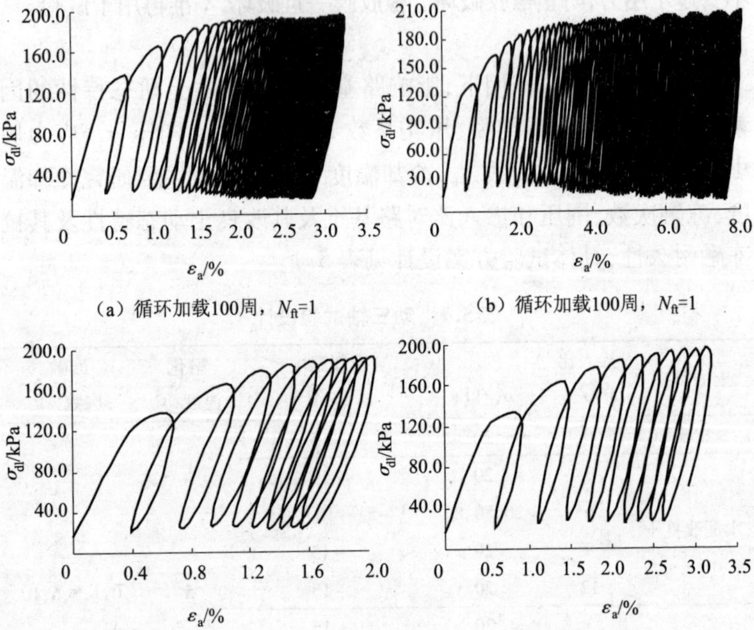

（a）循环加载100周，N_{ft}=1　（b）循环加载100周，N_{ft}=1

（c）循环加载10周，N_{ft}=1　（d）循环加载10周，N_{ft}=3

图 5.8　素土试样的应力—应变关系曲线

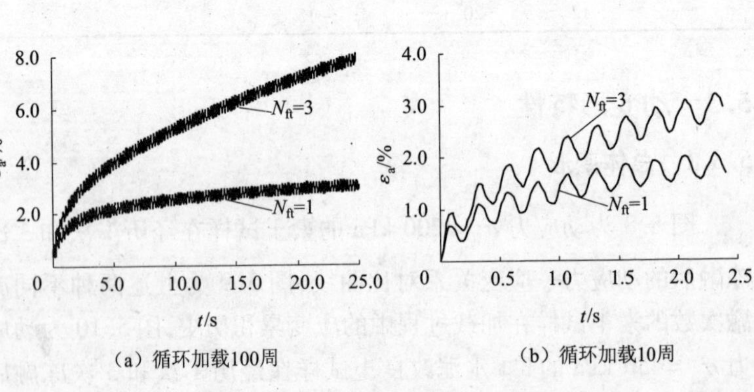

（a）循环加载100周　（b）循环加载10周

图 5.9　循环加载过程中的素土试样的应变累积历史

从图 5.8 ~ 图 5.11 中可以看出，循环荷载作用下试样产生明显的回滞圈并逐渐产生累积应变，且变形增长率随加载次数增加逐渐减小。变形趋于稳定的试样（$N_{ft}=1$）与趋于破坏的试样（$N_{ft}=3$）的应力—应变关系差别较大，对于变形趋于稳定的试样，循环荷载作用 100 周（素土试样）或 125 周（3% 水泥改良土）后应力—应变的回滞圈面积逐渐变小，表明试样变形已接近弹性，累积应变趋于稳定。但对于变形趋于破坏的试样，循环荷载作用 100 次时，素土和 3% 水泥改良土的累积应变分别达到 8.0% 和 3.5%，且应力—应变回滞圈面积相比于冻融 1 次时较大，表明试样已发生塑性剪切变形破坏。

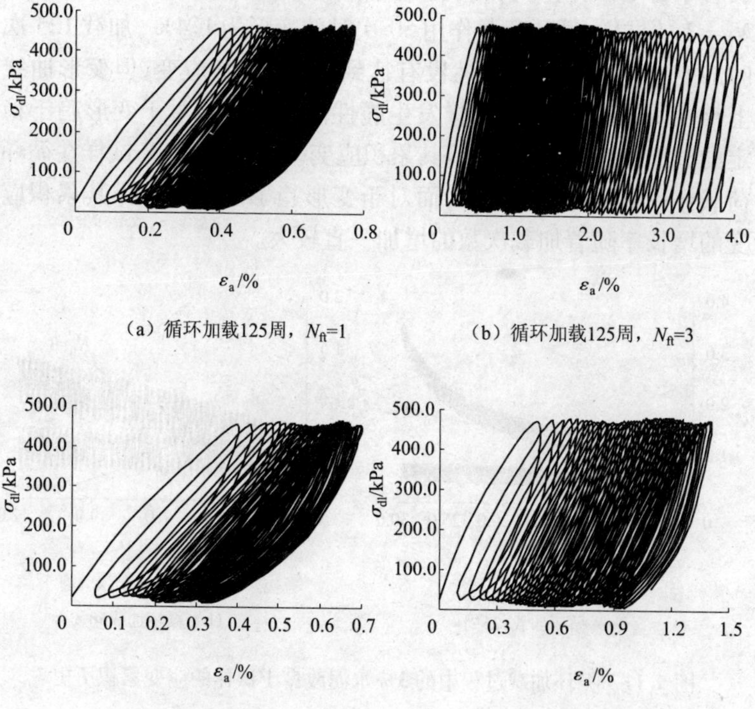

（a）循环加载125周，$N_{ft}=1$　（b）循环加载125周，$N_{ft}=3$

（c）循环加载50周，$N_{ft}=1$　（d）循环加载50周，$N_{ft}=3$

图 5.10　3% 水泥改良土试样的应力—应变关系曲线

从图 5.9 可以看出，变形趋于稳定试样与趋于破坏试样的应变累积历史过程相差较大。对于素土 $N_{ft}=1$ 的试样，加载 100 次的累积应变为 2.5%，若此时认为试样变形稳定，而加载前 10 次的应变为 2.0%，已占最终变形量的 80%，说明对于该试样加载前 10 次其大部分累积应变已经完成。但对于 $N_{ft}=3$ 的试样，循环荷载作用 10 次时的变形为 3.2%，加载 100 次时的变形达到 8.0%，试样发生破坏。从图 5.11 可以看出，对水泥改良土 $N_{ft}=1$ 的试样，在加载 125 次的累积应变为 0.6%，若此时认为试样变形稳定，而加载前 50 次的应变为 0.5%，已占最终变形量的 84%。说明对于稳定试样，加载前 50 次其大部分累积应变已经完成；对于 $N_{ft}=3$ 的试样，循环荷载作用 50 次时的变形为 1.4%，加载 125 次时的变形达到 3.5%，虽然没有达到 5% 的破坏应变，但变形曲线上存在明显的转折点，试样发生脆性破坏。说明对于变形趋于稳定的试样，加载一定次数后其累积应变率就已经很小，试样在循环荷载作用下近似弹性变形，而对于变形趋于破坏的试样其累积应变的增长率随着加载次数的增加一直较大。

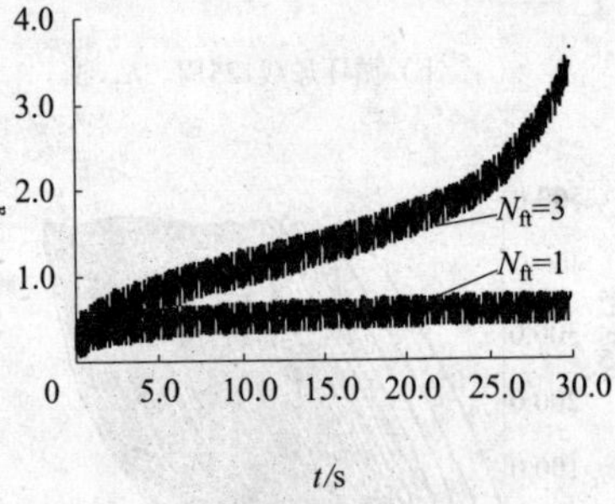

(a) 循环加载125周

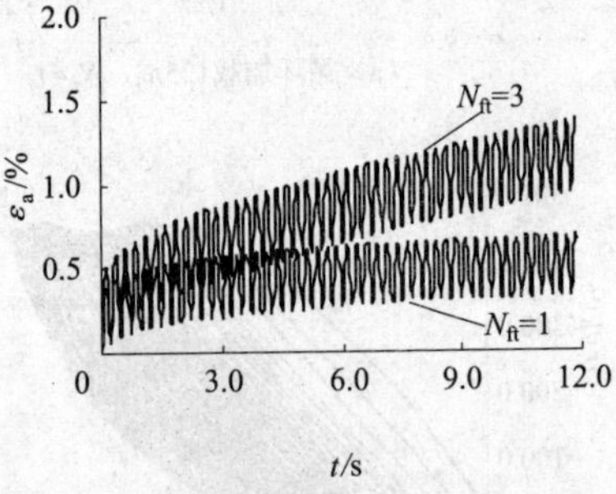

(b) 循环加载50周

图 5.11 循环加载过程中的 3% 水泥改良土试样的应变累积历史

由上述分析可知，对于变形趋于稳定的试样，素土和水泥改良土的应力—应变关系及应变累积历史特性基本上是相同的。对于变形趋于破坏的试样，素土试样呈现塑性剪切变形破坏，水泥改良土试样呈脆性破坏，变形曲线上存在明显的转折点。

5.3.2　塑性变形

(1)动应力幅值的影响

图5.12～图5.15分别为素土、石灰改良土、3%水泥改良土、6%水泥改良土在不同动应力水平下累积塑性应变 ε_p 与振动次数的半对数 lg$N$ 关系曲线。

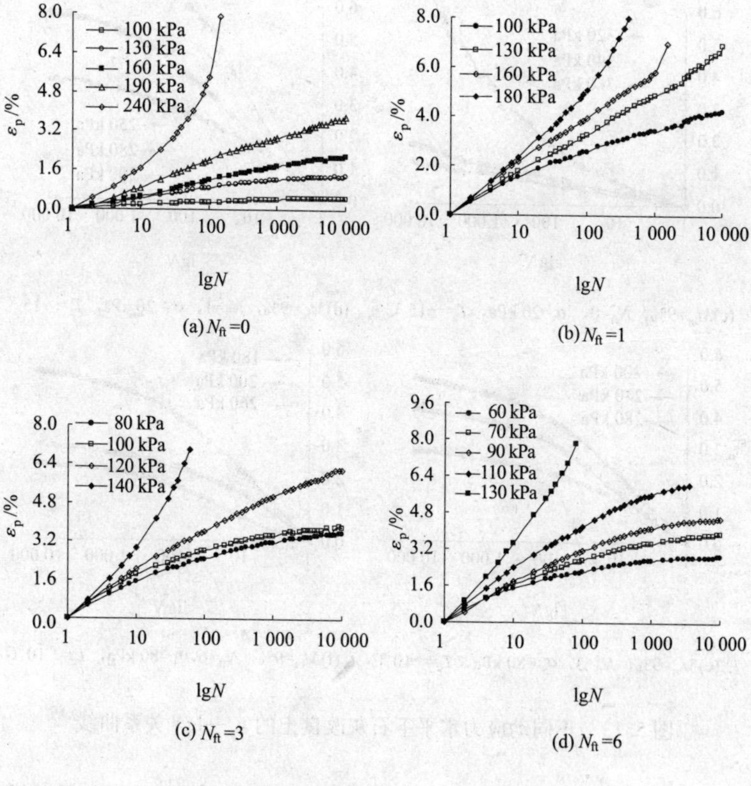

图5.12　不同动应力水平下素土的 ε_p—lg$N$ 关系曲线(σ_3 = 20 kPa, T_c = −15 ℃)

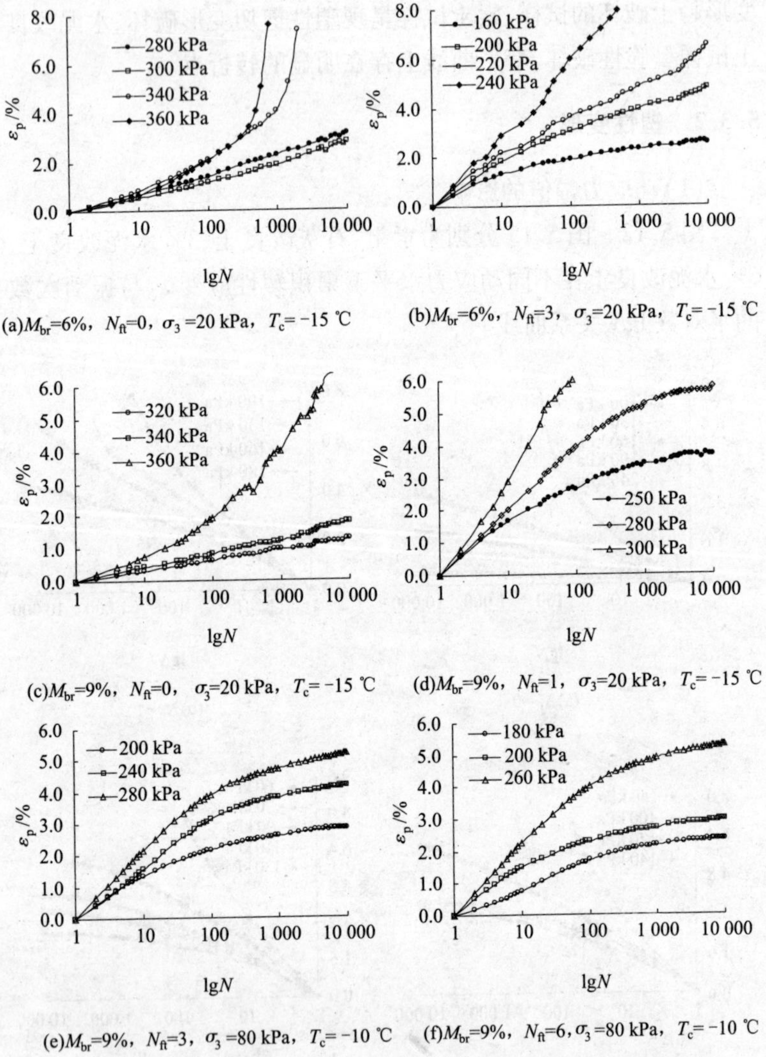

(a) M_{br}=6%，N_{ft}=0，σ_3=20 kPa，T_c=−15 ℃

(b) M_{br}=6%，N_{ft}=3，σ_3=20 kPa，T_c=−15 ℃

(c) M_{br}=9%，N_{ft}=0，σ_3=20 kPa，T_c=−15 ℃

(d) M_{br}=9%，N_{ft}=1，σ_3=20 kPa，T_c=−15 ℃

(e) M_{br}=9%，N_{ft}=3，σ_3=80 kPa，T_c=−10 ℃

(f) M_{br}=9%，N_{ft}=6，σ_3=80 kPa，T_c=−10 ℃

图 5.13　不同动应力水平下石灰改良土的 ε_p—lg$N$ 关系曲线

由图线分析可知，当动应力水平较低时，土样的累积塑性应变较小，基本上为弹性应变。动荷载作用下路基土存在临界动应力

σ_{dcr}，当动应力小于该值时，随着振动次数的增加，累积塑性应变趋于稳定，试样达到强化；而当动应力超过该值时，累积塑性应变迅速增大直至试样破坏。然而，素土和改良土的曲线破坏形式却截然不同，当所施加的动应力超过临界状态时，素土和石灰改良土的累积塑性应变随着振动次数逐渐增加，直至破坏，呈现塑性破坏形式，如图 5.12 和图 5.13 所示；随着振次的增加，水泥改良土的累积塑性应变初期发展较慢，当循环荷载作用到一定振次后，出现应变转折点，土样变形开始急剧增大，在随后很少的振次范围内就达到破坏，表现出明显的脆性破坏特征，如图 5.14 和图 5.15 所示。

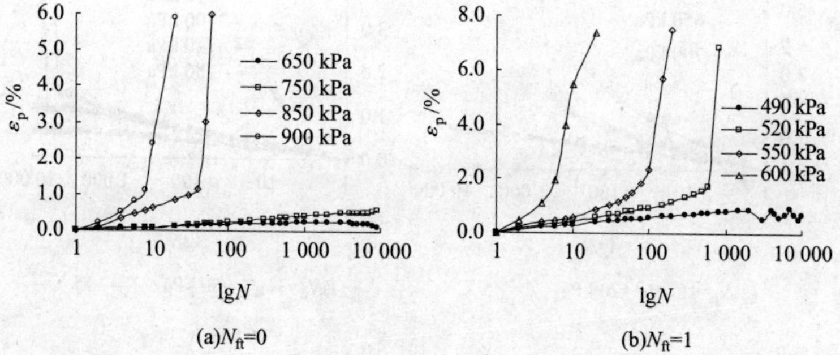

(a)N_{ft}=0　　(b)N_{ft}=1

图 5.14　不同动应力水平下 3% 水泥改良土的 ε_p—lg$N$ 关系曲线（σ_3 = 20 kPa，T_c = −15 ℃）

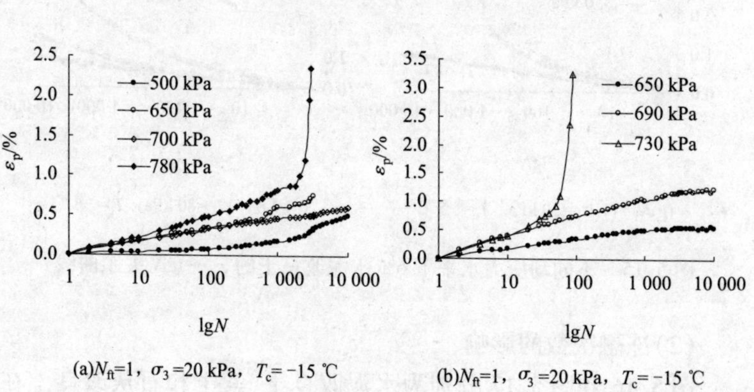

(a)N_{ft}=1，σ_3 =20 kPa，T_c= −15 ℃　　(b)N_{ft}=1，σ_3 =20 kPa，T_c= −15 ℃

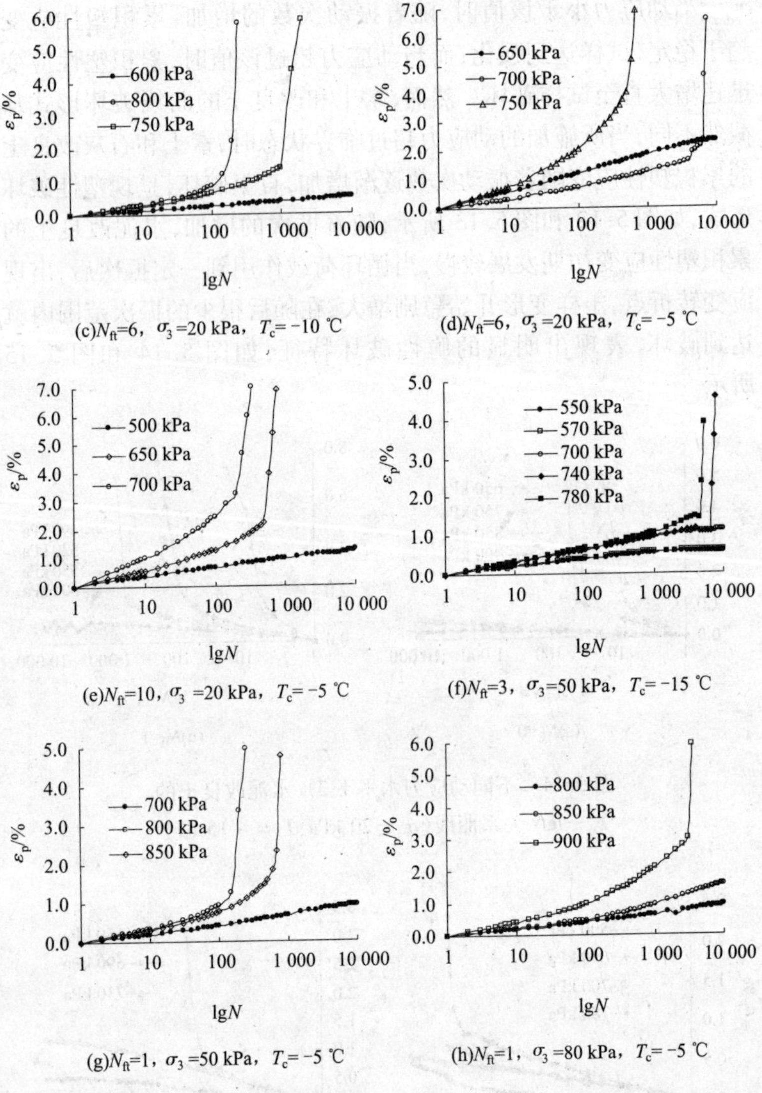

(c) $N_{ft}=6$，$\sigma_3=20$ kPa，$T_c=-10$ ℃

(d) $N_{ft}=6$，$\sigma_3=20$ kPa，$T_c=-5$ ℃

(e) $N_{ft}=10$，$\sigma_3=20$ kPa，$T_c=-5$ ℃

(f) $N_{ft}=3$，$\sigma_3=50$ kPa，$T_c=-15$ ℃

(g) $N_{ft}=1$，$\sigma_3=50$ kPa，$T_c=-5$ ℃

(h) $N_{ft}=1$，$\sigma_3=80$ kPa，$T_c=-5$ ℃

图 5.15　不同动应力水平下 6% 水泥改良土的 ε_p—lg$N$ 关系曲线

(2) 冻融次数的影响

图 5.16 和图 5.17 分别为水泥改良土、素土和石灰改良土在

不同冻融次数下累积塑性应变 ε_p 与振动次数的半对数 $\lg N$ 关系曲线。

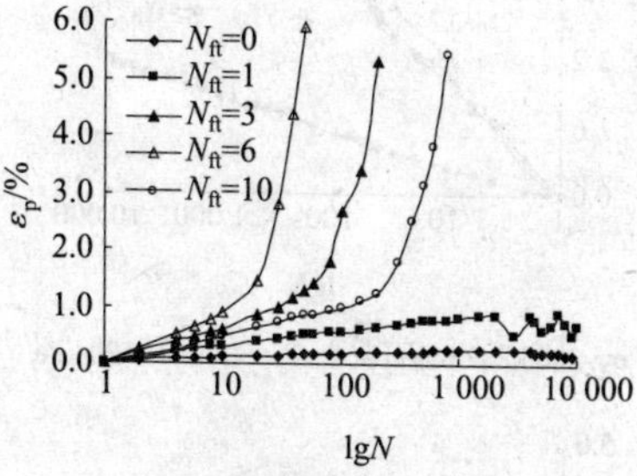

(a) σ_d=500 kPa，3%水泥土，T_c=−10℃，σ_3=20 kPa

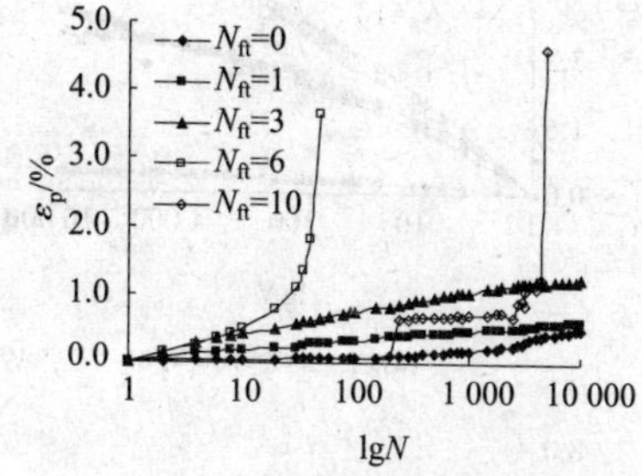

(b) 6%水泥土，σ_d=700 kPa，T_c=−15℃，σ_3=20 kPa

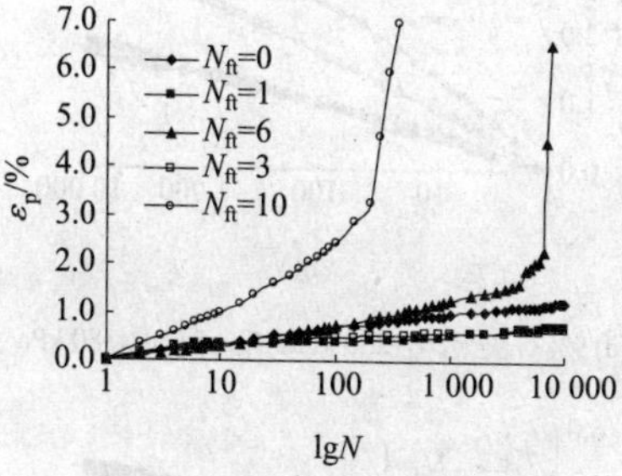

(c) 6%水泥土，σ_d=700 kPa，T_c=−5℃，σ_3=20 kPa

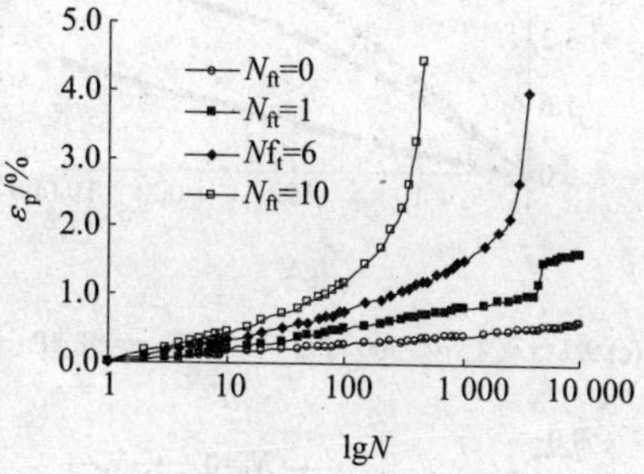

(d) 6%水泥土，σ_d=700 kPa，T_c=−10℃，σ_3=50 kPa

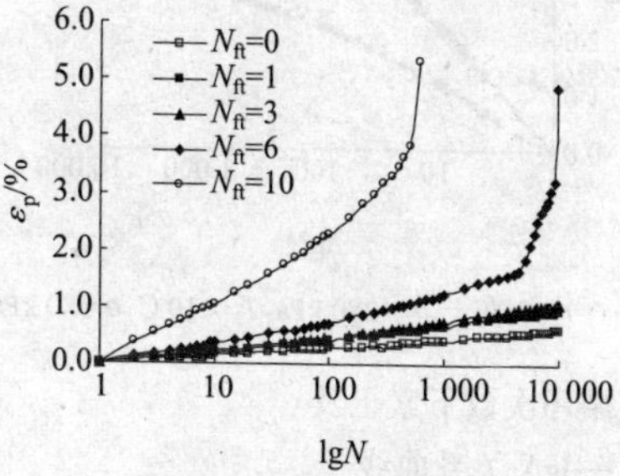

(e) 6%水泥土，σ_d=750 kPa，T_c=−5℃，σ_3=50 kPa

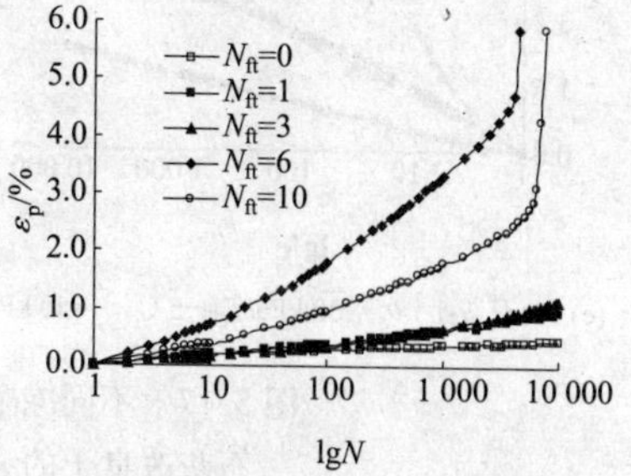

(f) 6%水泥土，σ_d=750 kPa，T_c=−5℃，σ_3=80 kPa

图 5.16　不同冻融循环次数下水泥改良土的 ε_p—$\lg N$ 关系曲线

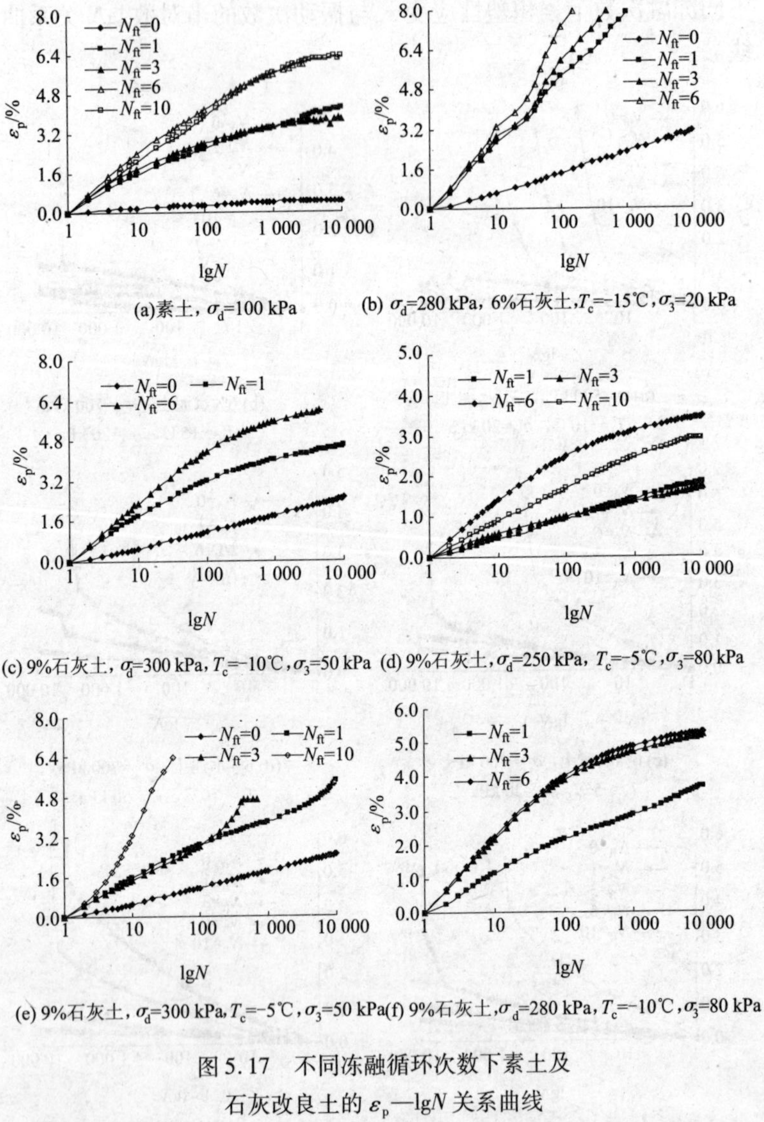

(a)素土，σ_d=100 kPa (b) σ_d=280 kPa，6%石灰土，T_c=−15℃，σ_3=20 kPa

(c) 9%石灰土，σ_d=300 kPa，T_c=−10℃，σ_3=50 kPa (d) 9%石灰土，σ_d=250 kPa，T_c=−5℃，σ_3=80 kPa

(e) 9%石灰土，σ_d=300 kPa，T_c=−5℃，σ_3=50 kPa (f) 9%石灰土，σ_d=280 kPa，T_c=−10℃，σ_3=80 kPa

图 5.17　不同冻融循环次数下素土及石灰改良土的 ε_p—lg$N$ 关系曲线

可以看出，在相同动应力幅值下，尽管冻融次数不同，土样的破坏形式基本上没有变化，即水泥土为脆性破坏，存在明显的应变转折点，石灰土仍为塑性破坏形式。图5.16表明，经历较少冻融次数作用的水泥改良土土样，累积应变较小，基本上为弹性应变，当冻融次数超过6次后，累积塑性应变初期发展较慢，当循环荷载作用到一定振次后，出现应变转折点，土样变形开始急剧增大，在随后很少的振次范围内就达到破坏。并且，经历的冻融次数越多，发生屈服的应变水平越大，继而达到破坏的振动次数也越少。石灰改良土试样与之相似，即冻融对土体的破坏作用存在一个临界次数，当冻融次数较少时，随着振动次数的增加，累积塑性应变趋于稳定，试样达到强化；而当冻融次数超过该值时，累积塑性应变迅速增大直至发生塑性破坏。

(3)冷却温度的影响

图5.18和图5.19分别为6%水泥改良土和9%石灰改良土在冻融过程中不同冷却温度下累积塑性应变 ε_p 与振动次数的半对数 $\lg N$ 关系曲线。可以看出，在相同动应力幅值和同一冻融次数下，虽然冻融过程中的冷却温度不同，但是土样的破坏形式基本上没有变化，即水泥土为脆性破坏，存在明显的应变转折点，石灰土仍为塑性破坏形式。

由图5.18可以看出，冷却温度接近0 ℃时，水泥改良土土样的累积应变较小，基本为弹性应变，而当冷却温度逐渐降低且超过-10 ℃时，累积塑性应变初期发展较慢，当循环荷载作用到一定振次后，出现应变转折点，土样变形开始急剧增大，在随后很少的振次范围内就达到破坏。并且，试验冷却温度越低，发生屈服的应变水平越大，继而达到破坏的振动次数也越少，即冷却温度与破坏振次成正比。同样，石灰改良土试样与之相似，当冷却温度较高时，随着振动次数的增加，累积塑性应变趋于稳定，试样达到强化；而当冷却温度较低时，累积塑性应变迅速增大直至发生塑性破坏，如图5.19所示。

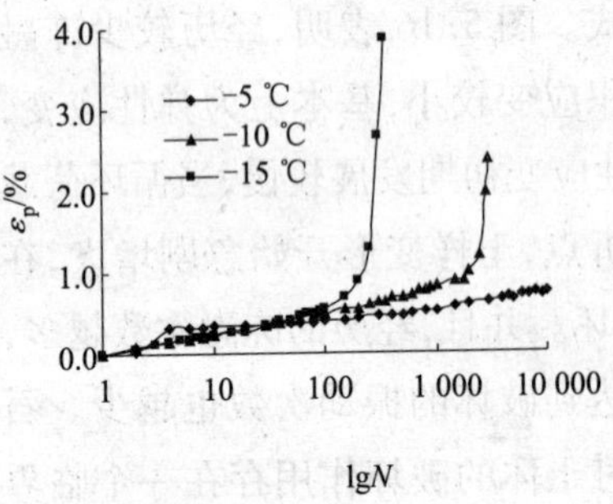

(a) σ_d=800 kPa，N_{ft}=1，σ_3=20 kPa

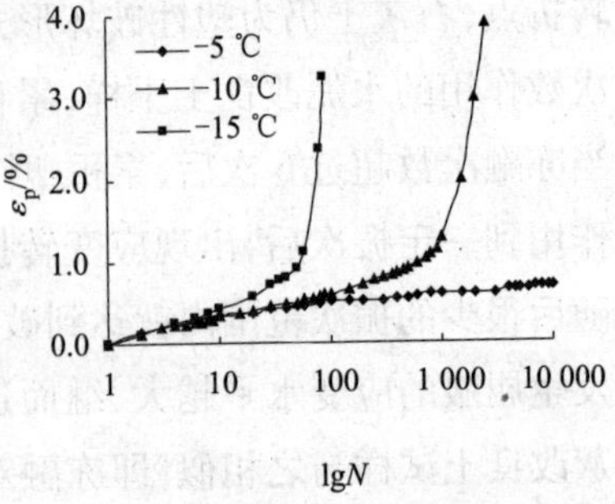

(b) σ_d=750 kPa，N_{ft}=3，σ_3=20 kPa

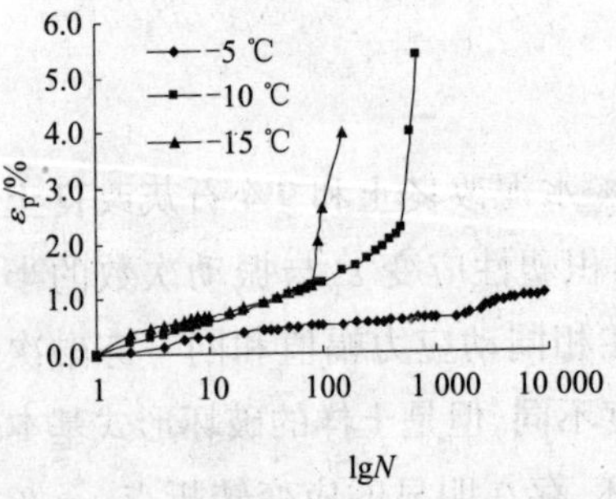

(c) σ_d=650 kPa，N_{ft}=10，σ_3=20 kPa

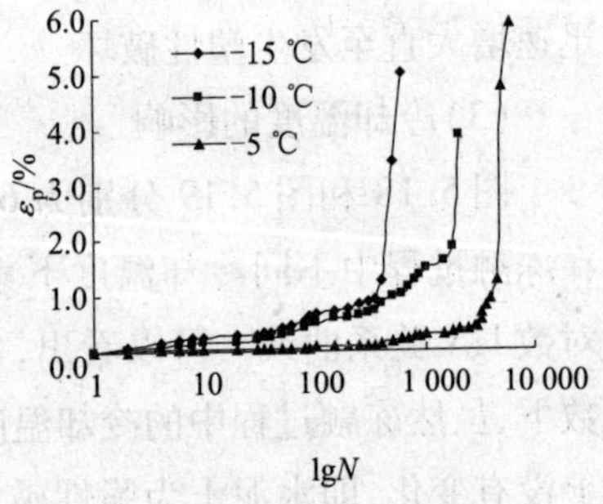

(d) σ_d=800 kPa，N_{ft}=1，σ_3=50 kPa

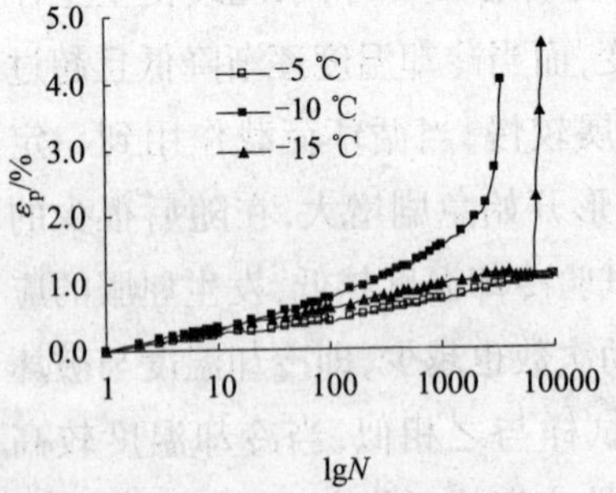

(e) σ_d=750 kPa，N_{ft}=3，σ_3=50 kPa

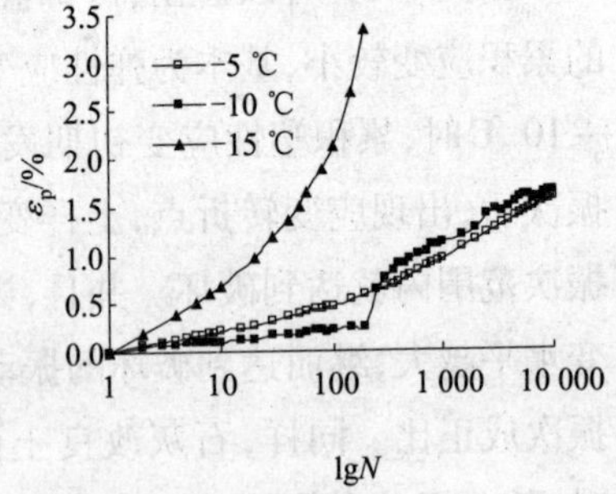

(f) σ_d=850 kPa，N_{ft}=1，σ_3=80 kPa

图 5.18　不同冷却温度下 6% 水泥改良土的 ε_p—lg$N$ 关系曲线

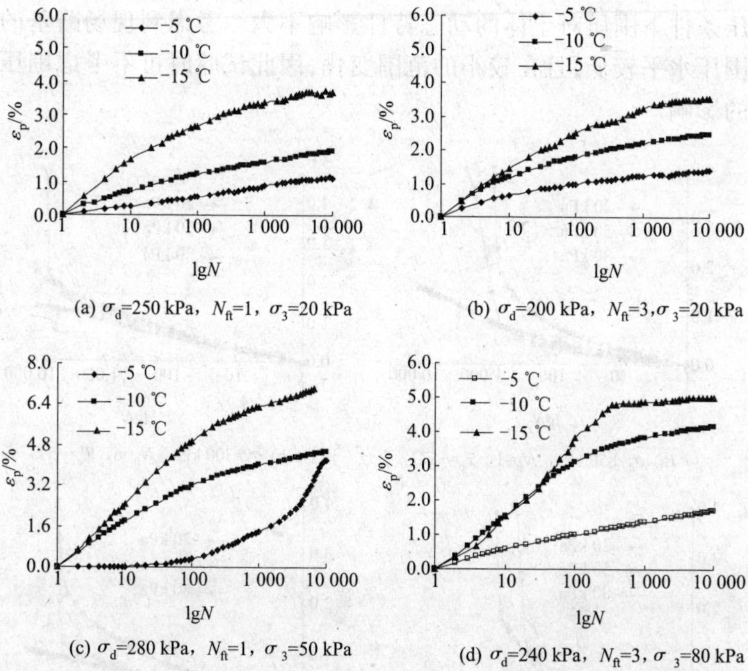

图 5.19　不同冷却温度下 9% 石灰改良土的 ε_p—lg*N* 关系曲线

(4)围压的影响

图 5.20 和图 5.21 分别为 6% 水泥改良土和 9% 石灰改良土在不同试验围压下累积塑性应变 ε_p 与振动次数的半对数 lg*N* 关系曲线。分析图线可知,在相同动应力幅值和相同冷却温度下,低围压情况下,土样的破坏形式基本上没有变化,即水泥土为脆性破坏,存在明显的应变转折点,石灰土仍为塑性破坏形式。试验围压越低,试样发生屈服的应变水平越大,继而达到破坏的振动次数也越少,即围压与破坏振次成反比。这是由于土体特有的压硬性特征所产生的,即在一定的围压水平下,土体被挤压后强度有所增强,围压越高强度增加得越多,但达到一定应力水平后,土体的结构由于逐渐达到密实,强度增加幅度减缓。国外研究工作者[148]通过低围压水平的动三轴试验得到类似规律,并认为低围

压条件下围压对土体的动态特性影响不大。考虑到现场路基的围压水平较低，且在较小的范围变化，因此试验时可不考虑围压的影响。

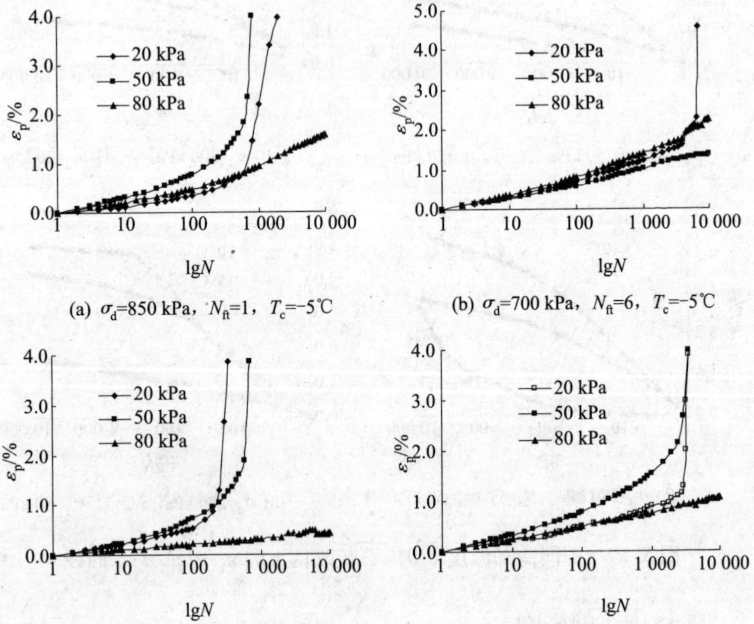

(a) σ_d=850 kPa，N_{ft}=1，T_c=−5℃　(b) σ_d=700 kPa，N_{ft}=6，T_c=−5℃

(c) σ_d=800 kPa，N_{ft}=1，T_c=−10℃　(d) σ_d=850 kPa，N_{ft}=3，T_c=−10℃

图 5.20　不同试验围压下 6% 水泥改良土的 ε_p—lg$N$ 关系曲线

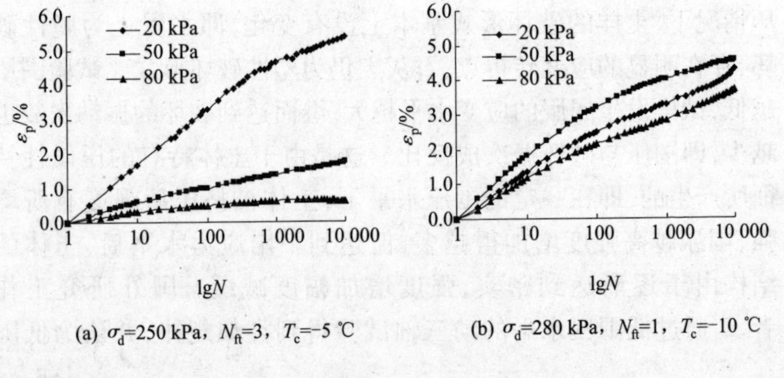

(a) σ_d=250 kPa，N_{ft}=3，T_c=−5 ℃　(b) σ_d=280 kPa，N_{ft}=1，T_c=−10 ℃

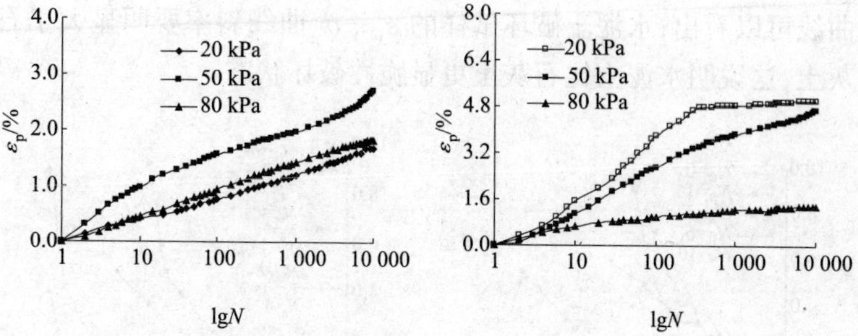

(c) σ_d=250 kPa，N_{ft}=1，T_c=−5 ℃　(d) σ_d=220 kPa，N_{ft}=3，T_c=−15 ℃

图 5.21　不同试验围压下 9% 石灰改良土的 ε_p—lg$N$ 关系曲线

5.3.3　塑性变形影响因素

图 5.22 至图 5.25 分别为试验土样的累积塑性应变 ε_p 与动应力幅值 σ_d、冻融循环次数 N_{ft}、冷却温度 T_c 和围压 σ_3 的关系曲线，图中 N 为循环荷载作用次数。

由图 5.22 可知，动应力水平越高，冻融次数的增加对土体累积塑性应变的影响越明显，可见冻融作用对土体的动态特性影响非常明显。如图 5.22(a)中，未冻融和冻融 3 次的土样，受动应力 σ_d = 100 kPa 的作用，加载 1 000 次的累积塑性应变 ε_p 只相差 2.1%，而其他条件相同，在动应力水平为 120 kPa、150 kPa，不同冻融次数下土样的累积应变 ε_p 分别相差 2.9%、8%。同样，动应力水平越高，围压和石灰掺量对土体累积应变的影响也越明显，而冷却温度的影响程度不大。如图 5.22(e)中，动应力 σ_d = 500 kPa 时，加载 1 000 次，冷却温度 −5 ℃ 和 −10 ℃ 的累积应变 ε_p 相差 0.2%，而动应力水平为 650 kPa 时，累积应变只相差 0.5%。ε_p—σ_d 曲线中存在两种曲线，即平稳增加与突然增大。当 ε_p—σ_d 曲线斜率一直保持不变，说明在试验的动应力水平和振次范围内试样变形稳定，而 ε_p—σ_d 曲线斜率突然增大，说明试样在该级动应力作用下发生了破坏。对比水泥改良土和石灰改良土的 ε_p—σ_d

曲线可以看出,水泥土破坏试样的 $\varepsilon_p—\sigma_d$ 曲线斜率要明显大于石灰土,这说明水泥土比石灰土更显脆性破坏状态。

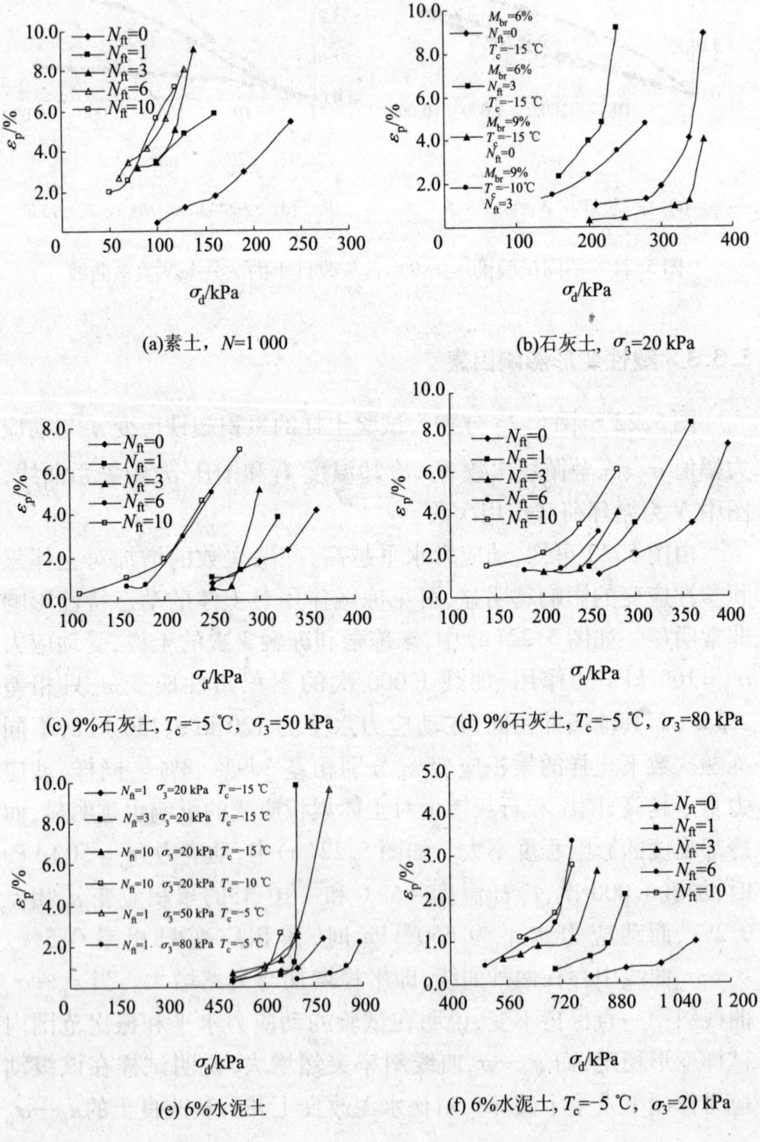

(a)素土，N=1 000

(b)石灰土，σ_3=20 kPa

(c) 9%石灰土, T_c=−5 ℃，σ_3=50 kPa

(d) 9%石灰土, T_c=−5 ℃，σ_3=80 kPa

(e) 6%水泥土

(f) 6%水泥土, T_c=−5 ℃，σ_3=20 kPa

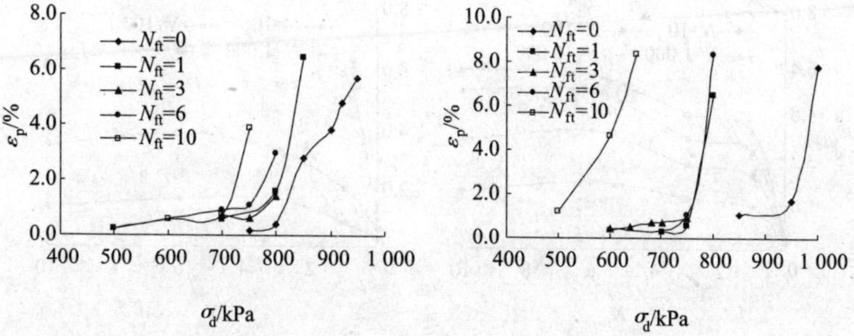

(g) 6%水泥土, T_c=−5 ℃, σ_3=50 kPa

(h) 6%水泥土, T_c=−5 ℃, σ_3=80 kPa

图 5.22　试验土样的 ε_p—σ_d 关系曲线

图 5.23 表明,土体所经历的冻融循环次数越多,循环荷载作用次数对土体累积应变的影响越明显。对于素土和石灰改良土,在同一振动次数下,土体的累积塑性应变随着冻融次数的增加而增大,但当经历 6 次冻融作用后,冻融次数对土体累积应变的影响程度不明显,达到稳定状态,呈强化型破坏。对于水泥改良土,相同振动次数情况下,土体的累积应变较小,其值不大于 0.8% ,基本上为弹性应变,且随振次变化不大,当冻融超过 6 次后,出现应变转折点,累积应变迅速增大,并达到破坏状态,累积应变速率随振次的增加而增大。

冷却温度对石灰改良土和水泥改良土的影响规律不同。对于水泥改良土,在荷载振动次数较少时,土体的累积应变随冷却温度的降低基本不变,振动次数 N = 500 时,累积应变最初随冷却温度变化不大,基本上为弹性应变,当冷却温度超过 − 10 ℃,则出现应变转折点,发生脆性破坏,如图 5.24(a)所示。对于石灰改良土,随着冷却温度的降低,荷载振动次数对土体累积应变的影响则不明显,如其他条件相同,冷却温度为 − 5 ℃,振动次数 N = 100、10 000时的累积应变相差 0.5% ,冷却温度为 − 15 ℃,振动次数 N = 100、10 000 时的累积应变仅相差 0.9% ,如图 5.24(b)所示。

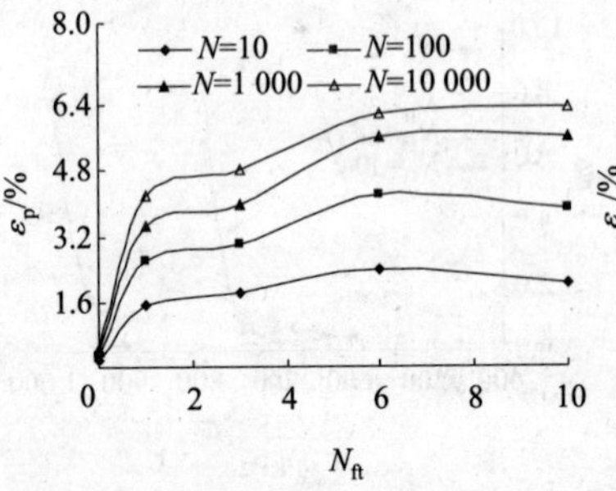

(a)素土，σ_d=100 kPa

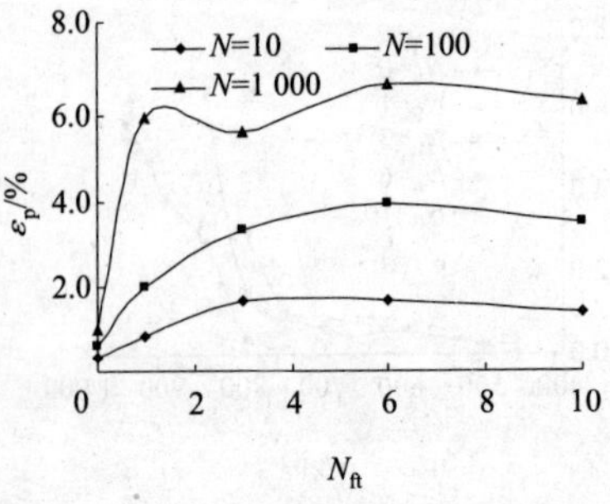

(b) 9%石灰土，T_c=−5 ℃，σ_3=20 kPa，σ_d=300 kPa

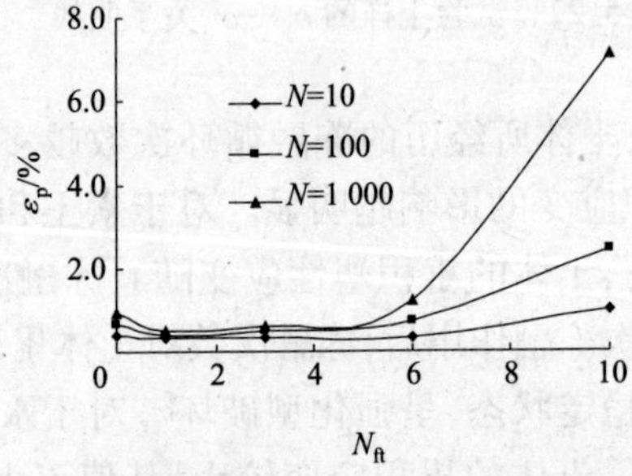

(c) 6%水泥土，T_c=−5 ℃，σ_3=20 kPa，σ_d=700 kPa

图 5.23　试验土样的 ε_p—N_{ft} 关系曲线

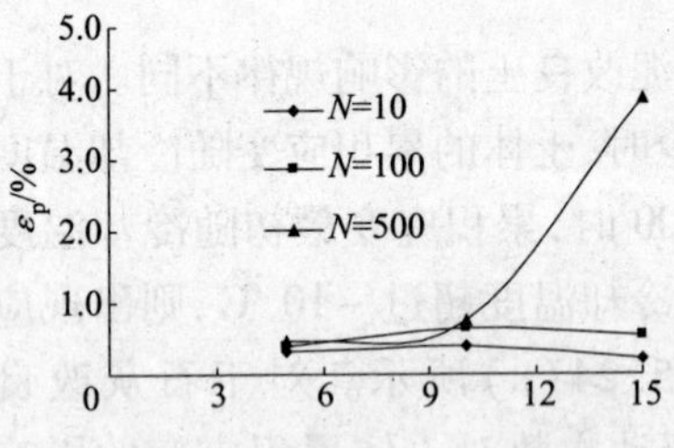

(a) 6%水泥土，σ_d=800 kPa

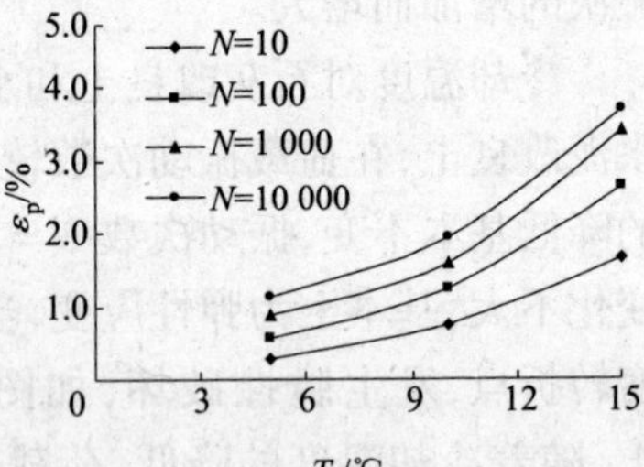

(b) 9%石灰土，σ_d=250 kPa

图 5.24　试验土样的 ε_p—T_c 关系曲线($N_{ft}=1,\sigma_3=20$ kPa)

由图 5.25 可以看出，试验围压对石灰改良土和水泥改良土累积应变的影响规律不同。对于石灰改良土，随着围压的增加，荷载振动次数对土体累积应变的影响非常明显，如其他条件相同，围压为 20 kPa，振动次数 $N=10$、10 000 时的累积应变相差 3.5%，围压为 80 kPa，振动次数 $N=10$、10 000 时的累积应变仅相差 0.6%，如图 5.25(a)所示。对于水泥改良土，在荷载振动次数 $N<1\ 000$ 时，土体的累积应变随围压的增加基本不变，振动次数 $N>1\ 000$ 时，累积应变与围压呈指数关系，即累积应变在较高围压情况下，随围压变化不大，基本上为弹性应变，当围压较低时，则出现应变转折点，累积应变迅速增大，发生脆性破坏，如图 5.25(b)所示。

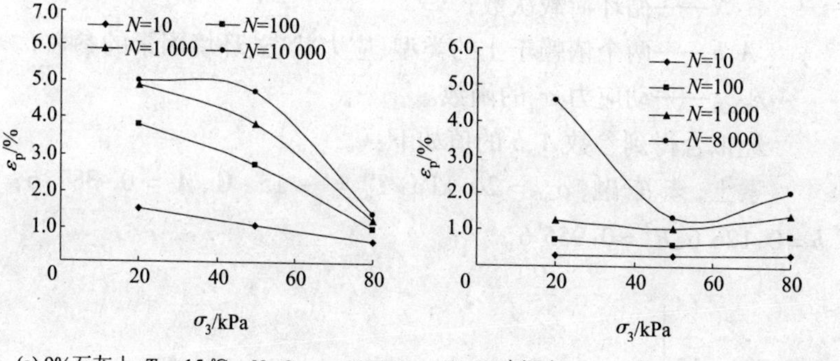

(a) 9%石灰土, $T_c=-15$ ℃, $N_{ft}=3$, $\sigma_d=220$ kPa　(b) 6%水泥土, $T_c=-5$ ℃, $N_{ft}=6$, $\sigma_d=700$ kPa

图 5.25　试验土样的 ε_p—σ_3 关系曲线

5.3.4　塑性变形预测模型

由图 5.12 ~ 图 5.15 可以看出，当动应力小于土体的临界动应力值时，土样的累积塑性应变 ε_p 与循环荷载次数 N 之间的关系可以按照 Monismith 提出如下的简单指数模型进行回归分析：

$$\varepsilon_p = AN^b \tag{5.5}$$

式中　ε_p——累积塑性应变；

N——循环荷载次数；

A, b——依赖于土的类型、应力状态、环境因素的参数。

为研究动应力大小对累积塑性应变的影响，此处采用常用的对累积塑性应变和循环荷载周数进行归一化的思路。由于素土和石灰改良土的累积应变特性是一致的，为简单介绍模型的建立过程，此处仅以素土为例，对图5.12中小于临界动应力的曲线簇，用1 000次循环后的累积塑性应变 $\varepsilon_{1\,000}$ 进行归一化得到新的曲线簇，如图5.26所示，其表达式如下：

$$\frac{\varepsilon_p}{\varepsilon_{1\,000}} = AN^b \tag{5.6}$$

式中 ε_p——累积塑性应变；

N——循环荷载次数；

A, b——两个依赖于土的类型、应力状态、环境因素的参数；

$\varepsilon_{1\,000}$——动应力 σ_d 的函数。

经拟合得到参数 A、b 的值如下：

素土，未冻融，$\sigma_3 = 20$ kPa，$T_c = -15$ ℃，$A = 0.387\ 6$，$b = 0.126\ 6$，$R^2 = 0.955\ 6$。

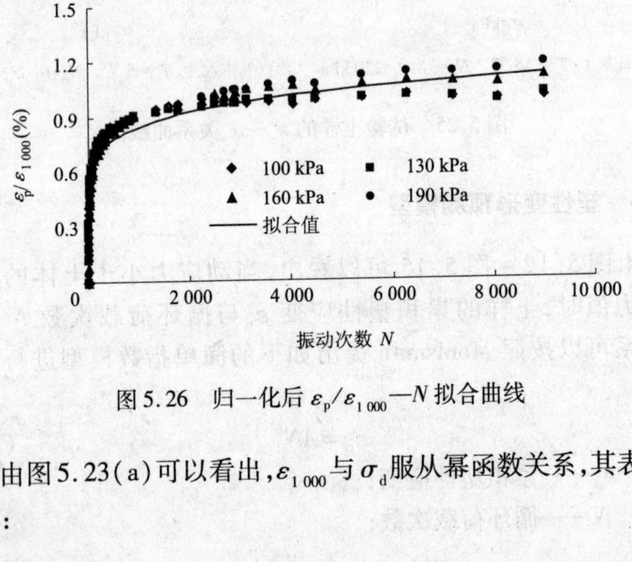

图5.26 归一化后 $\varepsilon_p/\varepsilon_{1\,000}$—$N$ 拟合曲线

由图5.23(a)可以看出，$\varepsilon_{1\,000}$ 与 σ_d 服从幂函数关系，其表达式如下：

$$\varepsilon_{1\,000} = \alpha\sigma_{\mathrm{d}}^{\beta} \tag{5.7}$$

式中　σ_{d}——试验动应力；

α、β——试验参数。

拟合值如下：

素土，未冻融，$\sigma_3 = 20$ kPa，$T_c = -15$ ℃，$\alpha = 2.996\,3 \times 10^{-6}$，$\beta = 2.628\,74$，$R^2 = 0.996\,9$。

由式(5.6)和式(5.7)得：

$$\frac{\varepsilon_{\mathrm{p}}}{\alpha\sigma_{\mathrm{d}}^{\beta}} = AN^{b} \tag{5.8}$$

即

$$\varepsilon_{\mathrm{p}} = \alpha\sigma_{\mathrm{d}}^{\beta} \cdot AN^{b} \tag{5.9}$$

由图5.17可知，在相同动应力水平下，冻融次数对累积塑性应变曲线的影响非常明显，结合图5.23(a)，发现一定振次的累积应变 ε_{N} 与冻融次数 N_{ft} 之间存在良好的双曲线关系，具体表达式如下：

$$\varepsilon_{\mathrm{N}} = \frac{N_{\mathrm{ft}}}{\chi + \gamma N_{\mathrm{ft}}} \tag{5.10}$$

式中　χ、γ——试验参数，可以从图5.23(a)的 ε_{N}—N_{ft} 曲线中得到。

拟合值如下：

素土，$N = 1\,000$，$\chi = 0.155\,42$，$\gamma = 0.163\,59$，$R^2 = 0.954\,3$。

将 ε_{N} 作为一个因子代入式(5.9)中，则有

$$\varepsilon_{\mathrm{p}} = \frac{N_{\mathrm{ft}} \cdot \alpha\sigma_{\mathrm{d}}^{\beta} \cdot AN^{b}}{\chi + \gamma N_{\mathrm{ft}}} \tag{5.11}$$

式中　σ_{d}——试验动应力；

N_{ft}——冻融循环次数；

α，β——试验参数，可以从 $\varepsilon_{1\,000}$—σ_{d} 试验曲线中得到；

χ，γ——试验参数，可以从 ε_{N}—N_{ft} 曲线中得到；

A，b——可以从 ε_{p}—N 曲线中得到。

图5.27(a)为采用公式(5.11)对试验数据进行描述，效果良

好。同时,为验证模型,对冻融次数 $N_{ft}=1$ 的土样的累积塑性应变进行预测如图 5.27(b)所示,效果良好,说明试验中得出的参数和总结的模型能够很好的预测土样在不同动应力和不同冻融次数下的累积塑性应变,对预测季节性冻土区路基填土在列车循环荷载作用下的累积塑性应变具有一定的指导意义。就室内试验而言,可以通过少量的加载循环来预测上万次循环后的累积塑性应变,减小了室内试验的工作量。

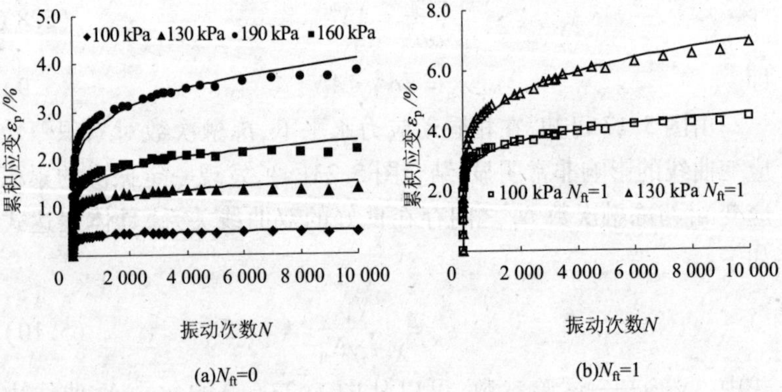

图 5.27　累积应变 ε_p 的预估曲线

针对水泥改良土的累积应变曲线,通过分析图 5.14 和图 5.15的曲线,可以发现不同动应力幅值下,累积塑性应变曲线的转折点大致落在一条直线上,如图 5.28 中的虚直线所示。若将转折点对应的累积应变定义为屈服应变 ε_y,所对应的振动次数定义为屈服振次 N_y,则 ε_y—N_y 的关系可用公式(5.12)拟合[186]。

$$\varepsilon_y = A \cdot \ln N_y + B \tag{5.12}$$

式中　ε_y——屈服应变;

N_y——屈服振次;

A,B——与动应力 σ_d 相关的试验参数。

拟合结果见表 5.2。

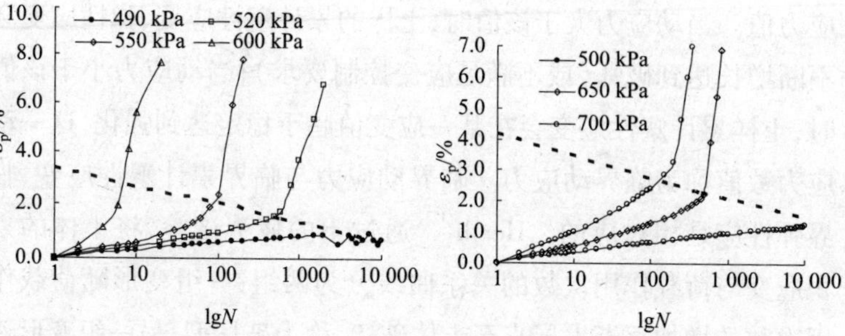

(a)3%水泥土，N_{ft}=1　　(b)6%水泥土, N_{ft}=10, σ_3=20 kPa, T_c=−5 ℃

图 5.28　水泥土累积塑性应变与振次的关系曲线

表 5.2　ε_y-N_y 拟合参数

掺入比/%	冷却温度/℃	围压/kPa	冻融次数	A	B
3	−15	20	0	−0.113 49	1.375 99
			1	−0.286 40	2.310 89
			10	−0.319 04	2.106 82
6	−10	20	0	−0.021 71	0.804 95
			1	−0.112 34	1.473 40
			6	−0.153 57	2.313 69
	−10	50	1	−0.153 31	2.265 93
			6	−0.144 88	2.125 03
	−5	20	1	−0.115 42	1.528 31
			6	−0.044 11	2.273 72
			10	−0.295 21	3.169 08
9	−15	20	0	−0.073 49	1.175 99

5.4　临界动应力

5.4.1　临界动应力的确定

由土样的变形特性分析可知，素土及改良土均存在着某一动应力值。当动应力大于该值时，土样的累计塑性应变、弹性应变会不断增长达到破坏(或不满足应变控制要求)；当动应力小于该值时，土样累计塑性应变会在某一应变值趋于稳定达到强化，这一动应力数值称为临界动应力。临界动应力与临界累计塑性应变、临界弹性应是相对应的。Heath[177]通过土的疲劳试验，将土体的累积应变与荷载作用次数的关系曲线分为两组：一组变形随荷载作用次数的增加逐渐发展直至土体破坏，称为破坏型；另一组变形速率逐渐变缓最后试样达到稳定状态，称为衰减型，并定义某一指定的临界应变对应的动应力为临界动应力。蔡英等[179]认为，重复加载次数与永久变形的试验曲线可以分为三类：衰减型曲线、临界状态曲线和破坏曲线。临界动应力在某一范围内波动，但是从工程实际出发，应选取其最低限值。

图5.29为素土及改良土的动应力σ_d与破坏振次N_f的关系曲线。其中，对于以塑性破坏为特征的素土和石灰土，以5%的累积塑性应变作为破坏标准，对应的振次为破坏振次；对于以脆性破坏为特征的水泥土试样，按照在线性坐标系中表示的振动累积应变随振次变化曲线的拐点作为破坏点，对应的振次为破坏振次，为统一标准，将转折段上曲率半径最小的点作为破坏点，如图5.5所示。由σ_d—N_f关系曲线可知，素土及改良土的破坏振次随动应力减小而迅速增大，即曲线斜率随振次增加而变缓，当曲线斜率为零时，其对应的动应力即为临界动应力。因难以做到无限接近，本次试验将与破坏曲线最接近的强化曲线对应的动应力作为临界动应力值，记为σ_{dcr}。同时，由图可以看出，冻融后素土的临界动应力均低于120 kPa，难以满足高速铁路路基填料的要求。石灰改良土和水泥改良土的临界动应力在200～300 kPa、600～900 kPa范围内，较素土的增长3～9倍，可见，素土经改良后其承载能力和抗冻融性能明显提高，改良效果明显。

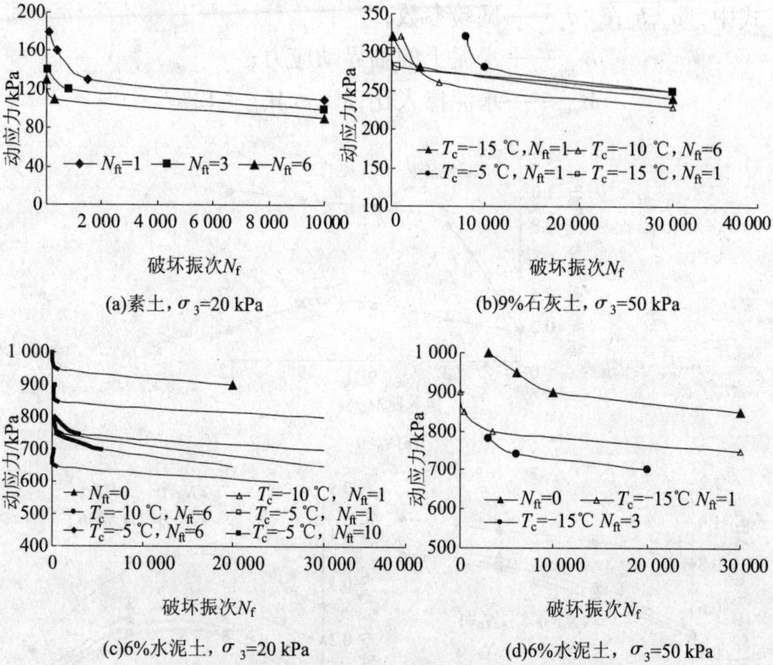

图 5.29　试验土样的 σ_d—N_f 关系曲线

5.4.2　临界动应力影响因素

通过上述 σ_d—N_f 关系曲线得到某一围压、压实系数、冷却温度以及冻融次数下土体的临界动应力 σ_{dcr}，图 5.30 给出了两种改良土的临界动应力 σ_{dcr} 与掺入比的关系曲线。由图中曲线可以看出，改良后土样的临界动应力明显高于素土，水泥改良土的临界动应力是素土的四倍以上，石灰土较素土提高一倍，从强度而言，水泥的改良效果要优于石灰。同时，由图 5.30(b)发现水泥改良土的临界动应力并非随掺入比的增加而线性增长，而是超过一定的掺入比后临界动应力的增长趋势变缓，因此，其与掺入比的关系可以用水泥土静强度与掺入比的关系式来拟合，但是，式中参数的含义不同，如式(5.13)所示。

$$\sigma_{dcr} = a_s \cdot M_{cbr}^3 + b_s \cdot M_{cbr}^2 + c_s \cdot M_{cbr} + d_s \tag{5.13}$$

式中　a_s, b_s, c_s, d_s——试验参数；

σ_{dcr}——水泥土的临界动应力；

M_{cbr}——水泥掺入比，$3\% \leqslant M_{cbr} \leqslant 12\%$。

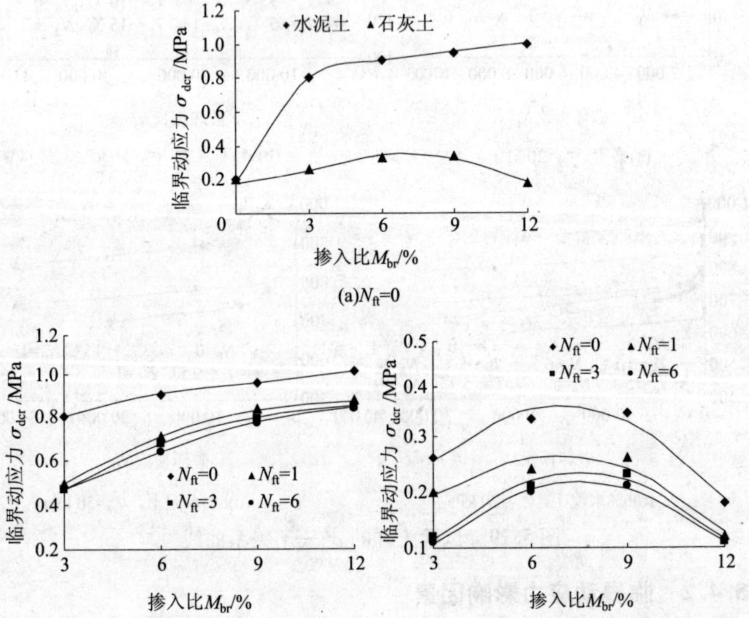

(a)$N_{ft}=0$

(b)水泥土，$\sigma_3=20$ kPa，$T_c=-15$ ℃　　(c)石灰土，$\sigma_3=20$ kPa，$T_c=-15$ ℃

图 5.30　试样临界动应力与掺入比的关系

同样，石灰土的临界动应力并非随掺入比的增加而增大，而是随掺入比的增加，其临界动应力值存在最大值，表现为二次多项式的关系，如式(5.14)所示。

$$\sigma_{dcr} = A_s \cdot M_{lbr}^2 + B_s \cdot M_{lbr} + C_s \tag{5.14}$$

式中　A_s, B_s, C_s——试验参数；

σ_{dcr}——石灰土的临界动应力；

M_{lbr}——石灰掺入比，$3\% \leqslant M_{lbr} \leqslant 12\%$。

表 5.3 列出了根据试验数据回归得到的参数，可以看出，曲线拟合效果良好。

表 5.3　试验回归参数

冻融次数	水泥改良土 $a_s\times10^{-4}$	$b_s\times10^{-3}$	c_s	d_s	R^2	石灰改良土 $A_s\times10^{-3}$	$B_s\times10^{-2}$	$C_s\times10^{-2}$	R^2
0	3.1	8.33	0.088 88	0.60	0.998 9	−6.39	8.817	4.75	0.962 2
1	0.6	−6.11	0.121 11	0.19	0.998 9	−5.00	6.767	3.50	0.914 8
3	2.5	−10.00	0.144 44	0.12	0.999 8	−5.83	8.717	−9.25	0.978 3
6	−1.8	1.09	0.058 47	0.29	0.998 7	−5.28	7.950	−8.250	0.995 0
10	−1.9	1.11	0.058 33	0.28	0.999 7	−5.28	7.75	−6.75	0.986 5

图 5.31 和图 5.32 为改良土的临界动应力随冻融次数的下降趋势,可以看出,改良土的临界动应力值随冻融次数增加呈指数形式衰减,与静强度的变化规律一致,如式(5.15)所示。

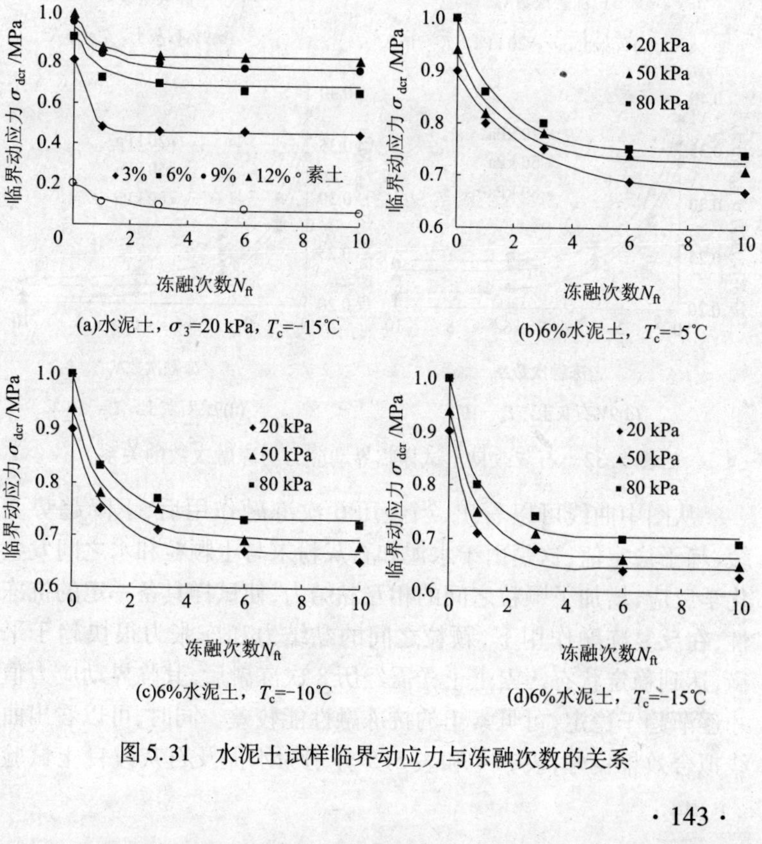

(a)水泥土，σ_3=20 kPa，T_c=−15℃　(b)6%水泥土，T_c=−5℃

(c)6%水泥土，T_c=−10℃　(d)6%水泥土，T_c=−15℃

图 5.31　水泥土试样临界动应力与冻融次数的关系

$$\sigma_{dcr} = A_d \cdot \exp(-N_{ft}/T_d) + \sigma_d \tag{5.15}$$

式中　A_d, T_d, σ_d——试验参数；

$A_d + \sigma_d$——未冻融土样的静强度；

T_d——表征冻结和融化对土样强度的衰减作用。

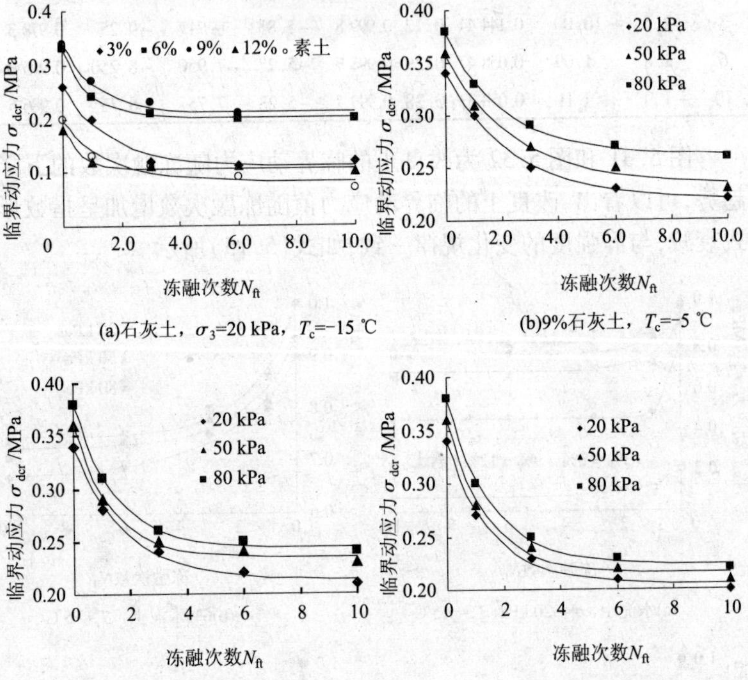

图 5.32　石灰改良土试样临界动应力与冻融次数的关系

从图中曲线可以看出，当经历 6 次冻融作用后，下降趋势变缓，趋于稳定值，这是由于水泥和石灰粉末与土颗粒和水之间发生化学反应，增加了颗粒之间的相互黏结力，使试样具备一定的抗冻性，在反复冻融作用下，颗粒之间的黏结力和冻胀力很快趋于平衡，达到稳定状态。素土土样需经历 8 次冻融后，其临界动应力值才逐渐趋于稳定，可见素土的抗冻融性能较差。同时，可以看出曲线拟合效果良好，表 5.4 和表 5.5 分别为水泥及石灰改良土试验拟合参数。

表 5.4 水泥改良土试验回归参数

掺入比 M_{br}/%	冷却温度 T_c/℃	围压 σ_3/kPa	σ_d	A_d	T_d	R^2
3	−15	20	0.466 52	0.333 47	0.435 57	0.999 20
6	−5	20	0.670 56	0.221 62	2.452 41	0.982 40
		50	0.725 34	0.207 16	1.688 84	0.963 60
		80	0.747 33	0.247 75	1.500 29	0.985 30
	−10	20	0.667 23	0.228 92	1.157 34	0.970 64
		50	0.694 83	0.239 56	1.206 96	0.956 40
		80	0.730 94	0.266 27	1.123 23	0.987 40
	−15	20	0.646 41	0.252 40	0.780 02	0.976 20
		50	0.666 25	0.271 04	0.957 56	0.973 50
		80	0.702 97	0.294 91	0.976 68	0.987 50
9	−15	20	0.769 00	0.179 80	0.996 46	0.989 40
12	−15	20	0.171 10	0.7244 4	0.828 62	0.993 00

表 5.5 石灰改良土试验回归参数

掺入比 M$_{br}$/%	冷却温度 T_c/℃	围压 σ_3/kPa	σ_d	A_d	T_d	R^2
3	−15	20	0.110 77	0.152 78	1.517 80	0.979 5
9	−5	20	0.218 89	0.121 72	2.320 91	0.998 7
		50	0.233 18	0.124 20	2.406 91	0.990 3
		80	0.261 70	0.117 02	2.016 32	0.997 4
	−10	20	0.213 24	0.125 06	1.770 98	0.995 0
		50	0.235 05	0.124 24	1.288 59	0.995 3
		80	0.243 78	0.135 94	1.410 59	0.997 5
	−15	20	0.204 58	0.133 54	1.569 87	0.992 9
		50	0.215 78	0.142 37	1.405 01	0.991 3
		80	0.224 34	0.154 24	1.513 74	0.996 2
6	−15	20	0.201 70	0.128 04	0.851 45	0.997 7
12	−15	20	0.106 40	0.073 56	0.601 19	0.984 6

从力学因素和经济因素考虑，水泥和石灰改良土均存在一个最优掺入比，通过上述分析可知，确定水泥和石灰的最优掺入比分别为 6%、9%。为研究冷却温度、围压等因素对改良土动力特性的影响规律，进行围压 σ_3 分别为 20 kPa、50 kPa、80 kPa，冷却温度 T_c 分别为 -5 ℃、-10 ℃、-15 ℃下最优掺入比下改良土的动三轴试验。图 5.33 和图 5.34 分别为冻融后 6% 水泥改良土、9% 石灰改良土的临界动应力与冷却温度 T_c、围压 σ_3 的关系曲线。由图 5.33 和图 5.34 可以看出，在相同冻融次数和围压下，改良土的临界动应力随冷却温度的升高而逐渐增大，呈线性关系，增长速率很小，可见冷却温度对改良土的强度特性影响不明显。在同一冻融次数和相同冷却温度下，改良土的临界动应力随围压的增加而增大，同样也是呈线性增长，但是斜率很小。由此可见，在周围压力较低时，围压的变化对土体动态特性的影响可以忽略[185]。

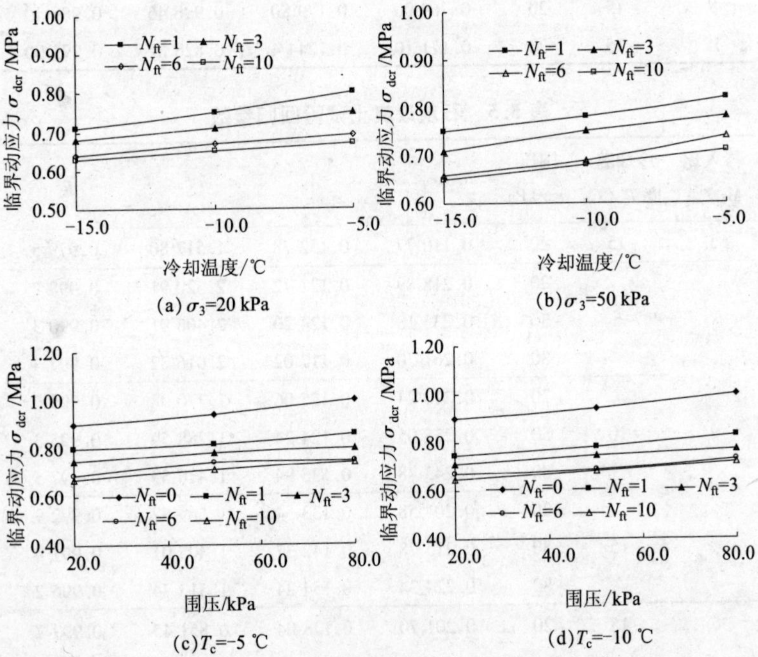

(a) σ_3=20 kPa　　(b) σ_3=50 kPa

(c) T_c=-5 ℃　　(d) T_c=-10 ℃

图 5.33　6% 水泥改良土的临界动应力与冷却温度、围压的关系

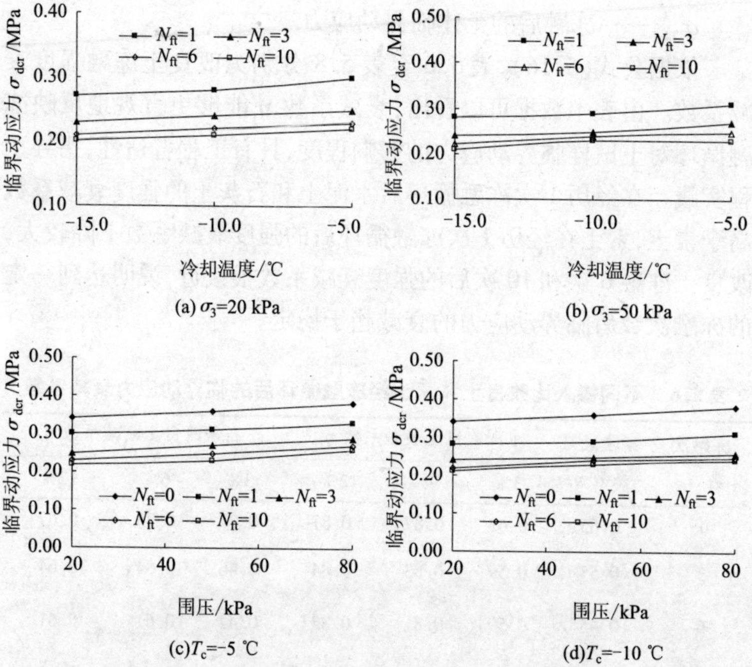

图 5.34　9% 石灰改良土的临界动应力与冷却温度、围压的关系

5.4.3　改良土掺入比设计

(1)设计方法

为更好的研究冻融作用对改良土的影响规律,服务于高速铁路路基填料改良设计,在此引入冻融强度衰减系数。冻融强度衰减系数反映了冻融循环作用对土及改良土临界动应力的影响程度,其定义为土及改良土冻融前后临界动应力之比,用 η_f 表示,见式(5.16)。

$$\eta_f = 1 - \frac{\sigma_{dcrb} - \sigma_{dcra}}{\sigma_{dcrb}} \tag{5.16}$$

式中　η_f——冻融临界动应力衰减系数;

σ_{dcrb}——冻融前的土体临界动应力;

σ_{dcra}——冻融后的土体临界动应力。

依据公式(5.16),表5.6至表5.8分别为改良土冻融强度衰减系数。由表中数据可以看出,衰减系数η_f能够更直观地反映冻融循环对土试样临界动应力的影响程度,具有工程普适性,指导工程实践。在经历1次冻融循环后水泥土和石灰土的强度衰减系数高于素土,素土在经历1次冻融循环后的强度衰减系数下降较大,改良土冻融6次和10次后的强度衰减系数很接近,说明达到一定的冻融次数后临界动应力的衰减趋于稳定。

表5.6 不同掺入比改良土和素土经冻融循环后的临界动应力衰减系数

冻融次数 N_{ft}	素土衰减系数 η_f	水泥改良土衰减系数 η_f			石灰改良土衰减系数 η_f		
		3%	9%	12%	3%	6%	12%
1	0.65	0.63	0.87	0.87	0.77	0.73	0.67
3	0.55	0.59	0.83	0.84	0.46	0.64	0.64
6	0.45	0.59	0.81	0.83	0.42	0.61	0.61
10	0.35	0.58	0.80	0.82	0.44	0.61	0.61

表5.7 冻融后6%水泥改良土的临界动应力衰减系数

围压 σ_3/kPa	冷却温度 T_c/℃	临界动应力衰减系数 η_f			
		1	3	6	10
20	−5	0.89	0.83	0.77	0.74
	−10	0.83	0.79	0.74	0.72
	−15	0.79	0.76	0.71	0.70
50	−5	0.87	0.83	0.79	0.76
	−10	0.83	0.80	0.73	0.72
	−15	0.80	0.76	0.70	0.69
80	−5	0.86	0.80	0.75	0.74
	−10	0.83	0.77	0.73	0.72
	−15	0.80	0.74	0.70	0.69

表 5.8　冻融后 9% 石灰改良土的临界动应力衰减系数

围压 σ_3/kPa	冷却温度 T_c/℃	临界动应力衰减系数 η_f			
		1	3	6	10
20	−5	0.88	0.74	0.68	0.65
	−10	0.82	0.71	0.65	0.62
	−15	0.79	0.68	0.62	0.59
50	−5	0.86	0.75	0.69	0.64
	−10	0.81	0.69	0.67	0.64
	−15	0.78	0.67	0.61	0.58
80	−5	0.87	0.76	0.71	0.68
	−10	0.82	0.68	0.66	0.63
	−15	0.79	0.66	0.61	0.58

因改良土的弹性变形及塑性变形均较小，满足铁路路堤变形的要求，此处仅对改良土进行强度、冻融稳定性的设计。

根据《京沪高速铁路设计暂行规定》中关于改良土强度要求的经验公式，路基改良填料的动强度必须满足式(5.17)要求。

$$[\sigma_d] \geqslant \beta \times \sigma_{zl} \tag{5.17}$$

式中　$[\sigma_d]$——最不利条件下改良土的容许动应力；

β——列车动应力波动系数；

σ_{zl}——基床表面下任意深度 z 处的列车动应力。

又

$$[\sigma_d] = \eta_g \cdot R_{cr} \cdot \Delta\sigma_{uu}/K \tag{5.18}$$

在季节性冻土地区，路基土受到强烈的冻结和融化作用，土体承载力降低，出现翻浆冒泥、沉降等病害，严重影响行车安全。因此，季节性冻土区的路基强度设计需考虑冻融损伤的作用，此处将冻融循环强度衰减系数式(5.16) η_f 引入到式(5.18)中，因为衰减系数 η_f 为土样冻融循环前后临界动应力的比值，同时，$[\sigma_d]$为设计容许的动强度，考虑到冻融的影响,动强度应为冻融后的容许强度,因此将衰减系数 η_f 得放在公式(5.18)的分子上,得到公式(5.19)。

$$[\sigma_d]=\eta_f\cdot\eta_g\cdot R_{cr}\cdot\Delta\sigma_{uu}/K \tag{5.19}$$

式中 $\Delta\sigma_{uu}$——土体的固结不排水剪切强度;

K——安全系数;

η_g——压实系数;

R_{cr}——动静比(指在相同条件下,临界动应力与静强度的比值,此处的取值因改良土类型而有所变化,水泥改良土的动静比取值范围为0.5~0.7,石灰改良土的动静比取值范围为0.7~0.8)。

由式(5.17)和式(5.19)可得

$$\Delta\sigma_{uu}\geqslant\frac{\beta\sigma_{zl}K}{\eta_g\eta_f R_{cr}} \tag{5.20}$$

当某掺入比改良土的静强度满足式(5.20)时,则该掺入比满足动强度要求。

(2)设计参数

①冻融强度衰减系数 η_f

冻融强度衰减系数 η_f 的定义见公式(5.16),由试样的高度、含水率、静强度和临界动应力随冻融循环次数的变化关系可知,土体经历6次冻融后力学性质趋于恒定,在季节性冻土区进行工程设计时可参考冻融循环6次时的力学指标。由此可知,此处的衰减系数 η_f 取值为冻融循环6次的衰减系数值,水泥改良土的建议取值范围为0.60~0.80,根据不同的掺入比由小到大取值。石灰土的衰减系数建议取值范围为0.55~0.65,同样是根据不同掺入比由小到大取值,见表5.6~表5.8。

②列车动应力 σ_{zl}

根据铁道部科学研究院《高速铁路路基设计技术条件研究》成果,铁路路基基床任意深度的列车动应力按照表5.9查取。

表 5.9　路基不同深度处的列车动应力值

路基面以下深度 z/m	动应力衰减系数 η	列车荷载动应力 σ_{zl}/kPa
0	1.00	96.0
0.3	0.75	72.0
0.4	0.67	64.0
0.5	0.61	59.0
0.7	0.50	48.0
1.0	0.39	37.0
2.5	0.22	21.0

③动静比 R_{cr}

基床改良土必须满足列车动应力要求，但在实际工程中，很难逐一进行动力学实验得出土的临界动应力，以确定能否达到要求。因而为简化试验，可以以静强度为基点，乘以动静比 R_{cr} 得到临界动应力。

改良土临界动应力与同一物理状态下试样的静极限强度关系绘于图 5.35 中。从图 5.35 中可以看出，临界动应力小于无振动情况下土体的静强度，水泥改良土的临界动应力约为静强度 50% ~70%；石灰改良土的临界动应力约为静强度的 70% ~80%，该值与目前认为的路基土的动静比在 0.5 ~0.7 之间相符合[187]。水泥改良土强度减小 30% ~50%，而石灰改良土的强度减少20% ~30%，可见水泥改良土的动强度减少率是石灰土的 1 倍左右，这说明石灰改良土的动力特性略优于水泥土，主要体现在石灰土的动强度比静强度降低较少，这与文献[109]的结论是一致的。

另外，试验表明各种改良土刚性较大，破坏形式为脆性破坏，具有突发性，且不易发现和预防，一旦破坏很难采取补救措施，所以改良土设计中动静比的取值不宜过大。综上所述，本次试验动静比偏大，建议水泥土和石灰土的动静比取值分别为 0.55 和 0.65。

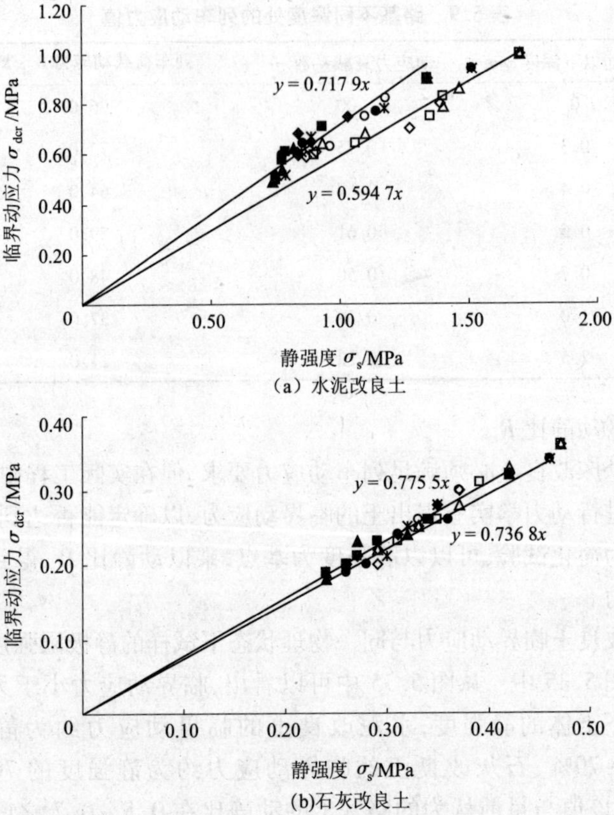

图 5.35 改良土的临界动应力与静强度的关系

④列车动应力波动系数 β

国内外实测结果表明，动应力的波动大小与上部建筑的状态有关，上部建筑状况愈好，动荷载波动愈小。朔黄重载铁路的线路状态优于一般铁路，但仍会有一定的波动，建议采用 $\beta=1.2$。

⑤安全系数 K

在强度计算中无论动强度还是静强度都是采用极限强度，尽管已考虑了气候因素，列车动应力的波动等因素，但仍有诸多不可见的不利因素，因此，应留有一定的安全度，此处建议安全系数采用 $K=1.5\sim2.0$。

5.5 回弹模量

5.5.1 回弹模量变化特性

土体的动应力应变关系具有明显的非线性特征，由土动力学的定义可知，滞回圈两端的斜率被定义为动回弹模量 E_d，$E_d = \sigma_d / \varepsilon_d$。通过数据处理得到各土样的回弹模量与加载次数的关系曲线，图 5.36 ~ 图 5.41 分别为不同动应力水平 σ_d、冻融次数 N_{ft}、冷却温度 T_c 和围压 σ_3 状态下，素土、石灰改良土、水泥改良土在循环荷载作用下的回弹模量与加载次数的关系曲线。

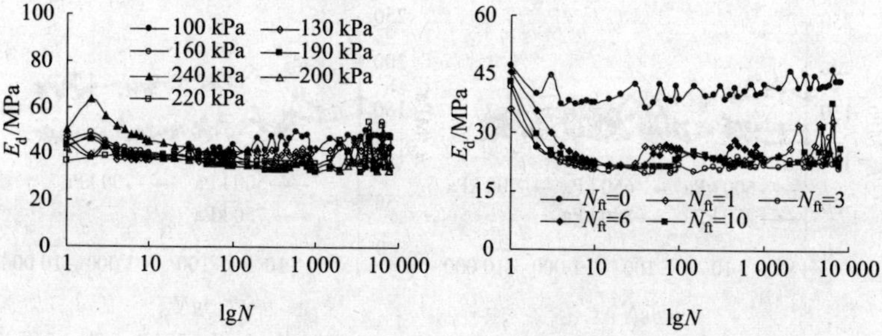

(a) N_{ft}=0，σ_3=20 kPa，T_c=−15 ℃　　(b) σ_d=130 kPa，σ_3=20 kPa，T_c=−15 ℃

图 5.36　素土回弹模量随加载次数的变化关系

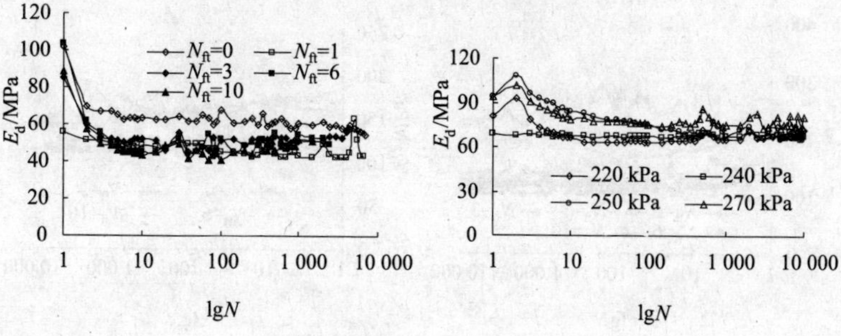

(a) σ_3 =20 kPa，T_c= −5 ℃，σ_d =250 kPa　　(b) N_{ft}=1，σ_3 =80 kPa，T_c= −10 ℃

图 5.37　不同冻融次数和动应力下 9% 石灰土回弹模量随加载次数的变化关系

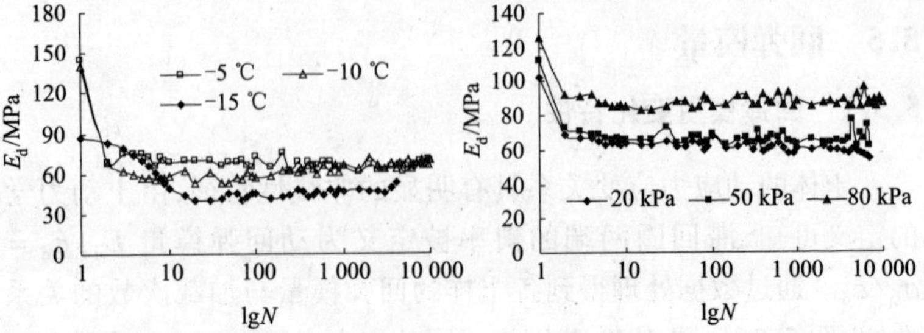

(a) σ_3=80 kPa，N_{ft}= 3，σ_d=240 kPa　　(b) N_{ft}= 0，σ_d =250 kPa

图 5.38　不同冷却温度以及围压下 9% 石灰土回弹模量随加载次数的变化关系

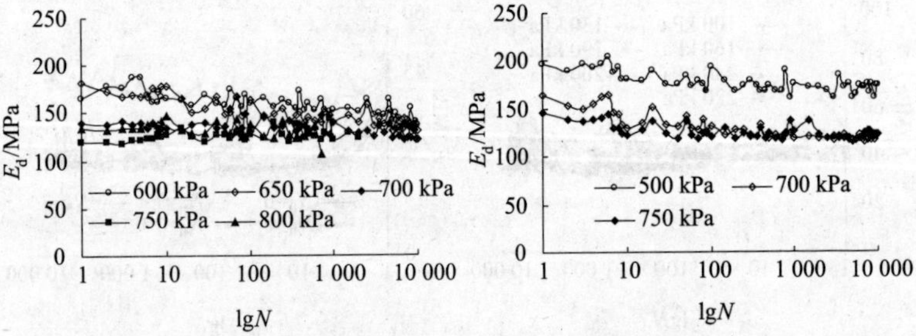

(a) N_{ft}=1，σ_3=50 kPa，T_c= −10 ℃　　(b) N_{ft}=6，σ_3 =50 kPa，T_c= −5 ℃

图 5.39　不同动应力下 6% 水泥土回弹模量随加载次数的变化关系

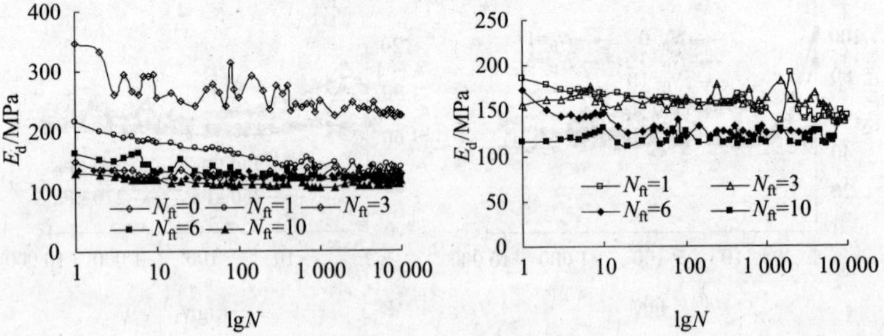

(a) σ_3=50 kPa，T_c=−5 ℃，σ_d=700 kPa　　(b) σ_3=80 kPa，T_c=−5 ℃，σ_d =750 kPa

图 5.40　不同冻融次数下 6% 水泥土回弹模量随加载次数的变化关系

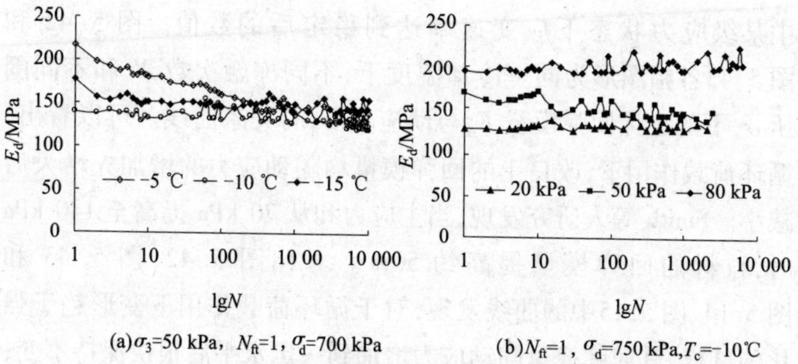

图 5.41　不同冷却温度和围压下 6% 水泥土回弹模量随加载次数的变化关系

从各图中曲线可以看出，在不同的物理状态与应力条件下，土体的回弹模量均随循环加载次数的增加而降低，尤其是在振动次数 $N<100$ 之内，回弹模量的降低非常明显，当循环荷载作用 100 次后，路基土的回弹模量在数值上基本趋于稳定。同时，当动应力小于临界动应力时，其回弹模量随振次先降低，并随弹塑性应变的稳定而稳定；当应力大于临界动应力时，回弹模量随振次先稳定，到达一定振次后开始降低，可见以累积塑性应变曲线转折点作为破坏应变时，土样已经破坏。

经历冻融循环作用后，土样的回弹模量明显降低，这是由于经历冻融循环后，骨架破坏，出现较大的孔隙，回弹模量在荷载作用下迅速降低，随着荷载振次的增加，孔隙逐渐被压密，回弹模量值趋于稳定，如图 5.36(b)、图 5.37(a)和图 5.40 所示。在相同振次下，随着围压的增加，回弹模量增大，其原因是较高围压起到延缓塑性应变的发展和压密土样的作用。在其他条件相同的情况下，回弹模量基本随冷却温度的降低而降低。可以看出，尽管回弹模量发生衰减，但是最终都衰减到一个稳定值。

由文献[107]可知，路基土的回弹模量一般取循环三轴试验中某级应力状态下应变速率达到稳定后的数值。图 5.42 和图 5.43各幅图形为同一冷却温度下，不同冻融次数 N_{ft} 和不同围压 σ_3 下的土体回弹模量 E_d 与动应力 σ_d 的关系曲线。可以看出，循环荷载作用下，改良土的回弹模量均随动应力的增加先增大后减小。Smith 等人研究发现，当主应力和从 70 kPa 提高至 140 kPa 时，粒料的回弹模量提高约 50%。对比图 5.42、图 5.43 和图 5.14、图 5.15中的曲线发现，对于循环荷载作用下变形趋于强化的试样，其回弹模量随动应力增加到一定水平后很快保持不变；而对于变形趋于破坏的试样，其回弹模量随动应力的增加不断减小。

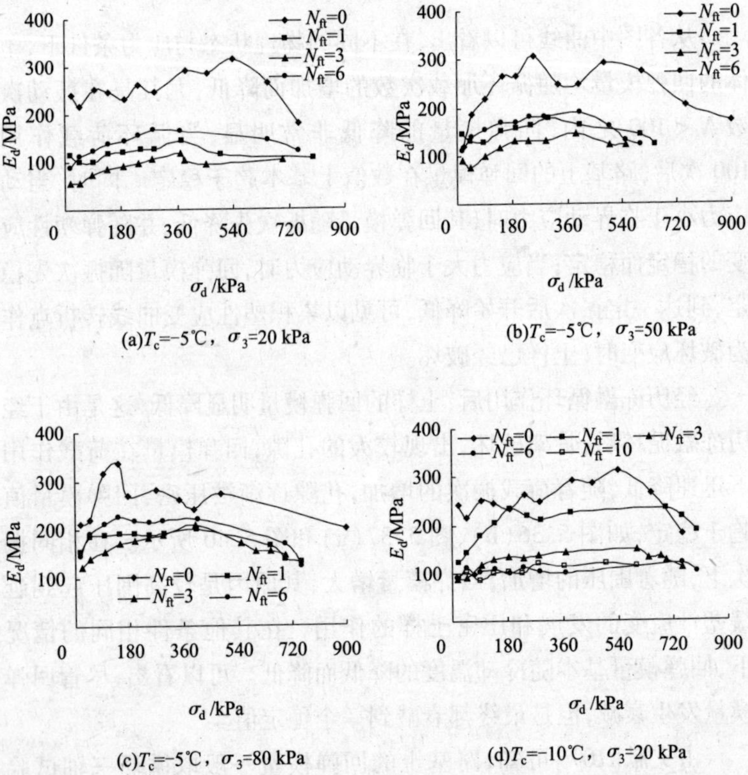

(a)T_c=−5℃，σ_3=20 kPa　(b)T_c=−5℃，σ_3=50 kPa

(c)T_c=−5℃，σ_3=80 kPa　(d)T_c=−10℃，σ_3=20 kPa

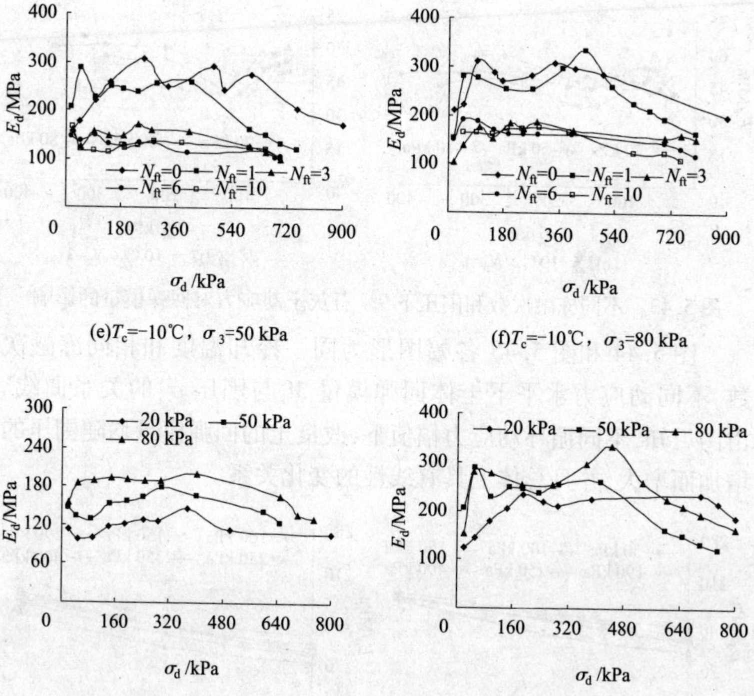

(e)T_c=−10℃，σ_3=50 kPa (f)T_c=−10℃，σ_3=80 kPa

(g)T_c=−5℃，N_{ft}=1 (h)T_c=−10℃，N_{ft}=1

图 5.42 不同冻融次数和围压下 6% 水泥土动应力对回弹模量的影响

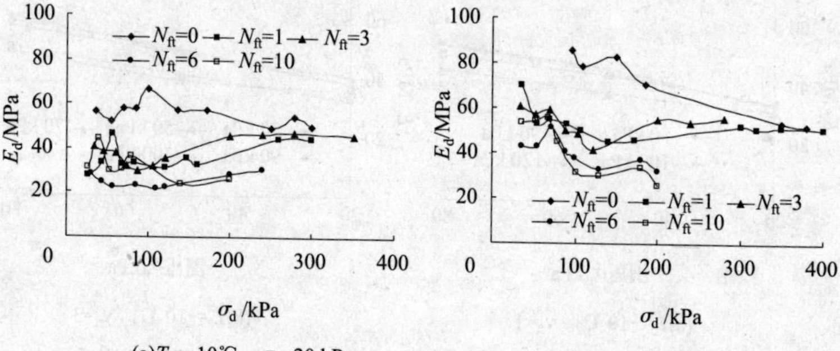

(a)T_c=−10℃，σ_3=20 kPa (b)T_c=−10℃，σ_3=80 kPa

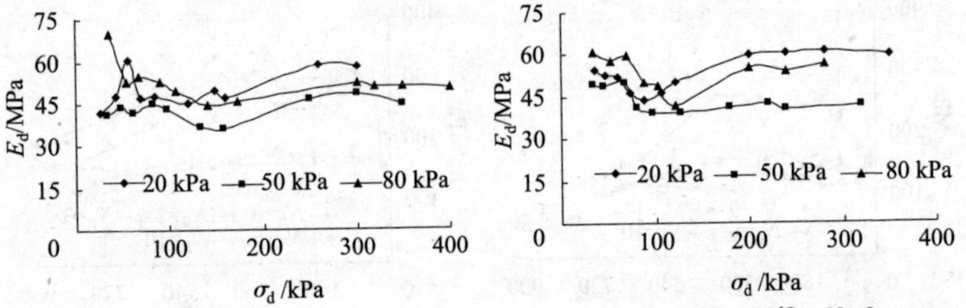

(c)T_c=−10℃，N_{ft}=1　　(d)T_c=−10℃，N_{ft}=3

图 5.43　不同冻融次数和围压下 9% 石灰土动应力对回弹模量的影响

图 5.44 和图 5.45 各幅图形为同一冷却温度和相同冻融次数,不同动应力水平下土体回弹模量 M_r 与围压 σ_3 的关系曲线。由图可知,不同循环动应力幅值下,改良土的回弹模量均随围压的增加而增大,并且总体上具有线性的变化关系。

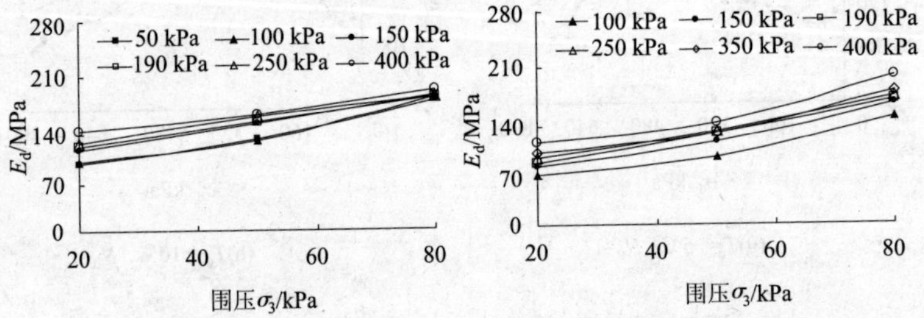

(a)T_c=−5℃，N_{ft}=1　　(b)T_c=−5℃，N_{ft}=3

图 5.44　不同动应力水平下 6% 水泥土围压对回弹模量的影响

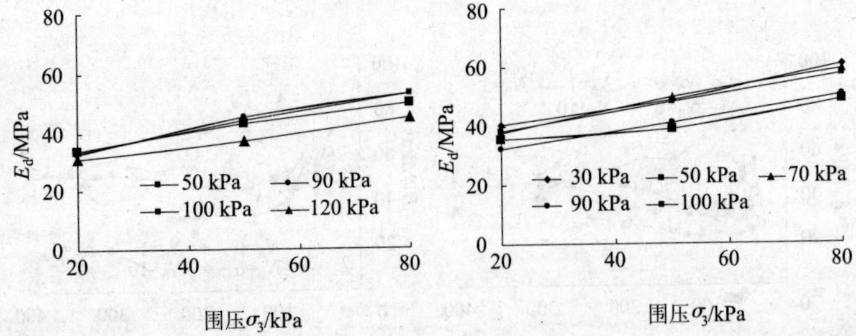

(a)T_c=−10 ℃，N_{ft}=1　　(b)T_c=−10 ℃，N_{ft}=3

图 5.45　不同动应力水平下 9% 石灰土围压对回弹模量的影响

5.5.2 回弹模量数学模型

图 5.46 和图 5.47 各幅图形为同一冷却温度和围压下,不同动应力水平下土体回弹模量 E_d 与冻融次数 N_{ft} 的关系曲线。从图中曲线可以看出,不同冷却温度、围压和循环动应力幅值下,改良土的回弹模量均随冻融循环次数的增加先降低而后增加至恒定值,且总体上呈指数形式衰减。若将未经历冻融土样的回弹模量记为 E_0,经历若干次冻融作用后的剩余模量记为 E_i,则动回弹模量的衰减模型可用式(5.21)拟合

$$y = \frac{E_i}{E_0} = \alpha \cdot e^{kN_{ft}} + \beta \tag{5.21}$$

式中 α, k, β——试验参数;

N_{ft}——冻融循环次数。

从图中拟合曲线可以看出,拟合效果良好,可以作为预测经历多次冻融后土体的动模量。

根据损伤力学的基本理论,材料在外界因素的作用下内部缺陷会不断产生不可逆的劣化,劣化积累到一定的程度则产生宏观裂纹,导致材料破坏。目前,有多种数学模型来描述这种损伤力学的概念,例如 Lemaitre 的有效应力概念为

$$\bar{\sigma} = \frac{\sigma}{1 - D} \tag{5.22}$$

式中 $\bar{\sigma}$——有效应力;

σ——名义应力;

D——损伤因子。

为便于实际测量,由有效应力的概念派生了等效应变法或称弹性模量法的损失因子的计算公式。

$$D = \frac{E_0 - E_i}{E_0} \tag{5.23}$$

式中 E_0——构件的原始弹性模量;

E_i——构件的损失弹性模量。

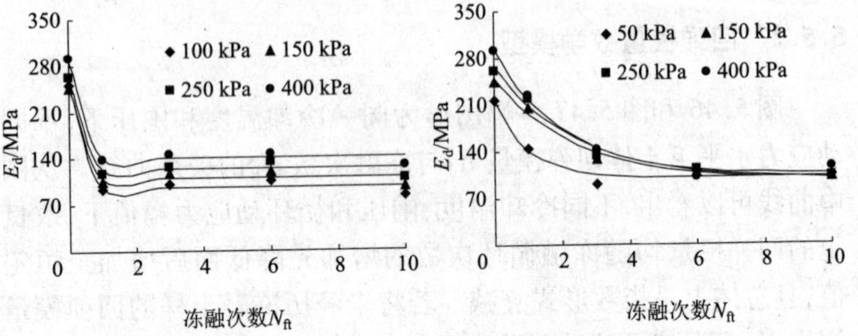

(a)T_c=−5 ℃，σ_3=20 kPa (b)T_c=−10 ℃，σ_3=20 kPa

图 5.46 不同动应力水平下 6% 水泥土冻融次数对回弹模量的影响

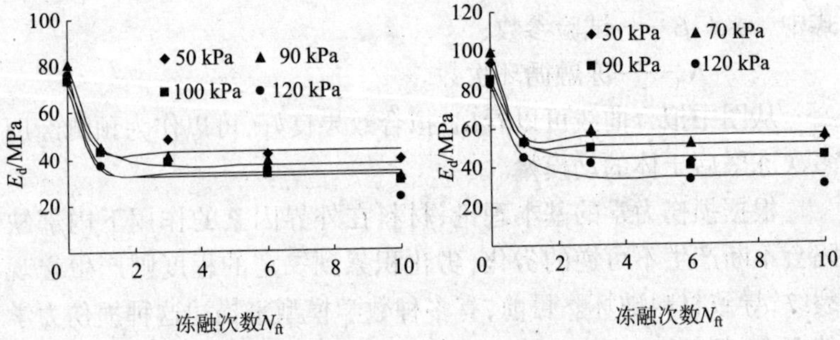

(a)T_c=−10 ℃，σ_3=50 kPa (b)T_c=−10 ℃，σ_3=80 kPa

图 5.47 不同动应力水平下 9% 石灰土冻融次数对回弹模量的影响

依据上述理论方法，将改良土冻融循环后的损失变量 D 定义为式(5.23)，即改良土冻融损失程度(损失变量 D)由其相对动回弹模量来表征。冻融循环后相对动回弹模量愈低，意味着损失程度愈大。

$$D = 1 - E_i \cdot E_0^{-1} \tag{5.24}$$

式中 D——改良土冻融损失变量；

E_0, E_i——改良土未冻融动回弹模量和冻融后的剩余回弹模量。

将式(5.21)代入式(5.24)得

$$D = 1 - (\alpha \cdot e^{kN_{ft}} + \beta) \tag{5.25}$$

将式(5.25)定义为每次冻融后改良土动回弹模量损失变量的数学模型,建立用改良土未冻融的动回弹模量和冻融循环次数来表示的每次冻融循环后改良土回弹模量的损失变量,可以有效地预测冻融循环对改良土路基的动态性能指标影响的好坏,评估冻融循环对改良土路基使用寿命的影响,从而判断其使用寿命。

表5.10为部分试验的损失变量 D 拟合结果,从中可以看出,回弹模量的试验值与模型拟合值非常接近,拟合效果良好。同时,石灰改良土的冻融损失变量相对较大,在经历3次冻融循环后改良土回弹模量的损失变量非常接近,表明改良土路基在经过多次冻融和循环荷载后其动回弹模量保持稳定,原因是在多次冻融循环后,荷载使孔隙比变得越来越小,结构变得密实。

表5.10　动回弹模量试验值与冻融损失变量

	冻融次数	1	3	6	10
水泥改良土	试验值/MPa	143.8	90.11	110.7	101.9
	模型拟合值/MPa	139.3	104.8	100.8	100.7
	冻融损失量	0.336	0.414	0.451	0.431
	冻融次数	1	3	6	10
石灰改良土	试验值/MPa	52.58	50.05	40.60	44.87
	模型拟合值/MPa	53.17	45.23	44.89	44.87
	冻融损失量	0.378	0.471	0.475	0.474

5.6　回弹应变

图5.48～图5.50分别为冻融次数、围压对改良土试样弹性应变的影响曲线。从图中可以看出,无论是水泥改良土还是石灰改良土试样,在相同动应力水平下,改良土试样的弹性应变均随冻融次数的增加先增大而后减小,且在经历6次冻融作用后,弹性应变的变化趋于恒定,如图5.48和图5.50(a)所示;弹性应变均随

围压的增大而减小，且具有良好的线性关系，如图 5.49 和图 5.50(c)所示。但当动应力水平较小时，冻融次数和围压对土样弹性应变几乎没有影响，由此可知，施加在土体上的动应力水平是影响其应变特性的重要因素。

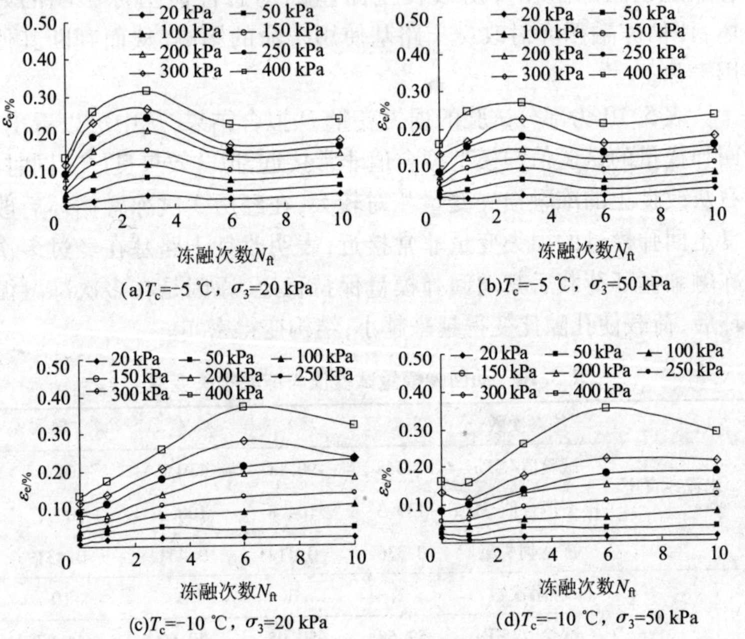

(a)T_c=−5 ℃，σ_3=20 kPa　(b)T_c=−5 ℃，σ_3=50 kPa

(c)T_c=−10 ℃，σ_3=20 kPa　(d)T_c=−10 ℃，σ_3=50 kPa

图 5.48　不同动应力水平下冻融次数对 6% 水泥土弹性应变的影响

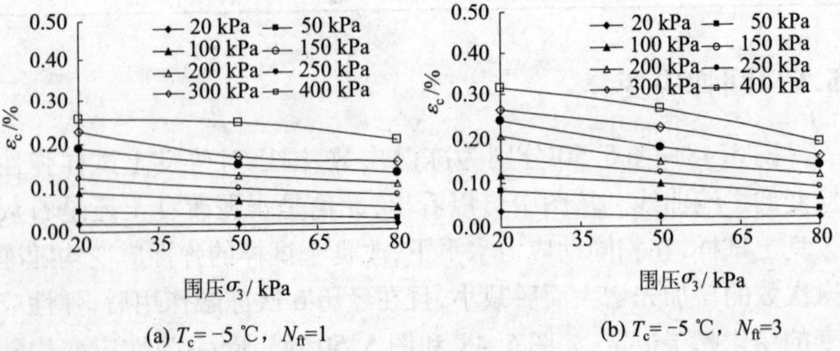

(a) T_c= −5 ℃，N_{ft}=1　(b) T_c= −5 ℃，N_{ft}=3

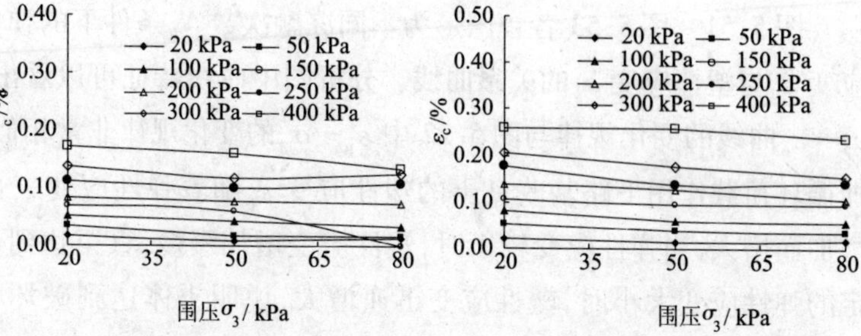

(c) T_c= -10 ℃，N_{ft}=1　　(d) T_c= -10 ℃，N_{ft}=3

图 5.49　不同动应力水平下试验围压对 6% 水泥土弹性应变的影响

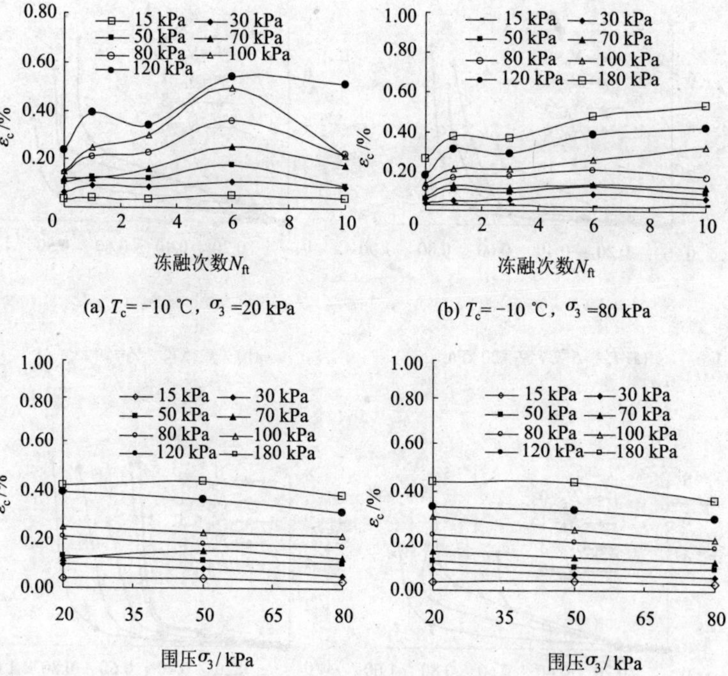

(a) T_c= -10 ℃，σ_3 =20 kPa　　(b) T_c= -10 ℃，σ_3 =80 kPa

(c) T_c= -10 ℃，N_{ft}=1　　(d) T_c= -10 ℃，N_{ft}=3

图 5.50　不同动应力水平下冻融次数和试验围压
对 9% 石灰土弹性应变的影响

图 5.51 ~ 图 5.53 各幅图形为不同冻融次数 N_{ft} 条件下的弹性应变 ε_e 与塑性应变 ε_p 的关系曲线。分析图中曲线特征可以看出，ε_p—ε_e 曲线的变化规律与图 5.22 中 ε_p—σ_d 的变化规律非常相似，即循环荷载作用下路基改良土的塑性应变 ε_p 随着弹性应变 ε_e 的增加而增大，当弹性应变较小时，塑性应变增加缓慢，直至达到一定的弹性应变大小时，塑性应变迅速增大，说明土体达到破坏状态。因此，与临界动应力相似，回弹应变也存在一个转折点，即临界弹性应变，当循环荷载作用下土体的弹性应变不超过临界状态点时，试样趋于强化，反之则破坏。

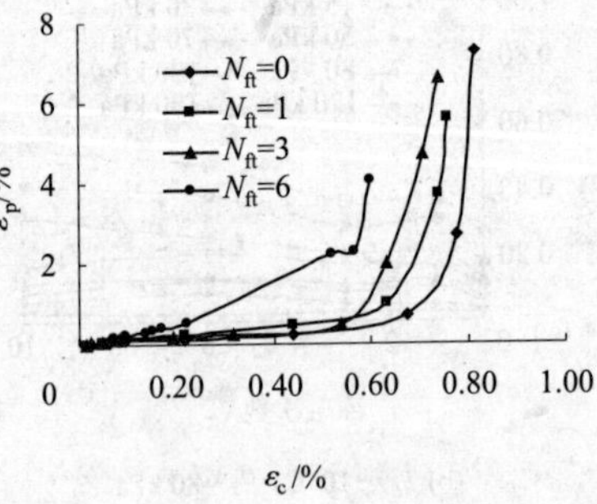

(a) T_c= -5 ℃，σ_3=20 kPa

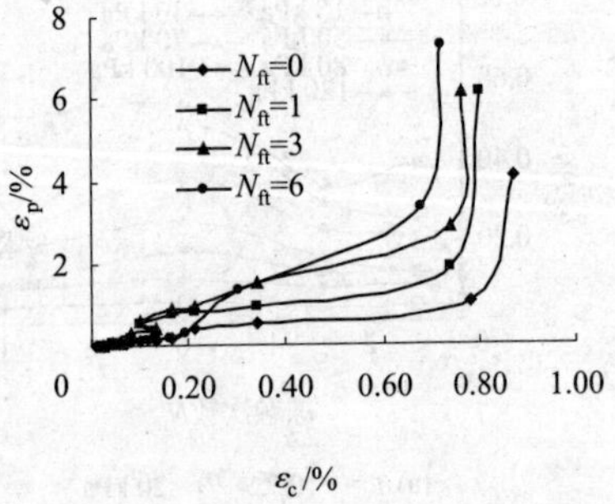

(b) T_c= -5 ℃，σ_3=50 kPa

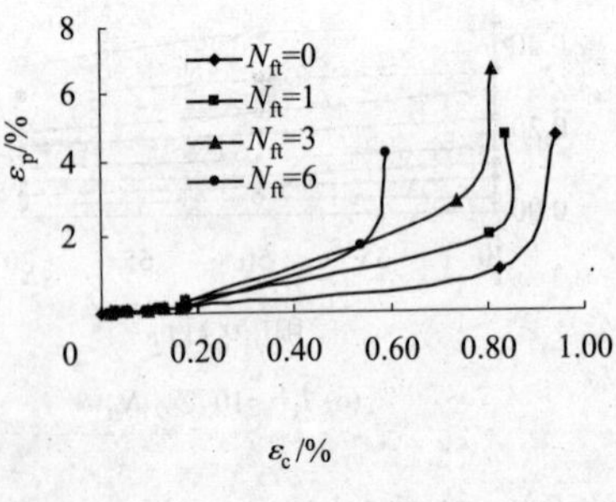

(c) T_c= -5 ℃，σ_3=80 kPa

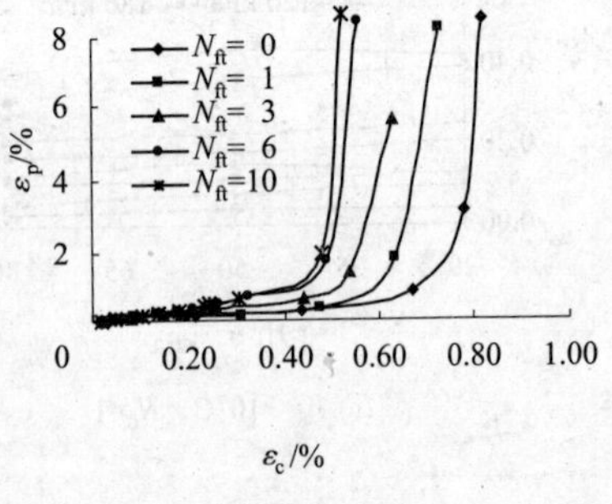

(d) T_c= -10 ℃，σ_3=20 kPa

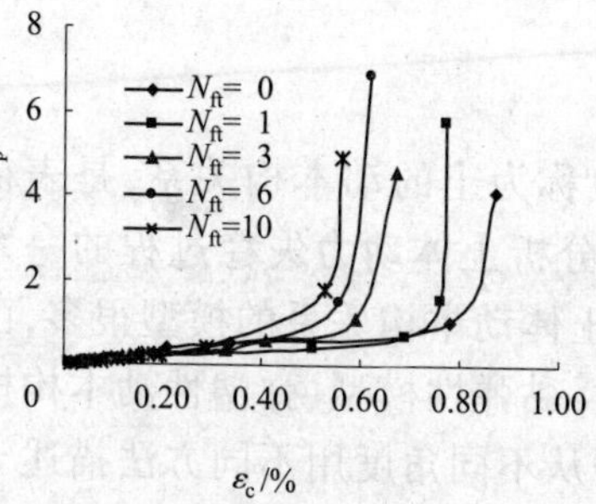

(e) $T_c=-10$ ℃，σ_3=50 kPa

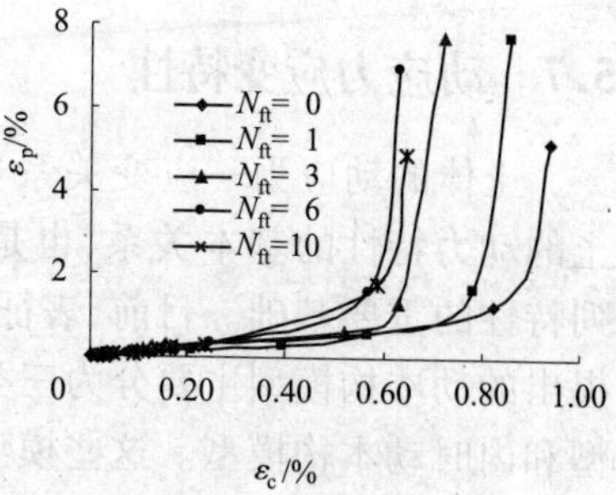

(f) $T_c=-10$ ℃，σ_3=80 kPa

图 5.51　不同冻融次数下 6% 水泥土弹性应变与塑性应变的关系

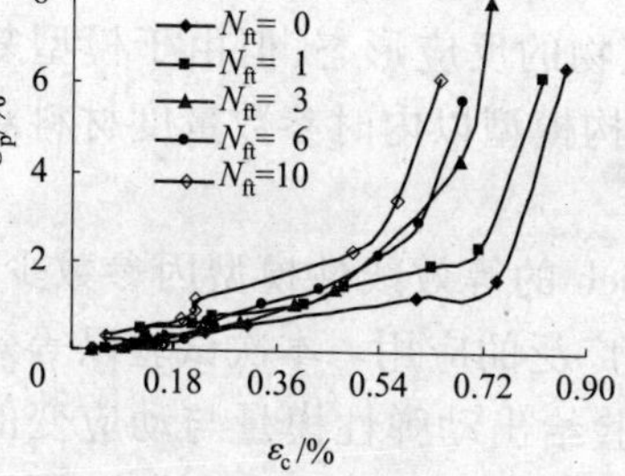

(a) $T_c=-10$ ℃，σ_3=20 kPa

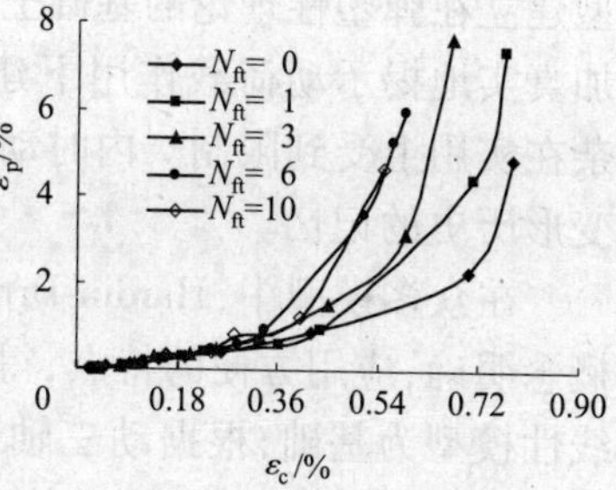

(b) $T_c=-10$ ℃，σ_3=50 kPa

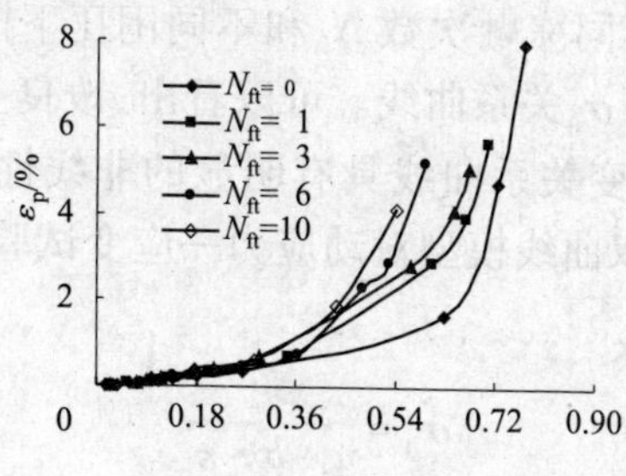

(c) $T_c=-10$ ℃，σ_3=80 kPa

图 5.52　不同冻融次数下 9% 石灰土弹性应变与塑性应变关系

5.7 动应力应变特性

土体的动应力—应变关系也称为土的动本构关系，是表征土的动力特性的基本关系，也是分析土体动力失稳过程的一系列特性的重要基础。目前，表征土体动本构关系的模型很多，已提出的动本构模型主要分为三类：黏弹性模型、弹塑性动本构模型和内时动本构模型。这些模型从不同角度用不同方法描述土的动应力—应变特性，提出定量表示应力—应变关系的方法。黏弹性动本构模型将土体视为由一个或多个弹簧和黏性体组合而成的黏弹性模式，主要包括双线模型、Hardin-Drnevich 模型、Masing 模型、Seed 模型及其相应的修正模型。弹塑性动本构模型建立在弹塑性理论的基础上，可考虑弹性和塑性应变，从而更加真实地揭示动荷载作用下建筑物的反应形态，但由于模型复杂在实用上受到限制。内时动本构模型以内时参数量度材料对变形历史的记忆。

在众多模型中，Hardin-Drnevich 的等效线性模型因参数少，概念明确，应用方便的特点，得到广泛的应用。本次试验以等效线性模型为基础，根据动三轴试验给出动弹性模量与动应变的关系曲线，提出动力变形计算参数，分析研究频率、固结比、围压及掺入比对动弹模量与动应变关系的影响规律。图 5.53 ~ 图 5.55分别为不同冻融次数 N_{ft}和不同围压下改良土试样的动应变 ε_e与动应力 σ_d关系曲线。可以看出，改良土在动荷载作用下的动应力—应变关系曲线具有明显的非线性特征，在周期荷载作用下，采用双曲线模型对动应力—应变试验数据进行拟合，即符合式(5.26)

$$\sigma_d = \frac{\varepsilon_e}{a + b \cdot \varepsilon_e} \tag{5.26}$$

式中 ε_e——动应变；

σ_d——动应力；

a,b——试验参数。

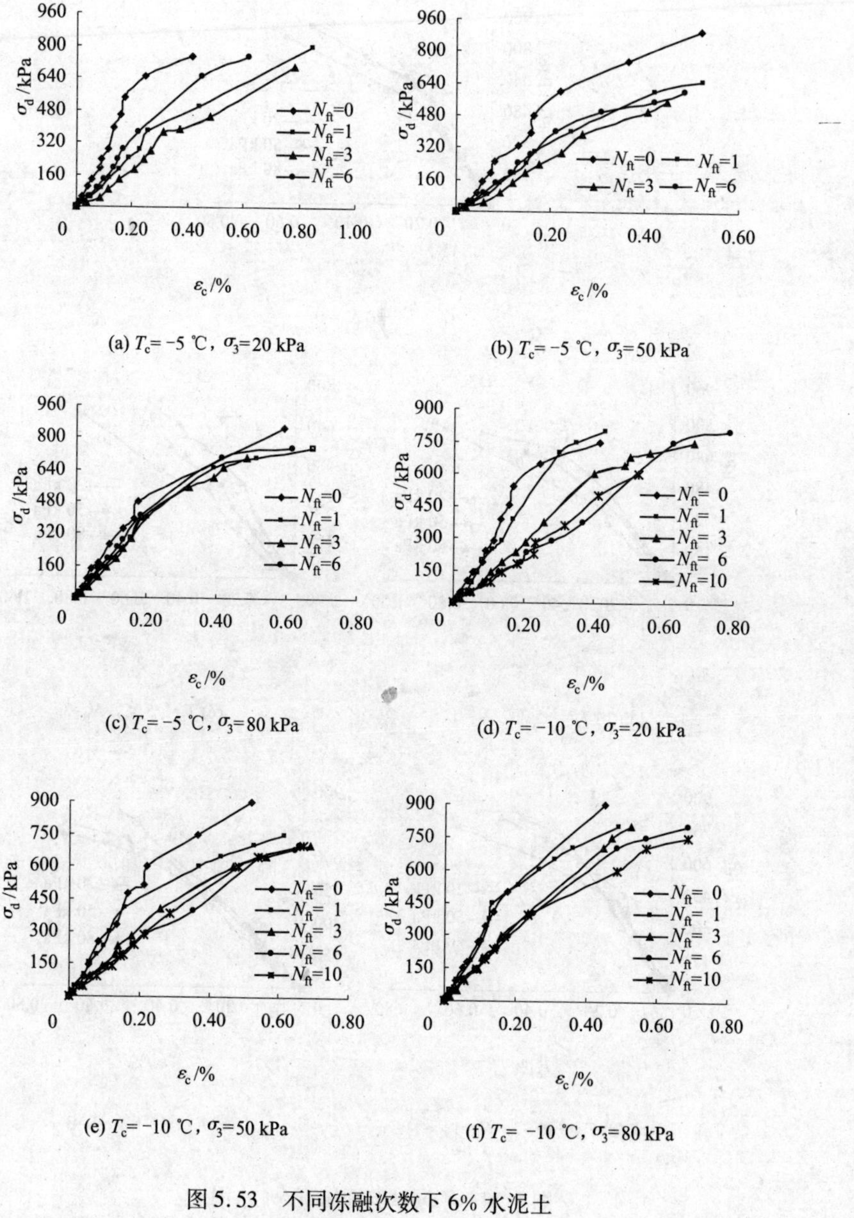

图 5.53　不同冻融次数下 6% 水泥土动应力对动应变的影响

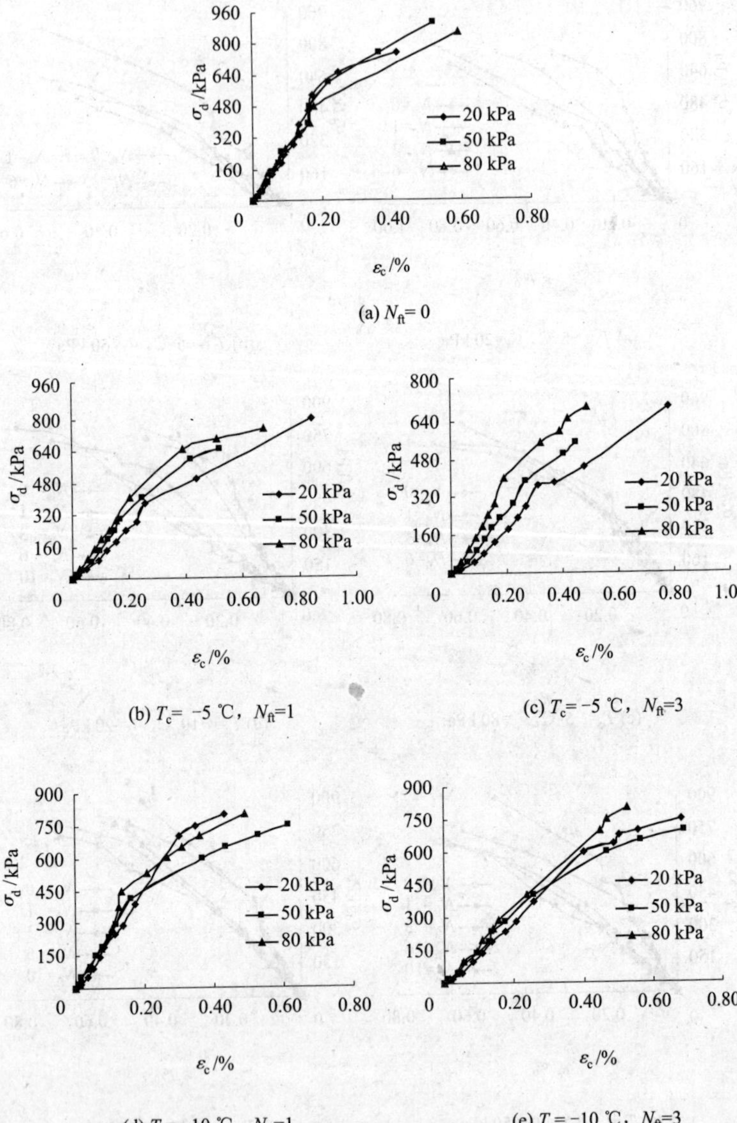

图 5.54　不同试验围压下 6% 水泥土
动应力对动应变的影响

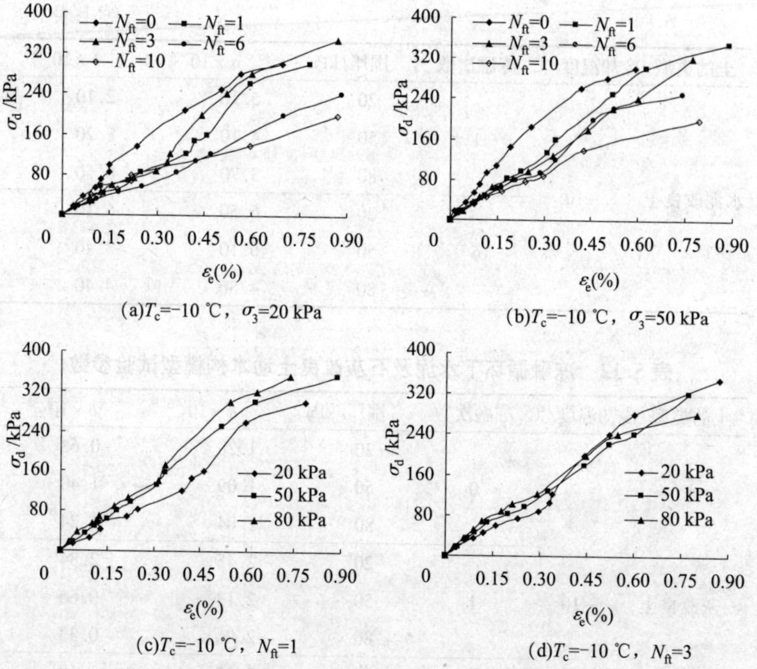

图 5.55　不同冻融次数和试验围压下 9% 石灰土动应力对动应变的影响

通过对上述双曲线模型线性回归后，可以得到水泥改良土和石灰改良土试样的 E_d^{-1}—ε_e 关系，见表 5.11 和表 5.12。

表 5.11　冻融循环下水泥及石灰改良土动本构模型试验参数

土的类型	冷却温度/℃	冻融次数	围压/kPa	$a\times10^{-4}$	$b\times10^{-4}$
水泥改良土	−5	0	20	2.80	5.70
			50	3.0	5.20
			80	3.20	3.90
		1	20	5.40	2.60
			50	4.30	4.70
			80	3.40	5.60
		6	20	5.30	3.60
			50	5.00	6.90
			80	3.90	6.80

续上表

土的类型	冷却温度/℃	冻融次数	围压/kPa	$a\times10^{-4}$	$b\times10^{-4}$
水泥改良土	-10	1	20	5.10	2.10
			50	4.10	8.20
			80	3.70	6.50
		6	20	6.50	6.10
			50	6.10	3.40
			80	4.50	4.40

表 5.12　冻融循环下水泥及石灰改良土动本构模型试验参数

土的类型	冷却温度/℃	冻融次数	围压/kPa	$a\times10^{-3}$	$b\times10^{-3}$
石灰改良土	-10	0	20	1.28	0.68
			50	1.09	1.40
			80	1.04	1.24
		1	20	2.45	2.84
			50	2.13	0.66
			80	2.06	0.33
		6	20	2.57	1.18
			50	2.30	0.66
			80	2.10	1.62

根据公式(5.27)可以得到动回弹模量与动应变的关系曲线。

$$E_d=\frac{1}{a+b\cdot\varepsilon_e}\tag{5.27}$$

图5.56和图5.57是不同围压与不同冻融次数下水泥及石灰改良土的动回弹模量与动应变的关系曲线。从图中曲线可以看出,改良土试样经历的冻融循环次数越多,冷却温度和围压越低,其动回弹模量也越小,反之依然。同时,动回弹模量随着动应变的增加总体上呈衰减趋势,可以分为三个阶段:当动应变$\varepsilon_e<10^{-4}$时,动回弹模量基本上不衰减,试样处于弹性状态;当$10^{-4}<\varepsilon_e<10^{-3}$时,动模量有小幅度的衰减;当$10^{-3}<\varepsilon_e<10^{-2}$

范围内时，土体的动回弹模量衰减速率迅速增加，表现出明显的非线性。

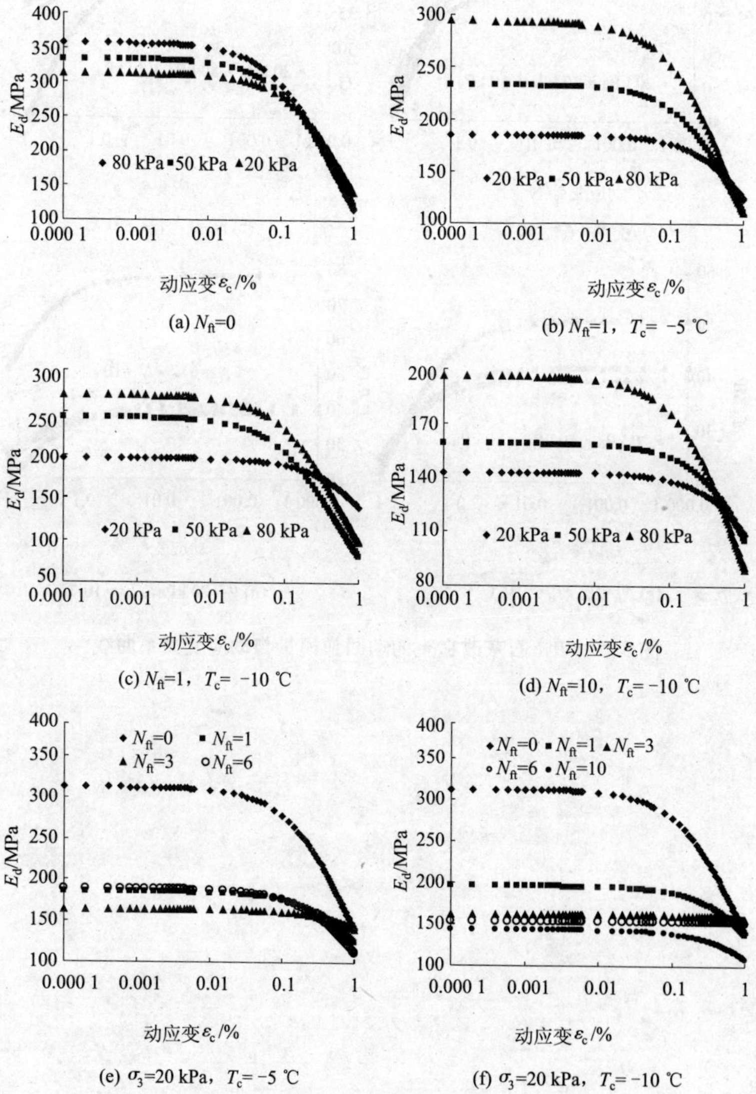

图 5.56　6% 水泥改良土的动回弹模量与动应变关系曲线

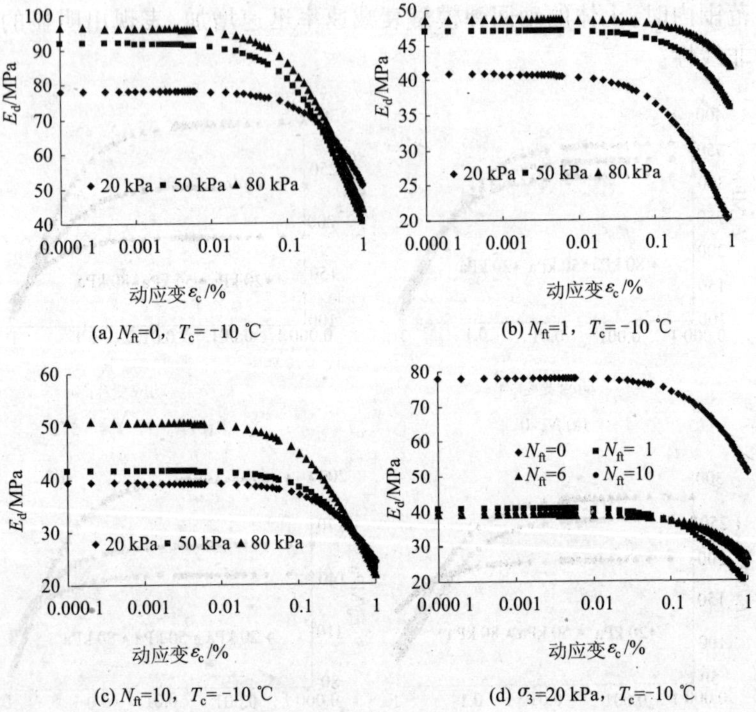

图 5.57　9% 石灰改良土的动回弹模量与动应变关系曲线

第6章 结 语

6.1 研究方法上的进步

本书简要分析寒区路基工程的发展概况，并对改良土的发展历程、冻土冻融特性进行回顾和评述。基于对寒区既有线铁路路基病害调查与分析，应用现场监测、室内试验和理论分析等方法建立和发展一套较为完整的寒区路基土改良方法的比选体系，较为全面地分析和研究改良方法、冻融次数、含水率、围压等因素对路基改良土抗冻融性能的影响，构建包括冻融试验系统设计、寒区路基填料改良剂掺入比设计的成套设计理论体系，给出了适用于寒区路基填料的改良剂及掺入比、强度设计值等技术指标，并对今后的研究与发展提出合理化建议。长期以来，抗冻胀、冻融填料的选择一直都是影响寒区路基工程建设的重点和难点问题。鉴于目前土的冻胀、冻融试验体系不完善，对现有的试验方法进行了改进，为以后的寒区路基改良土力学性能的进一步分析奠定基础。本书在研究方法上的进步主要表现在以下几个方面。

(1)冻融试验体系

建立了完善的冻胀、融沉试验系统，包括试样筒、上下冷浴盘、NESLAB 低温恒温冷浴、位移传感器、针式热敏铂电阻、数据采集系统、马氏补水装置、高清晰摄像装置、计算机终端采集系统、高低温环境试验室，实现了地下水补给、单向冻结、宽粒径范围、精确控温、数据自动采集的功能。

形成了土体抗冻融性能评价体系，包括冻融过程(温度、时间、次数、冻结方式)控制、力学特性试验、试验结果整理与分析的全过程。

(2)改良方法及改良土掺入比设计

通过采用上述冻融试验体系，以变形和强度作为改良土抗冻

融性能的评价指标,分析和评价了不同改良方法的抗冻融性能,具有以下特点:

①以冻胀率作为评价改良土抗冻胀性能的评价指标,提高不同地区、不同土质、不同改良方法的可比性;

②以损伤力学为基础,引入冻融损失度的概念,建立了水泥及石灰改良土的强度损失模型,可以更好地评估季节性冻土区路基改良填料的使用寿命。

将冻融衰减系数引入到寒区高速铁路路基改良土的掺入比设计中,建立较完善的改良土掺入比设计方法,并给出了各个参数的取值方法,为改良土在寒区铁路路基中的应用提供了有力的理论支持。

(3)改良土力学性能数学模型的建立

考虑各个影响因素的相互关系,建立了改良土的静强度、累积塑性应变、临界动应力等力学响应指标与应力条件、冻融次数等因素之间的数学关系模型,进一步完善了冻土力学体系。

①基于常规土力学基本原理,分析和研究了改良土的应力—应变特性和屈服性能:

②石灰改良土的应力应变关系符合 R. L. Kondner 的双曲线模型;

③改良土的动应力—应变关系符合 Hardin-Drnevich 的双曲线模型。

6.2 实际应用结论

综合应用本书方法分析了实际工程中寒区路基土及其改良土的工程力学性能,分析和研究了冻融次数、掺入比、含水率、荷载、压实度、补水条件等因素对寒区路基土体抗冻胀、冻融性能的影响。

根据本书的实际工程应用和试验,得出了如下的主要结论:

(1)结合哈大高速铁路路基填料选择研究项目,以水泥和石灰改良剂为研究对象,用本书的方法进行了研究。

①水泥改良土的抗冻胀性能要优于石灰改良土,主要体现在

水泥改良土的冻胀率要低于石灰改良土。

②从掺入比的角度考虑，建议水泥和石灰的掺入比分别为6%和9%，且在进行工程设计时，应考虑采用土体冻融6次后的力学指标作为设计值。同时，为更好的服务于高速铁路路基建设，将冻融衰减系数η_f引入到改良土掺入比设计中，并对参数的确定进行解释。

③建立了土体动回弹模量冻融衰减模型，从损伤的角度出发，引入冻融损失变量D，得到了土体冻融损失度的计算公式。

④采用Hardin-Drnevich的双曲线模型可以较好的预测土体的动应力—动应变关系。同时，分析动回弹模量与动弹性应变的关系发现，动回弹模量随着动弹性应变的增加总体上呈衰减趋势，可以分为三个阶段：当动弹性应变$\varepsilon_e < 10^{-4}$时，动回弹模量基本上不衰减，试样处于弹性状态；而当$10^{-4} < \varepsilon_e < 10^{-3}$时，动模量有小幅度的衰减；当$10^{-3} < \varepsilon_e < 10^{-2}$范围内时，土体的动回弹模量衰减速率迅速增加，表现出明显的非线性。

⑤冻融条件下水泥及石灰改良土均能满足高速铁路路基建设的需求，而从冻胀性和动静力特性考虑，水泥改良土要优于石灰改良土。然而，水泥改良土的收缩性增大，较易出现收缩裂缝，引发病害；石灰改良土早期强度低，强度随龄期的增长缓慢而影响施工工期。而从经济上考虑，石灰改良土具有较好的经济性。

(2)结合哈大高速铁路路基填料选择研究项目，以水泥和石灰改良剂为研究对象，用本书的方法进行研究。

①3% AS型固化剂改良土的7d无侧限抗压强度达到28d强度的75%，满足施工需求，有效地缩短了工期。

②AS型固化剂改良土的应力—应变关系为应变软化型曲线，呈脆性破坏形式。通过分析动应力—应变关系，可以将试样分为变形稳定和变形破坏两种形式。在同一动应力水平下，随着冻融次数的增加，试样的累积塑性变形由变形稳定状态向变形破坏发展。

③AS型固化剂改良土的静强度、临界动应力以及动回弹模量

均随冻融次数的增加而降低,且第一次冻融对其影响非常明显,且当经历6次冻融后趋于稳定,因此,在实际工程中可考虑采用固化剂改良土冻融6次后的力学指标。

④AS型土壤固化剂通过与土中的矿物和水分发生一系列的水化反应、置换水反应以及离子交换等化学过程,提高了土体的抗渗性、整体强度和抗冻融耐久性。

(3)结合哈齐高速铁路路基抗冻胀填料研究项目,采用本书的冻胀融沉试验方法,研究了细粒土含量对粗粒土填料冻胀性和压实性的影响。

①在9%细粒土含量下,细圆砾土试样的压实效果最好。

②根据冻结速率的变化过程,可将细圆砾土试样的冻结锋面随时间的变化划分为快速冻结区、过渡区、似稳定区和稳定区四个区。

③将冻胀率超过1%,作为判断路基填料冻胀敏感性的标准,根据击实试验和冻胀率试验结果,得到同时满足冻胀率和压实效果的最大细粒土含量为9%。

④细粒土含量相同时,细圆砾土试样的冻胀率随干密度的增加先增大而后减小,即存在一个最不利干密度。

⑤冻结48 h后,细圆砾土试样冻土段的含水率均大于初始含水率;细圆砾土试样干密度的增大有效地阻断了水分迁移路径。

(4)结合哈齐高速铁路路基抗冻胀填料研究项目,采用本书的力学特性试验方法,研究了细粒土含量对粗粒土填料力学特性的影响。

①随着细粒含量的增加,粗粒土试样的应力—应变曲线由冻融前的应变软化现象过渡到冻融后的应变硬化现象,即由脆性破坏形式转换为塑性破坏形式。细粒含量对粗粒土试样力学性质的影响程度与冻融循环次数的多少密切相关。围压的围箍作用可以有效地提高粗粒土的抗剪强度。

②未经历冻融作用时,由于细粒土的黏聚作用,细粒含量的增加可以有效地提高粗粒土试样的剪切强度;经历冻融后,由于细粒

土的冻胀性，细粒含量的增加反而会削弱粗粒土试样的剪切强度。当细粒含量较小时，粗粒土试样剪切强度受冻融循环作用的影响较小；随着细粒含量的增加，剪切强度则随冻融次数的增加而减小，并在经历6次冻融后达到稳定。

③粗粒土的黏聚力和内摩擦角随冻融次数的增加而减小并在经历6次冻融后达到稳定，而随细粒含量的增加并非一直增大，与冻融作用密切相关。

④考虑冻融及细粒含量对粗粒土强度、变形和压实效果的影响，以及压实过程中粗颗粒的破碎现象，建议冻土地区铁路路基粗粒土填料的合理细粒含量为5%，并将经历6次冻融后粗粒土的力学指标作为工程设计参考值。

(5)结合青藏铁路那曲物流中心站场路基研究项目，采用本书的反复冻胀、融沉试验方法，研究了粉砂土的反复冻胀、融沉特性。

①在外界水源补给的前提下，5次冻融后试样的融沉系数达到稳定，因此可将5次冻融后的融沉系数作为评价土体融沉性质的指标，也说明7次冻融足以反应土体的反复冻胀、融沉特性。

②由于外界水源的补给作用，多次冻融后试样含水率均大于初始含水率，且荷载作用下含水率增幅小于自重作用；补水量随冻融次数的增加而减少，并在经历3次冻融后趋于稳定，且冻胀过程的最大补水量是融沉过程的3倍左右。

③荷载的压密作用使得冻胀变形的产生滞后于自重作用，且随荷载的增大总体变形量先增大而后趋于稳定；同时，荷载在抑制冻胀的同时也加剧了融沉变形。

④多次冻融后不同初始压实度试样的压实度逐渐趋于某一定值；总体变形量随压实度的增加先降低而后稳定，且存在一临界压实度值，使经历多次冻融后试样高度不发生变化。

(6)结合青藏铁路那曲物流中心站场路基研究项目，采用本书的力学特性试验研究方法，研究了多次冻融条件下粉砂土的力学特性。

①粉砂土的动应力—动应变关系表现出明显的非线性和滞后性。动应变是影响动模量和阻尼比的重要因素,随着动应变的增大,动模量成倍减小,而阻尼比则成倍增加,并且可将动模量、阻尼比与动应变的关系曲线划分为3个阶段。

②冻融循环对粉砂土动模量、阻尼比的影响均较大,但经历较多次冻融后,动模量、阻尼比的变化逐渐趋于稳定状态,并将6次冻融后的力学特性作为设计与计算指标。

③在其他条件相同的情况下,围压和压实度的增大均使粉砂土的动模量增大而阻尼比减小。

④土体饱和状态下,最大动模量成倍降低,说明土体含水率较大时,塑性变形发展较快。

⑤加载频率对土体动模量的影响不明显,而对阻尼比的影响明显,高频荷载作用下的阻尼比远小于低频荷载作用下的阻尼比。

6.3 改进和建议

尽管本书在寒区路基改良土力学性能的精细化分析方面做了不少的工作,但还不完善,需要进一步改进和提高。针对本书的不足之处,笔者对今后的进一步研究提出了如下几点建议:

(1)大力研究土及改良土的冻融机理,可借助扫描电镜、压汞技术和CT扫描等手段,从细观角度分析土及改良土在经历冻融时的颗粒结构破坏情况,以选择更好的改良方法。

(2)鉴于水泥改良土的破坏形式为脆性破坏,是不可预兆的,在工程中应尽量避免。因此,应增加水泥改良土的可塑性,例如在水泥改良土中掺入聚乙烯纤维等材料。

(3)动力特性试验中,可考虑进行高数量级循环次数下的路基改良土的疲劳特性试验,以验证改良土的疲劳特性。同时,从弹塑性理论探讨循环荷载下土体的动本构模型。

(4)如果有条件,可结合模型试验或者现场试验长期监测的手段,研究和分析改良土在季节性冻土地区应用的可行性。

参考文献

[1] 刘建坤,童长江,房建宏.寒区岩土工程引论[M].北京:中国铁道出版社,2005.

[2] 陈肖柏,刘建坤,刘鸿绪,等.土的冻结作用与地基[M].北京:科学出版社,2006.

[3] 徐学祖,王家澄,张立新.冻土物理学[M].北京:科学出版社,2001.

[4] 王志胜.长春市道路冻胀翻浆模型研究[D].吉林:吉林大学,2006.

[5] Zhang D F, Wang S. Mechanism of Freeze-thaw Action in the Process of Soil Salinization in Northeast China [J]. Environmental Geology. 2001, 41: 96-100.

[6] Yarbasi N, Kalkan E, Akbulut S. Modification of the Geotechnical Properties, as Influenced by Freeze-thaw of Granular Soils with Waste Additives [J]. Cold Regions Science and Technology. 2007, 48(1):44-54.

[7] 中华人民共和国铁道部.铁路"十一五"规划[R].北京.2006.

[8] 赵建军,董金梅,王沛,等.正冻土中的水热耦合模型[J].天津城市建设学院学报,2001,7(1):47-52.

[9] 彭丽云.正融粉质黏土的强度和变形特性研究[D].北京:北京交通大学,2009.

[10] 王秋枝.季节性冻土地区铁路路基冻害及其防治措施[J].铁道勘察,2009,3:22-25.

[11] 倪铁山.季冻区铁路路基冻害原因分析与整治措施研究[D].吉林:吉林大学,2009.

[12] 屈振学.季节性冻土区铁路客运专线路基的冻胀特性分析与措施[J].铁道标准设计,2009,(12):8-11.

[13] 徐学祖.中国冻胀研究进展[J].地球科学进展,1994,9(5):13-19.

[14] 戴惠民,乐鹏飞,等.季冻区公路路基土冻胀性的研究[J].中国公路学

报,1994,7(2):1-8.
[15] 刘铁良.从贝阿干线中段路基病害的发生机理看其未来的变化[J].路基工程,1998,3(16):21-27.
[16] 张小军,何志平等.道路的冻胀与防治措施[J].路基工程,2002,7(20):20-21.
[17] 李治平.多年冻土地区道路病害及其防治对策[J].东北公路,2003,26(4):69-70.
[18] 王思银,倪秀丽.强夯法消除地基土冻胀性的应用[J].基础工程,2002,5(4):48-49.
[19] 朱光宇,江凯.辽西季节性冻土地区道路冻害及其防治[J].辽宁工程技术大学学报,2006,25(增):118-120.
[20] 周神根,等.高速铁路路基设计技术条件研究[R].北京:铁道部科技研究院铁道建筑研究所,1995.
[21] 曹振虎.路基工作势在加强[J].路基工程,1995,62(5):1-5.
[22] 魏海斌.冻融循环对粉煤灰土动力特性影响的理论与试验研究[D].吉林:吉林大学,2007.
[23] 宋永军,吴连海.铁路客运专线基床水泥改良土填筑压实检测及其时效性研究[J].铁道勘察,2005,31(1):33-35.
[24] JTJ 057—94.公路工程无机结合料稳定材料试验规程[S].北京:人民交通出版社,1994.
[25] 周易平.高速铁路路基填料改良技术的研究[D].北京:铁道部科学研究院,2000.
[26] 覃应华.填料改良及其力学特性的试验研究[D].北京:铁道部科学研究院,1997.
[27] 段相生.场拌法石灰改良膨胀土施工技术[J].安徽建筑,2005,2:61-62.
[28] 日本铁道施设协会.建造物设计标准解说(土构造物)[M].1978.
[29] 铁道部标准计量研究所.国外高速铁路标准及规程汇编/德国铁路土工建筑物规范(DS836),1995.
[30] Catton M D. “Soil-cement technology-Arésumé.” Research and Development Laboratories of the Portl and Cement Association: Bulletin136. Reprinted

from the Journal of PCA Research and Development Laboratories, 1962, 4 (1): 13-21.

[31] Dupas J M, Pecker A. Static and Dynamic Properties of Sand-cement[J]. Geotechnical Engineering Div, 1979, 105(3): 419-436.

[32] Ingles O G., Metcalf J B. Soil Stabilization-Principles and Practice[M]. Butterworths, Australia, 1972.

[33] Porbaha A, Shibuya S, Kishida T. State of the Art in Deep Mixing Technology. Part III: Geomaterial Characterization. Ground Improvement [J], Journal ISSMGE, 2000, 4(3): 91-110.

[34] Thomé A, Donato M, Consoli N C, et al. Circular footings on a Cemented Layer above Weak Foundation Soil[J]. Journal of Canadian Geotechnical, 2005, 42: 1569-1584.

[35] Croft J B. The Influence of Soil Mineralogical Composition on Cement Stabilization[J]. Geotechnique, 1967, 17: 119-135.

[36] Basma A A, Tuncer E R. Effect of Lime on Volume Change and Compressibility of Expansive Clays[J]. Transportation Research Board, Washington DC, TRRNo. 1296, 1991, 54-61.

[37] Bell F G. Lime Stabilization of Clay Minerals and Soils[J]. Engineering Geology, 1996, 42: 223-237.

[38] Sherpwood P T. Soil Stabilization with Cement and Lime: State of the Art Review[M]. Transport Reseach Laboratory, 1993.

[39] Thompson M R. Lime Reacitivity of Illinois Soils[J]. Journal of the Soil Mechanics and Foundations Division, 1966, 92(5): 67-92.

[40] Ouhadi V R, Yong R N. The Role of Clay Fraction of Marly Soils on Their Post Stabilization Failure [J]. Engineering Geology, 2003, 70 (3-4): 365-375.

[41] Arabi M, Wild S. Property Changes Induced in Clay Soils when using Lime Stabilization[J]. Municipal Engineering, 1989, (6): 85-99.

[42] Diamond S, Kinter E B. Mechanisms of Soil-lime Stabilization[R]. Highway Research Record, 1965, 92: 83-102.

[43]郭绍影.铁路路基填料改良前后物理、化学性质变化分析[J].铁道建筑

技术,2006,(5):69-76.

[44] Pedarla A, Chitttoori S, Puppala A J, et al. Influence of Lime Dosage on Stabilization Effectiveness of Montmorillonite Dominant Clays[J]. Advances in Analysis, Modeling & Design, 2010, 199:767-776.

[45] Chen F H. Foundation on Expansive Soils[M]. Elsevier Science Publishing Company, New York, 1975.

[46] Kezdi A. Stabilized Earth Roads [M]. Elsevier Scientific Publishing Company, Amsterdam, 1979.

[47] Aiban S A, Al-Ahmadi H M, Asi I M, et al. Effect of Geotextile and Cement on the Performance of Sabkha Subgrade [J]. Building and Environment. 2006, 41(6):807-820.

[48] Al-Rawas A A, Hago A W, Al-Sarmi H. Effect of Lime, Cement and Saroj (Artificial Pozzolan) on the Swelling Potential of an Expansive Soil from Oman[J]. Building and Environment, 2005, 40:681-687.

[49] Bahar R, Benazzoug M, Kenai S. Performance of Compacted Cement-stabilized Soil [J]. Cement and Concrete Composites, 2004, 26 (7): 812-820.

[50] Yong R N, Ouhadi V R, Mohamed A M O. Physico-chemical Evaluation of Failure of Stabilized Marl Soil[J]. 49th Canadian Geotechnical Conference Frontiers in Geotechnology, 1966, (2):769-776.

[51] Prisinski J R, Bhattacharja S. Effectiveness of Portland Cement and Lime in Stabilizing Clay Soils [C]. 7th International Conference on Low-Volume Roads, Tansport Research Report No. 1652, 1999, (1):215-227.

[52] 张登良. 加固土原理[M]. 北京:人民交通出版社,1990.

[53] 高国瑞,李俊才. 水泥加固软土地基的研究[J]. 工程地质学报,1996,4(1):45-52.

[54] Kitazume M, Nakamura T, Terashi M, et al. Laboratory Tests on Long-term Strength of Cement Treated Soil [J]. Grouting and Ground Treatment, ASCE, 2003:586-597.

[55] Terashi M, Tanaka H, Mitsumoto T, et al. Fundamental Properties of Lime and Cement Treated Soils [R]. Report of the Port and Harbour Research

Institute,1983,22(1):69-96.

[56] Terashi M, Kitazume M. An Investigation of the Long-term Strength of a Lime Treated Marine Clay [J]. Technical Note of the Port and Harbour Research Institute,1992:732.

[57] Xing H, Yang X, Xu C, et al. Strength Characteristics and Mechanisms of Salt-rich Soil-cement[J]. Engineering Geology,2009,103:33-38.

[58] Mohamed A M O. The Role of Clay Minerals in Marly Soils on its Stability [J]. Engineering Geology,2000,57(3-4):193-203.

[59] Yong R N, Ouhadi V R. Experimental Study on Instability of Bases on Natural and Lime/Cement-stabilized Clayey Soil[J]. Applied Clay Science, 2007,35(3-4):238-249.

[60] 王清,陈慧娥,蔡可易.水泥土微观结构特征的定量评价[J].岩土力学,2003,24(增1):12-16.

[61] 宁宝宽,陈四利,刘斌.水泥土的环境侵蚀效应与破裂过程分析[J].岩石力学与工程学报,2005,24(10):1778-1782.

[62] 顾明芬,刘松玉,洪振舜,等.水泥土结构特性的定量化研究[J].岩土力学,2005,26(11):1862-1866.

[63] Little D. Stabilization of Pavement Subgrades and Base Courses with Lime [M]. Kendall Hunt Publishing Company,1995.

[64] Evans P. Update on Lime Stabilization [R]. QMR Technology Transfer Seminar,1997:1-18.

[65] Parsons R L, Johnson C P, Cross S A. Evaluation of Field Mixing and Construction Procedures for Lime Modified Subgrade [C]. 80th Annual Meeting Transportation Research Board,2001.

[66] 徐勇,张婉琴,宫全美,等.石灰土作为铁路路基填料的研究[J].岩石力学与工程学报,2001,20(增1):1015-1017.

[67] 周卓强.裂土灰土动力特性试验研究[J].路基工程,1998,79(4):29-35.

[68] 高亚成,郑建青.水泥土的室内试验研究[J].河海大学学报,1999,27(5):103-106.

[69] 肖林,王春义,郭汉生.建筑材料水泥土[M].北京:水利电力出版

社,1985.
[70] 韩文斌,王元汉.京沪高速铁路路基基床填料改良试验研究[J].岩石力学与工程学报,2001,20(增):1910-1916.
[71] 杨广庆,荀国利.高速铁路路基改良土的有关问题[J].铁道标准设计,2003,5:15-16.
[72] Nelson J D, Miller J D. Expansive Soils: Problems and Practice in Foundation and Pavement Engineering[M]. New York, Wiley, 1992.
[73] 王毅敏,梁波,马学宁,等.水泥改良黄土在高速铁路路基中的试验研究[J].兰州交通大学学报(自然科学版),2005,24(4):28-31.
[74] 杨忠诚,王毅敏,封志军.水泥改良黄土工程特性的试验研究[J].路基工程,2006,125(2):57-59.
[75] Khattab S A A, Al-Mukhtar, Fleureau J M. Long-term Stability Characteristics of a Lime-treated Plastic Soil[J]. Journal of Materials in Civil Engineering, 2007, 19(4):358-366.
[76] Borderick G P, Daniel D E. Stabilizing Compacted Clay Against Chemical Attack [J]. Journal of Geotechnical Engineering, 1990, 116 (10): 1549-1567.
[77] Kolias S, Kasselouri-Rigopoulou V, Karahalios A. Stabilisation of Clayey Soil with High Calcium Fly Ash and Cement [J]. Cement& Concrete Composites, 2005, 27:301-313.
[78] Li C, Lin D F. Stabilization Treatment of Soft Subgrade Soil by Sewage Sludge Ash and Cement[J]. Journal of Hazardous Materials, 2009, 162: 321-327.
[79] Little D L. Evaluation of Structural Properties of Lime Stabilized Soils an Aggregates, Mixture Design and Testing Protocol for Lime Stabilized Soils Vol. 3, National Lime Association Report, http://www. lime. org/soil3. pdf, 2000.
[80] Qubain B S, Seksinsky E J and Li J. Incorporating Subgrade Lime Stabilization into Pavement Design[R]. Transportation Research Record, National Research Council, Washington D C, 2000, 1721:3-8.
[81] 王海俊,余湘娟,殷宗泽,等.粉土用作路堤填料的试验研究[J].防灾减

灾工程学报,2006,26(4),468-472.
[82] 夏琼,杨有海,耿煊.粉煤灰与石灰、水泥改良黄土填料的试验研究[J].兰州交通大学学报,2008,27(3):40-43.
[83] 孙立川,韩杰.水泥加固土无侧限抗压强度影响因素分析及预测[J].地基处理,1994,5(4):31-37.
[84] 黄鹤,张俐,杨晓强.水泥土材料力学性能的试验研究[J].太原理工大学学报,2000,31(6):705-709.
[85] Liu E L, Shen Z J. Experimental Study on the Mechanical Behavior and Destructured Process of Artificially Structured Soils in Triaxial Compression [J]. Gound Modification and Seismic Mitigation,2006,152:57-64.
[86] Sariosseiri F, Muhunthan B. Effect of Cement Treatment on Geotechnical Properties of Some Washington State Sils[J]. Engineering Geology,2009, 104:119-125.
[87] Sangrey D A. Naturally Cemented Sensitive Soils[J]. Geotechnique,1972, 22(1):139-152.
[88] Pillai V S, Muhunthan B. Landslides in Cemented and Normally Consolidated Soils:A Review of Failure Mechanism Using Stress-path[C]. Proceeding of 13th Annual Vancouver Geotechnical Society Symposium, Vancouver,British Columbia,1999.
[89] 梁爱华,王建华,赵明龙.水泥改良土剪切波速与压缩强度关系的试验研究[J].铁道建筑技术,2005,(1):41-44.
[90] Lin D, Lin K, Hung M, et al. Sludge Ash/Hydrated Lime on the Geotechnical Properties of Soft soil[J]. Journal of Hazardous Materials, 2007,145:58-64.
[91] Bozbey I, Garaisayev S. Effects of Soil Pulverization Quality on Lime Stabilization of an Expansive Clay[J]. Environmental Earth Science,2009.
[92] 曹晓娟,孙明智,孟宪勇.改良土静强度试验及结果分析[J].工程地质学报,2004,12(1):109-112.
[93] 王建华,高玉琴,唐剑潇.路基填料石灰改良土弹性波速与压缩强度的相关性[J].天津大学学报,2007,40(4):399-404.
[94] 雷胜友,惠会清.膨胀土及其改良土静动力特性对比分析[J].岩石力学

与工程学报,2004,23(17):3003-3008.
[95] Bouazza A, Kwan P S, Chapman G. Strength Properties of Cement Treated Coode Island Silt by the Mixing Method[J]. Geotechnical Engineering for Transportation Projects ASCE,2004.
[96] Hermandez-Martinez F G, Al-Tabbaa A. Laboratory Strength Correlations for Cement-treated Peat [J]. Geotechnical Engineering for Transportation Projects,2004.
[97] Nilo C C, Francisco D R, Anderson F. Plate Load Tests on Cemented Soil Layers Overlaying Weaker Soil [J]. Journal of Geotechnical and Geoenviromental Engineering,2009,135(12):1846-1856.
[98] Vésic A S. "Section 3: Bearing Capacity of Shallow Foundations." Foudation Engineering Handbook[M]. Winterkorn H F, Fang H Y and Van Nostrand Reinhold, New York,1975.
[99] 王炳龙,方卫民,周顺华,等. 高速铁路路基填料改良离心试验研究[J]. 上海铁道大学学报,1999,20(10):22-26.
[100] Murthy R, Nazarian S, Picornell M. Dynamic Properties of Naturally-cemented Soils [J]. Geotechnical Earthquake Engineering and Soil Dynamics IV,2008,181:1-7.
[101] Baig S, Picornell M, Nazarian S. Low Strain Shear Moduli of Cemented Sands[J]. Journal of Geotechnical and Geornvironmental Engineering, 1997,123(6):540-545.
[102] Chiang Y C, Chae Y S. Dynamic Properties of Cement-treated Soils[R]. Highway Research record No. 379, Highway Research Board,1972,39-51.
[103] Acar Y B, El-Tahir E A. Low Strain Dynamic Properties of Artificially Cemented Sand[J]. Journal of Geotechnical Engineering, ASCE, 1986, 112(11):1001-1005.
[104] Saxena S K, Avramidis A S, Reddy K R. Dynamic Moduli and Damping Ratios for Cemented Sands at Low Strains [J]. Journal of Candian Geotechnical,1988,25(2):353-368.
[105] Akoto B K A, Singh G. Behavior of Lime-stabilized Laterite Under Repeated Loading[J]. Australian Road Reaearch,1986,16(4);259-267.

[106] Bhattacharya P G. Fatigue Test Set-up for Lime Soil Mixtures[J]. Journal of the Institution of Engineering Part CI:Civil Engineering Division,1987, 68(3):130-135.

[107] Fahoum K, Aggour M S, Amini F. Dynamic Prosperity of Cohesive Soils Treated with Lime[J]. Journal of Geotechnical Engineering, 1996, 122 (5):382-389.

[108] Au W C, Chae Y S. Dynamic Shear Modulus of Treated Expansive Soils [J]. Journal of Soil Mechanics and Foundation Engineering Division, 1980,106(3):255-273.

[109] Bahrekazemi M, Bodare A. Effects of Lime-cement Soil Stabilization Against Train Induced Ground Vibrations [J]. Grouting and Ground Treatment,2003.

[110] 郭大进,王旭东.水泥土动态模量试验的分析[J].公路交通科技, 2000,17(5):18-20.

[111] 杨广庆.水泥改良土的动力特性试验研究[J].岩石力学与工程学报, 2003,22(7):1156-1160.

[112] 杨广庆,管振祥.高速铁路路基改良填料的试验研究[J].岩土工程学报,2001,21(6):682-686.

[113] 段俊彪.水泥及石灰改良土填料动力特性试验分析[J].铁道勘察, 2006,32(04).

[114] 王建华,冯士伦.水泥粉质粘土的疲劳强度及失水程度的影响[C].第六届全国土动力学学术会议论文集.北京:中国建筑工业出版社,2002.

[115] 孙明智.改良土的临界动应力及动静比[J].路基工程,2004,22(2): 30-32.

[116] He J Q, Zhang J S, Yang J S. Experimental Study on Dynamic Properties of Lime Treated Soil[J]. Ground Modification and Seismic Mitigation,2006, 152:81-88.

[117] 贺建清,张家生.石灰土填料动力特性试验研究[J].湖南科技大学学报(自然科学版),2005,20(4):58-63.

[118] 李继祥,贺建清,张家生.石灰土填料在动载作用下弹性模量的试验研

究[J].岩石力学与工程学报,2005,24(增1):4715-4719.
[119] Chamberlain E J, Gow A J. Effect of Freezing and Thawing on the Permeability and Structure of Soils[J]. Engineering Geology, 1979, 13: 73-92.
[120] Eigenbord K D. Effects of Cyclic Freezing and Thawing on Volume Changes and Permeabilities of Soft fine-grained Soils[J]. Canadian Geotechnical Journal, 1996, 33(4): 529-537.
[121] Kim W, Daniel DE. Effects of Freezing on Hydraulic Conductivity of Compacted Clay[J]. Journal of Geotechnical Engineering, 1992, 118(7): 1083-1097.
[122] Eigenbrod K D, Knutsson S, Sheng D. Pore-water Pressures in Freezing and Thawing Fine-grained Soils[J]. Journal of Cold Regions Engineering. 1996, 10(2): 77-92.
[123] Benson C H, Abichou T H, Olson M A, et al. Winter Effects on Hydraulic Conductivity of Compacted Clay[J]. Journal of Geotechnical Engineering, 1995, 121(1): 69-79.
[124] Qi J, Ma W, Song C. Influence of Freeze-thaw on Engineering Properties of a Silty Soil[J]. Cold Regions Science and Technology, 2008, 53(3): 397-404.
[125] 杨成松,何平,程国栋,等.冻融作用对土体干容重和含水率影响的试验研究[J].岩石力学与工程学报,2003,22(增2):2695-2699.
[126] Konard J M. Physical Process During Freeze-thaw Cycles in Clayey Soils [J]. Cold Regions Science and Technology, 1989, 16: 291-303.
[127] Viklander P. Permeability and Volume Changes in Till Due to Cyclic Freeze-thaw[J]. Canadian Geotechnical Journal, 1998, 35: 471-477.
[128] 王家澄,程国栋,张宏鼎,等.饱水砂土反复冻融时成冰条件的试验研究[J].冰川冻土,1992,14(2):101-106.
[129] Zhang D, Wang S. Mechanism of Freeze-thaw Action in the Process of Soil Salinization in Northeast China[J]. Enviromental Geology, 2001, 41: 96-100.
[130] 李述训,程国栋.冻融土中的水热输运问题[M].兰州:兰州大学出版

社,1995.
[131] 李述训,南卓铜,赵林.冻融作用对系统与能量间能量交换的影响[J].冰川冻土,2002,24(2):109-115.
[132] 郑琦宏,张殿发,宣亮.冻融条件下封闭体系中土壤水分运移规律模拟研究[J].宁波大学学报(理工版),2006,19(1):81-84.
[133] Chamberlain E J, Cole D M, Johnson T C. Resilient Modulus and Poisson's Ratio for Frozen and Thawed Silt and Clay Subgrade Materials [A]. ASCE, Special Conf. Appl. Of Soil Dyn in Cold Reg., San Francisco, Preprint 1977.
[134] Cole D M, Bently D, Durell G et al. Resilient Modulus of Freeze-thaw Affected Granular Soils for Pavement Design and Evaluation [J]. USA Cold Regions Research and Engineering Laboratory, 1986.
[135] Johnson T C, Cole D M, Chamberlain E J. Influence of Freezing and Thawing on the Resilient Properties of a Silt Beneath an Asphalt Concrete Pavement[J]. USA Cold Regions Research and Engineering Laboratory, CRREL Report, 1978.
[136] Johnson T C, Cole D M, Chamberlain E J. Effects of Freeze-thaw Cycles on Resilient Properties of Fine-grained Soils [J]. Engeering Geology, 1979, 13:247-276.
[137] Berg L, Bigl S R, Stark J A, et al. Resilient Modulus Testing of Materials from Mn/ROAD [J]. Phase 1, USA Cold Regions Research and Engineering Laboratory, CRREL Report9, 1996.
[138] Fredlund D G, Bergan A T, Sauer E K. Deformation Characterization of Subgrade Soils for Highways in Northern Environments [J]. Journal of Canadian Geotechnical, 1975, (12):213-223.
[139] Lee W, Bohra N C, Altschaeffl A G, et al. Resilient Modulus of Cohesive Soil and the Effect of Freeze-thaw[J]. Journal of Canadian Geotechnical, 1995, 32:559-568.
[140] Simonsen E, Janoo V C, Isacsson U. Resilient Properties of Unbound Road Materials During Seasonal Frost conditions [J]. Journal of Cold Regions Engineering, 2002, 16(1):28-50.

[141] Yong R N, Boonsinsuk P, Yin C W P. Alternation of Soil Behavior after Cyclic Freezing and Thawing[A]. In Proceedings of 4th International Symposium on Ground Freezing[C]. Rotterdam, the Netherlands A A, Balkema, 1985.

[142] Borms B B, Yao L YC. Shear Strength of a Soil After Freezing and Thawing [J]. Journal of the Soil Mechanics and Foundations Division, 1964, 90 (4):1-26.

[143] Swan C, Greene C. Freeze-thaw Effects on Boston Blue clay[J]. Journal of Engineering and Applied Science, Soil Improvement for Big Digs, 1998, 81:161-176.

[144] Aoyama K, Ogawa S, Fukuda M. Temperature Dependencies of Mechanical Properties of Soils Subjected to Freezing and Thawing[A]. In Proceedings of the 4th International Symposium on Ground Freezing[C]. Rotterdam, the Netherlands A A, Balkema, 1985.

[145] 齐吉琳,张建明,朱元林. 冻融作用对土结构性影响的土力学意义[J]. 岩石力学与工程学报,2003,22(增2):2690-2694.

[146] 齐吉琳,马巍. 冻融作用对超固结土强度的影响[J]. 岩土工程学报, 2006,28(12):2082-2086.

[147] Ogata N, Kataoka T, Komiya A. Effect of Freezing Thawing on the Mechanical Properties of Soil[A]. In Proceedings of the 4th International Symposium on Ground Freezing[C]. Rotterdam, the Netherlands A A, Balkema. 1985.

[148] Wang D, Ma W, Niu F, et al. Effects of Cyclic Freezing and Thawing on Mechanical Properties of Qinghai-Tibet clay[J]. Cold Regions Science and Technology. 2007, 48:34-43.

[149] 和礼红. 粉质黏土在冻融循环下的力学效应及其结构性研究[D]. 武汉:中国科学院武汉岩土力学研究所,2004.

[150] 冯勇,何建新,刘亮,等. 冻融循环作用下细粒土抗剪强度特性试验研究[J]. 冰川冻土,2008,30(6):1013-1017.

[151] 孙红,葛修润,牛富俊,等. 上海粉质黏土的三轴 CT 实时细观试验[J]. 岩石力学与工程学报,2005,24(24):4559-4564.

[152] Sunil A, Ahmet H. A. Class Fly-ash-amended Soils as Highway Base Materials[J]. Journal of Materials in Civil Engineering. 2005, 17 (6): 640-649.
[153] Parsons R L, Milburn J P. Engineering Behavior of Stabilized Soils[C]. Proc. 82nd Annual Meeting, Transportation Research Board, 2003.
[154] Shihata S A, Baghdadi Z A. Simplified Method to Assess Freeze-thaw Durability of Soil Cement[J]. Journal of Materials in Civil Engineering. 2001, 4(13): 243-247.
[155] Thompson M R, Dempsey B J. Autogeneous Healing of Lime Soil Mixture [R]. Highway Research Record No. 263, 1969: 1-7.
[156] Janoo V C, Firicano A J, Barna L A, et al. Field Testing of Stabilized Soil [J]. Journal of Cold Regions Engineering, 1999, 13(1): 37-53.
[157] 马巍,徐学祖,张立新. 冻融循环对石灰粉土剪切强度特性的影响[J]. 岩土工程学报,1999,21(2):158-160.
[158] 宁宝宽,陈四利,刘斌. 冻融循环对水泥土力学性质影响的研究[J]. 低温建筑技术,2004,101(5):10-12.
[159] 徐实,杨有海,耿煊,等. 石灰改性黄土的强度特性试验研究[J]. 兰州交通大学学报(自然科学版),2006,25(6):97-100.
[160] Sauer E K, Weimer N F. Deformation of Lime Modified Clay After Freeze-thaw[J]. Transportation Engineering Journal, 1978, 104(2): 201-212.
[161] Blanchard D, Fremond M. Mécannique des Solset Milieux Poreux[J]. C. R. Acad. Sci. Paris, 1985.
[162] Blanchard D, Fremond M. Soils Frost Heaving and Thaw Settlement[C]. Proc. 4th Int. Symp. on Gound Freezing, 1985.
[163] Neaupane K M, Yamabe T, Yoshinaka R. Simulation of a Fully Coupled Thermo-hydro-mechanical System in Freezing and Thawing Rock[J]. Int. Journal of Rock Mechanical Min. Sci., 1999, 36: 563-580.
[164] Exadaktylos G E. Freezing-thawing Model for Soils and Rocks[J]. Journal of Materials in Civil Engineering, 2006, 18(2): 241-249.
[165] Simonsen E, Janoo V C, Isacsson U. Prediction of Pavement Response During Freezing and Thawing Using a Finite Element a Approach[J].

ASCE, Cold Regions Engineering, 1997, 11(4): 308-324.

[166] Simonsen E, Janoo V C, Isacsson U. Prediction of Temperature and Moisture Changes in Pavement Structures[J]. ASCE, Cold Regions Engineering, 1997, 11(4): 291-307.

[167] 戴文亭，魏海斌，刘寒冰，等. 冻融循环下粉质黏土的动力损失模型[J]. 吉林大学学报(工学版)，2007，37(4)：790-793.

[168] 陈湘生，濮家骝，殷昆亭，等. 地基冻—融循环离心模型试验研究[J]. 清华大学学报(自然科学版)，2002，42(4)：531-534.

[169] Seed H B, Chan C K, Monismith C L. Effects of Repeated Loading on the Strength and Deformation of Compacted Clay[J]. Highway Research Record, 1955, 34: 541-558.

[170] Seed H B, Chan C K, Lee C E. Resilience Characteristics of Subgrade Soils and their Relation to Fatigue Failure in Asphalt Pavement[A]. Proc., International Conference on Structural Design of Asphalt Pavement[C]. University of Michigan, 1962.

[171] Chen D H, Zaman M M, Laguro J G. Resilient Moduli of Aggregate Materials Variability due to Testing Procedure and Aggregate Type[J]. Transportation Research Record No. 1462, Transportation Research Board, National Research Council, 1994.

[172] 叶阳升. 饱和软黏土在单向循环荷载作用下变形特性的研究[D]. 北京：铁道部科学研究院，1996.

[173] 郭莹，贺林. 振动频率对饱和砂土液化强度的影响[J]. 防灾减灾工程学报，2009，29(6)：618-623.

[174] Lee K L. Cyclic Strength of a Sensitive Clay of Eastern Canada[J]. Canadian Geotechnical Journal, 1979, 16(1): 163-176.

[175] Hyodo M, Yasuhara K, Hirao K. Prediction of Clay Behaviour in Undrained and Partially Drained Cyclic Triaxial Tests[J]. Soils and Foundations, 1992, 32(4): 117-127.

[176] 陈颖平，黄博，陈云敏. 循环荷载作用下结构性软粘土的变形和强度特性[J]. 岩土工程学报，2005，27(9)：1065-1071.

[177] Heath D L, Shenton M J, et al. Design of Conventional Rail Track

Foundation[J]. Proc. Inst. Civil Engineering,1972,51:251-267.
[178] 铁道部科学研究院铁道建筑研究所. 路基土动力特性的试验研究[R]. 北京:铁道部科学研究院铁道建筑研究所,1986.
[179] 蔡英,曹新文. 重复加载下路基填土的临界动应力和永久变形初探[J]. 西南交通大学学报,1996,31(1):1-5.
[180] Zaman M M, Naji K N. Effect of Freeze-thaw Cycles on Class C Fly Ash Stabilized Aggregate Base [C]. Proc., 82nd Annual Meeting, Transportation Research Board,2003.
[181] Ishihara K,Towhata I. Sand Response to Cyclic Rotation of Principal Stress Directions as Induced by Wave Loads[J]. Soils and Foundations,1983,23(4):11-26.
[182] Ishihara K. Soil Response in Cyclic Loading Induced by Earthquakes,Traffic and Waves[A]. Proceedings of the 7th Asian Regional Conference on Soil Mechanics and Foundation Engineering[C],Haifa,Israel,1983,(2):42-66.
[183] 王常晶. 列车移动荷载作用下地基的动应力及饱和软黏土特性研究[D]. 杭州:浙江大学,2006.
[184] 刘建坤. 路基工程[M]. 北京:中国建筑工业出版社,2006.
[185] Mohammad L N,Titi H H and Herath A,2002. Effect of Moisture Content and Dry unit Weight on the Resilient Modulus of Subgrade Soils Predicted by Cone Penetration Test. Louisiana Transportation Research Center Rep. No. FHWA/LA-00/355, Federal Highway Administration, Texas A&M Univ. ,College Station,Tex.
[186] Miller G A and S Azad,2000. Influence of Soil Type on Stabilization with Cement Kiln Dust. Construction and Building Materials,14:89-97.
[187] 韩自立,张千里. 既有线提速路基的对策研究[J]. 中国铁道科学,2002,23(2):53-58.
[188] Simth W S, Nair K. Development of Procedure for Characterization of Untreated Granular Base Coarse and Asphalt-treated Base Coarse Materials [J]. Rep. No. FHWA-RD-74-61, Federal Highway Administration,Washington,D C. 1973.

后　记

本书的编写工作是在刘建坤教授的悉心指导下完成的。导师严谨求学的治学态度、渊博的学识和诲人不倦的作风将使笔者终身受益。在此,对导师多年的辛勤培养表示衷心的感谢。

田亚护老师从多方面给予了笔者很大的关心和帮助,彭丽云老师和钱春香老师对本书的工作提出了不少宝贵的意见和建议,对他们的无私帮助,笔者一并表示深深的谢意。同时,感谢马立峰、毛卫南、杜艳、李慧、张建楠、张凤、徐冲等学友,三年多的时间里,笔者在论文和试验方面得到了他们的热情帮助和启发。

最后,笔者还要特别感谢我的父母亲、妻子张丽玲女士和我的岳父岳母。由于他们这几年来在学业和生活上的全力支持和帮助,使笔者圆满地完成了博士研究生学业和这部专著。

王天亮

2014 年 5 月 20 日